JN065287

グローバルシフトと新たな戦争の領域

精密兵器と競争のフロンティアが国際政治に及ぼす変動と変容

藤巻裕之 編著

加藤　朗
伊東　寛
土屋大洋
渡部悦和
佐々木孝博
パーヴェル・カラセフ
志田淳二郎
和田龍太

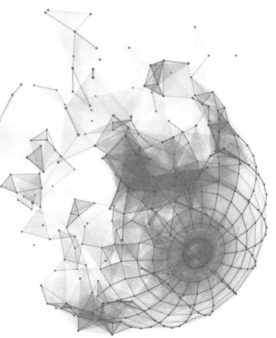

東海教育研究所

はじめに

藤巻 裕之

　本書の目的は、パワーシフトとグローバルシフトによって生み出された高度な科学技術に裏打ちされた精密兵器がグローバルに拡大したこと、そして、そのことによって戦争の領域が拡大したことは、国際政治にどのような変動を起こすのかを試論するものである。第1部においては、戦争の領域は物理空間から情報空間にまで拡大しているが、現実には国際社会の地政学的な動きとも密接に関わっていることを概観する。第2部においては、サイバー空間の安全保障を中心にロシアと中国にとっての脅威と戦略を考察する。第3部においては、新たな競争のフロンティアとしてAIとサイバー空間の癒合、宇宙安全保障の最前線、そして、グローバル経済における中国と欧州の貿易をめぐる競争を議論する。

　戦後のリベラルで民主的なグローバル秩序は覇権国米国によって維持されてきた。しかし、ベトナム戦争から始まった長い米国のパワーの相対的な凋落の時代に冷戦は終焉し、そして、短い期間ではあったが米国による一極体制も終わりを迎えようとしている。

　核兵器の威力が強大過ぎて容易に使用できない状況を国際政治学は、「平和」と定義してきた。国際社会における「平和」は基本的に核兵器の持つ抑止力によって維持されてきたが、核抑止が機能している限り大国間の戦争は起こり得ないと我々は思い込んできたのかもしれない。第三次世界大戦の勃発は核抑止力によって免れたという主張は説得力を持ってきた。確かに、核兵器を上回る破壊力を持つ兵器は存在しないかも知れないが、大国を中心に新たな兵器の開発は着々と進められてきた。それらの兵器の特徴は、小型で機動性があり、安価でAIを導入することで誤爆が少

なく、物理的空間から情報空間までカバーすることが出来る実用性の高い精密兵器である。同時に、それらの兵器の性能は戦争の領域を拡大させている。

2020年に公表された『防衛計画の大綱』において陸・海・空のみならず、宇宙・サイバー・電磁波が新たな領域として追加された。[1]欧米諸国、豪州、日本などの民主主義国家群に対して中国、ロシアを中心とした権威主義国家群との間に新たな領域における兵器使用に関わるルール作りにおいて大きなギャップが生まれている。[2]そして、米国のリーダーシップが相対的に弱化した現在の国際秩序において国際協力には以前ほどの意志と説得力はない。このようなパワーシフト下にある国際社会の分断は、陸海空に加えて、宇宙、サイバー空間の新たな戦争の領域においても苛烈な競争を生み出した。国家、軍、民間企業、政府間組織、非政府組織、そして、市民社会などの様々なアクターを巻き込んで新たな戦争の領域と認識されるようになってきた。しかし、このようなパワーシフトは、国際政治学的な問いには解答を与えることができるが、戦争の領域が拡大する理由までは説明できない。この序論では、戦争の領域の拡大とグローバルシフトの関係を論じることで、本書のテーマである国際政治と科学技術の発展という問題意識を明らかにしたい。

議論の前提として：覇権安定論とパワーシフト

パワーとは、二つの要素に部類することができる。一つは、我々が通常パワーと認識する軍事力、経済力、技術力、そして、天然資源など相手にダメージを与えることを目的に蓄積され、そして、時として行使される打撃力を伴うハードパワーである。次に、文化、情報、発信力、価値観など相手を魅力によって自分の望む行動を取らせるパワー、ソフトパワーと呼ばれるものである。このように、パワーとは何か一つの要素に集中されるものではなく、また、相対的なものであることからパワーは諸国に広く分布しているのである。

パワーシフトの議論は国際政治学における覇権安定論を前提としてい

る。覇権安定論は、１）卓越した能力を有する一国に他国が挑戦をしても歯が立たないことから国際秩序が安定する、２）普遍性を持つ価値（経済力、イデオロギーなど）が覇権国によって国際社会に配分されることで秩序がもたらされる、とする国際システムの説明である。このように成立する国際秩序において覇権国は、常に価値を配分することを余儀なくされる。ここでいう価値とは、国際公共財、特に経済分野においては自由貿易体制や基軸通貨の供給である。また、安全保障面では、海洋における航行の自由と安定、同盟国との集団安全保障体制を基礎にした国際秩序の構築である。米国は、戦後これらのコストを負担し、同盟国から政治的な支持を得ながら国際秩序を維持してきた。しかし、当然の帰結として、覇権国にのしかかる膨大なコストは米国のパワーの衰えを促し、国際公共財にかかるコストを負担する意思と能力を低下させた。国際公共財は一度供給されるとそのコスト分担を他国と共有することは難しいことから「フリーライダー」が増加する。その結果、覇権国は国内問題への対応を優先せざるを得ず、結果的に国際公共財の供給が滞る。このようなパワーシフトの過程で米国の構築した国際経済体系の中で経済力を付けた BRICs 諸国など挑戦国たちはグローバル市場で拡散した科学技術を獲得し、軍事力を強化してきた。それに対抗するためには、米国はさらなる軍事分野への投資、対外政策の縮小、そして、国内経済の立て直しを余儀なくされているのである。

　現在のパワーシフトは、第二次世界大戦をきっかけとした覇権国英国から米国への交代を経て、ベトナム戦争後から始まったといわれる長い「平時」のパワーシフトである。冷戦期にはアジアでの代理戦争は起こったが、結果的に米国とソ連による総力戦は勃発することはなかった。冷戦後においても米国が主導する中東での対テロ戦争も戦場と参戦する国家を限定する局地戦といえる。その結果、経済、科学技術、統治方法をめぐる競争が戦時に比べて比較的静かに進展してきた。冷戦後のグローバリゼーションはグローバルなレベルでの貿易、金融、情報を国際社会の制度化によってパワーとしての機能と役割を担う構造をつくってきた。例えば、

2000年代に入り国際経済システムへの統合を果たしたことで急成長を実現した中国は、その経済成長の成果を科学技術の発展に分配し、結果的にハードパワーの強化に成功したといえるだろう。

　現在においても米国が覇権国としての地位を維持し、中国もロシアも米国の提供する国際公共財に依存しているのが現状である。しかし、フリードバーグによれば、最近の中国の動向はグローバル市場と距離をとる政策であると指摘しているが、2001年の中国の世界貿易機構（WTO）への加盟は非民主主義国家でありながらグローバルな自由主義経済体制に統合し、急速な経済成長を遂げた。米国を中心とした国際社会は中国の経済成長に伴う民主化を期待してきたが、2018年頃のマイケル・ペンス米国副大統領の演説に代表されるように米国は中国の民主化を諦めた。

パワーシフトとグローバルシフト

　パワーシフトによる国際社会の説明の限界があるとすれば、パワーシフトの議論は社会科学分野、特に政治経済の議論の範疇を越えにくいということだろう。現在の国際社会の変動を説明するためには、これまで国際関係論で議論されてきた領域を超えて社会構造の変動を含める必要がある。

　加藤朗による「技術」と「戦争」と「社会」の説明を借りてグローバルシフトと戦争の新たな領域の議論を行なってみたい。[4]加藤は、戦争のあり方、兵器の発展を「技術」と「戦争」と「社会」という三つの要因の相互連関によって説明を試みている（詳細は加藤論文を参照されたい）。はじめに、「技術」の発達は戦争の領域の拡大において重要な意味を持った。鉄の発見、火薬の発明、原爆の開発が兵器を飛躍的に発展させた。次に、「戦争」という要因による兵器の発展である。敵よりも強く、速く、高く、遠くに人間の身体機能を拡張することによって暴力を行使する「矛・盾」論理である。この論理は現在でも軍拡競争を招きながら兵器を飛躍的に発展させてきた。兵器の発展は、戦争のある社会とない社会とでは全く違うと考えられる。例えば、戦国時代の日本では様々な兵器や軍事的発展がみられたが、徳川時代に入ると刀は象徴となり、そして、火縄銃のまま

兵器の発達は止まってしまった。最後に、「社会」も同様に兵器の発展の要因である。人類の発展段階としての農業社会と情報社会では基盤となる技術が異なるように、社会によって必要とされる技術は異なる。つまり、社会の発展段階における戦争の領域と形態は異なるのである。

　次にトフラーによる産業構造の時代区分をたたき台に社会と兵器の発展の歴史を考察してみると次のような議論が可能だろう。トフラーは、人類の産業構造の転換を農業時代、工業時代、そして、情報時代という三つに区分した。この三区分は、農業時代は道具の時代であり、工業時代は機械の時代、そして、情報時代は装置の時代というように分類が可能である[5]。農業時代、人類は軍事革命と同時に農業革命も経験した。この時代の武器である刀や銃には鉄が必要であったし、銃には黒色火薬が必要であった。鉄と火薬には同時に農業を飛躍的に発展させる鍬や鋤などの農機具と黒色火薬の成分を構成する硝石は農業には欠かせない肥料であった。このような武器と社会構造の重層的な発展は、その後、18世紀のフランス革命によって成立した民主主義政府の元で実現した高濃度のナショナリズムを背景にした国民皆兵制度によって工業化時代へと転化した[6]。兵器の変換は、農業時代の道具から工業時代の機械へと変化した。この時代の特徴は、総力戦、大量破壊、そして、ナショナリズムといえるだろう。大量生産を可能にした大規模な産業構造が、安定した兵器の統一規格を実現したことで、強力なナショナリズムを背景にした国家総動員体制がつくられた。そして、自動化された兵器は大量生産されて大量の兵士の命を消費していった。トフラーのいう「おそるべき人命の浪費」である[7]。第二次世界大戦を核兵器の使用によって終結させたことは、陸海空における大量生産による大量消費型の戦争形態の終わりであった。

　以上の試論のように21世紀に入り、我々は工業時代から情報時代への転換を経験している。コンピュータの集合体であるICT（情報通信技術）を介さない戦争はほぼ考えることができず、戦争の領域は陸海空という既存の戦争の領域を超えてサイバー空間、宇宙空間にも拡大した。それだけでなく、情報ネットワークの発展は攻撃の精密化と兵器の自律を可能にし

た。このような戦争の領域の拡大は、量的競争から質的競争へと転換も同時に進行している。情報時代のエネルギー消費は、これまでのような化石燃料の大量消費を基礎とした産業構造から改めて農業時代の持続可能なエネルギーの消費構造への依存を21世紀の科学技術をたたき台にして創り出そうとしている。米中間の競争は物理的情報、仮想的情報の両方を巡る競争であり、同時に文化的魅力、統治方法の競争でもあることから、米中両大国の競争がこの後の新しい世界を構築していくことになるだろう。このような工業時代から情報時代への転換点において社会、科学技術、エネルギー消費の転換が戦争の領域をも拡大している状況を本書ではグローバルシフトと呼ぶ。

新たな兵器と抑止力

　これまでに人類が獲得した兵器には、往々にして抑止力が期待されてきた。しかし、戦車、航空機などのように兵器の破壊力、配備と拡散の過程で抑止力は失われ、現在、効果的な抑止力を持つ兵器は唯一核兵器である。優れたサイバー兵器による攻撃の特徴は、攻撃されたことに気づかれにくく、どこから攻撃をしているのか、そして、どこに反撃をすればいいのかを被害国に断定させないことである。例えば、ロシアによる米大統領選挙へのサイバー攻撃に対する米国の対応は、強力なサイバー攻撃能力を持っていたとしても攻撃国に対して有効な報復ができないことを示している。サイバー攻撃は軍以外の一般施設をターゲットに使用される「戦争未満」の攻撃であり、それを受けると国家は、抑止力を働かせるための手段を見出すことができない。[8]抑止力を効かすためには、経済制裁、通常兵器による攻撃、核攻撃のようなオプションによって相手を威嚇する必要がある。核兵器の先制使用は、報復によって自国も完全に破壊される可能性を双方が理解することで相互確証破壊（MAD）、つまり両国に歯止めがかかるのである。このように、核兵器は相手を圧倒することで抑止力が効くが、日常的に攻撃が繰り返されるサイバー兵器には同様の論理は効かない。サイバー攻撃を行う国のほとんどは、現在のところ直接軍事報復を招

くことなく、相手国に損害を与えることができているからである。

ユーラシアにおける安全保障への問題提起

　これまでの歴史を振り返ると産業構造が転換点にある社会で格差や不安が増大する時、ナショナリズムが増大する。本書で扱う新たな戦争の領域とは、アクシデント的に戦争状態に突入する可能性を秘めている。そして、このような戦争に至る可能性を秘める新たな戦争の領域は、日本の裏庭ともいえるユーラシアを中心に確実に拡大し、そして進化を遂げているのである。21世紀のユーラシア地域の安全保障を考察するために以下のような四つの問題提起をしたい。

（1）グローバルシフトにおいて工業時代から情報時代に入り、冷戦期に想定されていたような大規模な総力戦の可能性は低くなった。むしろ、平時よりサイバー空間において情報戦を繰り広げるハイブリッド戦争が常態化している現状は、科学技術力を国家レベルで競う経済安全保障の議論が重要になるだろう。
（2）グローバルシフトにおける中国の急速な国力の発展と米国の相対的な国力の低下、米国の国際社会における影響力の低下は、今後ユーラシア地域とインド太平洋地域の秩序維持のために米国がどの程度コミットをするかは未知数である。特に、2014年のクリミア危機以降のロシアの考える国際秩序と現状の差異は、深刻な問題を引き起こす可能性を秘めている。
（3）科学技術の発展が大国間だけで進展してきたこれまでの兵器開発の時代は大国の開発した兵器を周辺国が下取りすることが多かった。しかし、現在、最新の科学技術はグローバル市場で売買されており、大国でなくても高度な科学技術へのアクセスが可能となったことは重要な変化である。
（4）このような高度な科学技術に裏打ちされた兵器へアクセスできることで宇宙空間やサイバー空間で使用できる兵器を大国でなくても、また

は非国家であっても獲得できるようになった。それらの兵器は「使えない兵器」、「持てない兵器」である核兵器とは違い、高精度な攻撃によって相手国にダメージを与えることができる。同時に、核兵器以外に抑止力を持つ兵器は存在しないことを国際社会に再認識させたといえるだろう。

　中国やロシアの推進する「ハイブリッド戦争」や「総力戦」は、本書で取り上げる新しい戦争の領域において冷戦期より継続されてきた。我々は遅ればせながら、今後国際政治の中心となる中国とロシアの戦い方を学びつつ、新しい戦争の領域の深淵を覗くことから始めなくてはならない。

　2030年には中国は米国を追い越し、世界最大の経済大国になっているかもしれない。または、米国が再度覇権国としての維新を取り戻す可能性もある。いずれにしても、これまでのパワーシフトに比べて中国とインドの経済的台頭は、比類がないほど急速なものである。パワーシフト期における急速な挑戦国の成長は国際社会を不安定にする。しかし、我々は国家がパワーを行使する「領域」が拡大していることを認識し、同時に社会そのものが新たな構造変化を迎えていることを本書のグローバルシフトの議論を通して体感する必要があるだろう。このように、積極的に平和を構築することが要求されている時代においてパワーシフトの視覚に加えて、グローバルシフトの視覚を獲得することは急務なのである。

本書の構成

　本書は、パワーシフトだけでなくグローバルシフトによって戦争の領域が拡大し、同時に高度な科学技術のグローバルな拡大が「使える」兵器を生み出したことが国際政治にどのような変動を起こすのかを検討する。

　第1部第1章で加藤朗は、現在起きている民主主義体制と権威主義体制、より具体的には米中間の覇権闘争にみられるグローバルシフトの情報学的基礎を考察する。第2章で伊東寛は、最新兵器の存在は戦い方に影響を与えるだけでなく、国家間の関係を変化させると主張する。戦場におい

ては、兵器の使用の有無に関わらず、最新兵器の存在そのものが国際政治における力関係に相応の影響を与えていることを議論する。第3章で土屋大洋は、国際政治学における地政学の視点とボーダーレスといわれるサイバー空間の相関関係を考察する。

　第2部では、ユーラシア地域、特に権威主義体制と位置付けられる中国とロシアの新たな戦争の領域を中心に議論を進める。なぜならば、両国のサイバー空間を通した安全保障や統治の問題が国際政治に大きな影響を与えているが、ユーラシア諸国や旧ソ連圏諸国の議論は限定的だからである。第1章で藤巻裕之は、ユーラシア諸国にとっての脅威を考察する。ユーラシアにおける国際秩序は中国とロシアを中心に構築する非民主主義的地域主義がどのように機能しているのかを概観する。第2章で渡部悦和は、国内外に大きな影響力を持つサイバー強国中国の安全保障を論ずる。渡部の提示する「全領域戦（All-Domain Warfare）」という概念を用いてサイバー空間における中国の安全保障を考察する。第3章で佐々木孝博は、ウクライナ危機で注目を浴びるロシアのハイブリッド戦を「ゲラシモフ・ドクトリン」と2021年に新たに改定された「国家安全保障戦略」から読み解く。

　第3部では、21世紀の国際政治に大きな影響を与えている精密兵器、AI兵器、宇宙国際政治、そして、経済と貿易をめぐる米中の競争を議論する。第1章でモスクワ大学のパーヴェル・カラセフは、AIの軍事転用の国際的な競争の現状と危険性を指摘する。自律型致死兵器システムを含めたAI兵器の安全で、しかも合法的な運用は現状では困難であることをロシアと米国を例に議論をする。第2章で志田淳二郎は、国際政治学において最も新しい領域である宇宙安全保障を議論する。サイバー空間同様に宇宙空間における軍備管理のルール形成の進展を中心に論じる。第3章で和田龍太は、欧州にとっての最大の貿易相手国である中国が、欧州にとって「パートナー」から「ライバル」に変化し、さらに、中国と欧州の関係に輸出管理を厳格化する動きがあることを指摘する。

　本書は上記のような新進気鋭の研究者と経験豊富な研究者兼実務家、さ

らにロシア人研究者を執筆陣に迎え、本書の提示する新たな戦争の領域における科学技術が国際政治に与えるインパクトを議論する。

〔註〕

1　「平成31年度以降に係る防衛計画の大綱について」、「中期防衛力整備計画（平成31年度〜平成35年度）について」及び「新たなミサイル防衛システムの整備等及びスタンド・オフ防衛能力の強化について」『防衛省ホームページ』. https://www.mod.go.jp/j/approach/agenda/guideline/（2021年12月12日閲覧）

2　サイバースペースは、陸海空宇宙に次ぐ五つ目の領域といわれているが、土屋によれば、サイバースペースは既存の四つの戦争の領域を繋ぐ神経系であると指摘している。土屋大洋「第3章グローバル・コモンズとしてのサイバー・スペースの課題」平成25年度外務省外交・安全保障調査研究事業（調査研究事業）『グローバル・コモンズ（サイバー空間、宇宙、北極海）における日米同盟の新しい課題』（2015年3月）32頁.

3　山本吉宣「第1章　パワー・トランジッションの中の日本の安全保障」日本国際問題研究所『日米中関係の中長期的展望』（2012年3月）. http://www.nids.mod.go.jp/publication/kaigi/studyreport/pdf/2013/ch1_yamamoto.pdf（2021年11月11日閲覧）5頁.

4　加藤朗（2008）『兵器の歴史』芙蓉書房出版、10-14頁.

5　加藤『兵器の歴史』11頁.

6　レジーナ・タイトゥーニック（吉川直人訳）「近代国際システムの興隆」吉川直人編（2015）『国際関係理論』勁草書房、37頁.

7　アルビン・トフラー（徳山二郎監修、鈴木健二・桜井元雄他訳）（1980）『第三の波』176頁.

8　デービッド・サンガー（高取芳彦訳）（2019）『世界の覇権が一気に変わる　サイバー完全兵器』朝日新聞出版、17-18頁.

グローバルシフトと新たな戦争の領域

目次

目次

第1部　新たな戦争の領域と国際政治

第1章　グローバルシフトと紛争の変容
──ネオ・サイバネティクスの視点から──　　　　　　加藤 朗

第2章　最新兵器がもたらす新たな戦闘領域と
国際政治に与える影響　　　　　　伊東 寛

第3章　サイバーセキュリティと地政学・地経学　　土屋 大洋

第2部　新たな戦争の領域をめぐる中国とロシアの論理

第1章　ユーラシア諸国にとっての「脅威」
——ロシア、中国による非民主主義的地域主義——

　　　　　　　　　　　　　　　　　　　　　　　　藤巻 裕之

第2章　全領域戦と中国のサイバー安全保障　　渡部 悦和

Cover Illustration 『Broken Polygonal Wireframe Sphere. Geometric Form』 by smeagorl / PIXTA

第1部　新たな戦争の領域と国際政治

第1章　グローバルシフトと紛争の変容
──ネオ・サイバネティクスの視点から──

加藤　朗

キーワード　情報学、ネオ・サイバネティクス、人間＝機械融合系(MMHS: man and machine hybrid system)、オートポイエティック・システム

はじめに

──問題の所在──

　本論の目的は、情報革命やエネルギー革命による工業時代から情報時代への政治・経済・社会・軍事の構造転換というグローバルシフトにともない、紛争がいかに変容しつつあるかを明らかにすることにある。

　アルヴィン・トフラー（Toffler, Alvin）は人類の歴史を、富を生み出す産業を基準に、農業革命による農業時代（「第一の波」）、産業革命による工業時代（「第二の波」）そして情報革命による情報時代（「第三の波」）に区分した（トフラー著、徳山他訳1980）。トフラーの時代区分に基づけば、各産業はその上部構造としてそれぞれに適応した政治・経済・社会・軍事などの各システムを構築していった。たとえば政治システムを例にとれば、農業時代には土地を基礎とする古代帝国や封建制国家、軍事システムでは武士、騎士などの兵士階級や傭兵、工業時代には物的・人的資源を基礎とする絶対王政の主権国家や立憲君主制や共和制の主権国民国家が構築されて資本主義経済が発展し、徴兵制に基づく国民皆兵制が取られるようになった。では情報が基礎となる情報時代には情報を基礎としていかなる政治・経済・社会・軍事システムが構築されるのであろうか。この問いはトフラーが40年前に問いかけた問いに他ならない。しかし、トフラーの問いの中で十分に論じられていない問いがある。それが本論の問いである情報時代、特に近年のAI時代における紛争や軍事システムあるいは軍事のみならず、経済、環境等を含めたより広い意味での安全保障システムとりわけ紛争はど

のように変容するか、である。

1　分析の手法

　本論は、上記の問題を、物質・エネルギーと情報（パタン）に基づくノーバート・ウィーナー（Wiener, Norbert）のサイバネティクスの自然観（ウィーナー著、鎮目他訳 1979）を下敷きに、吉田民人の社会情報学や西垣通の基礎情報学を分析道具に、そして紛争の構造については小著『現代戦争論』、紛争の手段である兵器システムについては、同じく小著『兵器の歴史』を分析枠組みに用いて解き明かしていきたい。

（1）分析道具としての情報学
　本論で用いる分析道具は吉田の社会情報学と西垣通の基礎情報学である。吉田の情報学は自然界のすべての素材は「物質・エネルギー」と「情報」を基礎とするウィーナーの二元的自然観を基礎とする。「物質・エネルギー」には、それを担う「パタン」が存在し、「パタン」にはそれを担う物質・エネルギーが存在する。吉田は、「パタン」とは、「相互に差異化された＜差異の集合＞」であり、それを「情報」と定義する（吉田 1990、37）。吉田の「パタン＝情報」を批判的に継承する西垣は、「情報とは、『それによって生物がパターンをつくりだすパターン（a pattern by which a living thing generates patterns）』である」（西垣 2004、026）と情報を、それを解釈する生物を中心に据えて定義する。その上で情報を、生命情報、社会情報そして機械情報に分類する。生命情報とは、生き「モノ（物）」にとって意味＝価値のある、生命を司るすべての情報である。たとえば DNA に刻まれた遺伝子情報、セロトニン、ドーパミンなど神経伝達物質による神経反射、新陳代謝や成長等に関わるホルモンなどの生体化学物質など、記号と意味が基本的に一対一の対応をするシグナル記号に基づく情報である。他方、社会情報とは社会のあらゆる宗教、慣習、文化、制度、組織など「コ

ト（事）」を構成する情報であり、人にとって意味＝価値のある、最後は
人が解釈するすべての情報である。たとえば文字、音声、映像など、様々
な意味を内包し意味解釈を求めるシンボル記号に基づく情報である。そし
て機械情報とは、生命情報、社会情報を機械で処理できるよう、アルゴリ
ズムに基づくプログラムでデジタル記号に変換した情報である。

　紛争の変容は情報の質、量さらにその伝達の方法や速度と不即不離の関
係にある。そして情報の質、量、伝達の方法は産業構造の変容と不即不離
の関係にある。情報革命とは、生命情報も社会情報もすべて機械情報に変
換し、変換した膨大なデジタル情報をビッグ・データとして貯蔵し、そ
してどこにでも瞬時に伝達を可能とする情報ネットワーク社会への構造転
換を意味する。情報ネットワークを通じて日々収集される膨大なビッグ・
データを、今や人に代わって AI が「意味解釈」するようになり、AI が
人と融合した人機融合（MMHS:man and machine hybrids system）の構成主義的
サイバネティクスすなわちネオ・サイバネティクス・システム[3]を創造しつ
つある。

　以上の情報学を分析道具として、本論は紛争が物質・エネルギーによる
武力紛争から情報（パタン）に基づくデジタル紛争[4]へと変容しつつあること
を考察する。

（2）分析枠組み

　情報学を分析の道具とする一方で、分析の枠組みとして紛争の構造や紛
争解決の手段である兵器システムについて概説しておく。

ア）紛争の構造

　紛争は要素論的には、紛争の主体（actor）・争点（issue）・手段（means）
の三つの要素（element）から成り立つ。そしてこれらの要素を存在させ、
結びつける「場（構造、環境）」（field、〈structure、environment〉）がある（加藤
1993）。式で表せば、C ＝ F（A・I・M）となる

　まず紛争の主体とは、個人から組織、集団、国家、国家集団まで、紛争

の争点を認識し、争点解消のために手段を行使する主体である。次に紛争の争点は紛争の目的であり主体が獲得しようとする価値である。価値は、生か死かという最も根源的な自己保存の生存的価値、食料や資源など人が生物として生きるために必要な配分的価値そして宗教やナショナリズムなど人が人として生きるために必要なアイデンティティに関わる承認的価値の三つに大別できる。そして紛争の手段とは、紛争の争点解消すなわち目的獲得のために紛争主体が行使する交渉から武力行使までの方法である。他方「場」は、物質・エネルギーのモノ的、実相的世界であると同時に、「情報」によって構成されるコト的、仮相的世界である。モノ的世界とは、たとえば紛争システムではたとえば陸、海、空など戦闘領域の実相的世界である。一方コト的世界とは、たとえば国際社会や勢力均衡や覇権闘争など社会情報によって構成された仮相的世界である。

イ）兵器システム

　武力行使の手段である兵器は破壊体、発射体、運搬体そして運用体のサブシステムからなる一つの兵器システムを構成している。それは人間の身体の筋力系と知力系の延長、模倣、代替、置換として発展してきた。筋力系の破壊体は人間の拳、発射体は人間の腕、運搬体は人間の足そして知力系の運用体は人間の脳の延長、模倣、代替、置換である。筋力系の兵器システムは、ほぼ発展の限界を迎えている。破壊体は無限の破壊力を持った核兵器、発射体は砲なき自律発射のミサイル、運搬体は戦車、艦船、航空機そして宇宙衛星やドローンまであらゆる種類の運搬体があらゆる「モノ」的現実世界を戦闘領域と化した。残された兵器システムのフロンティアは知力系の運用体だけである。運用体の発展は、人間でいえば脳と神経細胞の延長、模倣、代替、置換に他ならない。今この運用体が、ICT（Information and Communication Technology）の進歩により人間の脳の延長、模倣、代替どころか脳を置換し人間の一部の知力を超えて AI としてめざましい発達を遂げている。この AI の進化が紛争の「場」を実相的かつ仮相的であるサイバー空間へと変容させているのである。

　紛争の変容にともない、紛争の主体が主権国家から情報主体へ、紛争の手段が筋力系の物質・エネルギーによる殺傷破壊兵器から、知力系の情報による機能破壊のプログラム（より正確にはアルゴリズム）兵器へ、そして紛争の目的が国家システムの物理的破壊から社会システムの機能的破壊へ、そして紛争の領域がモノ的世界の実相世界だけではなくコト的世界の仮相世界にも拡大しつつある。

　以上の分析の手法を基に、グローバルシフトにともない安全保障システムや紛争がいかに変容しつつあるかを考察する。

2　紛争の時代変容

　すべてのモノやコトは相互に作用、反作用を繰り返し相互作用するという意味で、クラウゼヴィッツが『戦争論』で指摘するように、モノ（戦闘）・コト（政治）の相互作用という戦争の本質は変わらない。しかし、産業構造の変化にともない、戦争の主体、争点（目的）手段等は大きく変化している。

（1）情報時代以前の紛争

　農業から工業への産業構造の変化が、兵器システムの破壊体、発射体、運搬体の発展を促し、そして究極の破壊体である核兵器が最後に残された兵器システムのフロンティアである運用体の情報化を促し、情報時代へと産業構造を転換していく。

ア）農業時代の紛争

　農業時代の紛争の主な主体といえば、村落共同体や部族共同体から古代帝国、封建国家などの政治共同体である。紛争の主目的は富の源泉である農地の防衛や略奪、時には支配者の威信や名誉である。またその手段は刀、弓矢など筋力を破壊エネルギーの源泉とする道具である。刀や弓矢が

威力を発揮するには、長年の鍛錬によって熟達の技を身につけねばならない。その結果農業時代には武士や騎士など戦闘の専門家の階級が誕生し、基本的に紛争は武士や騎士あるいは封建領主が雇う傭兵などによる限定戦となる。

　農業時代の紛争に変化が起きるのは、筋力エネルギーに代わる化学エネルギーの黒色火薬と銃砲の発明が契機である。農業用肥料でもある人や家畜の糞尿などを原料に、硝酸菌による硝酸化反応でできた硝石を主原料とする黒色火薬が発明され、火薬の爆燃エネルギーを使った発射体の銃砲が筋力エネルギーを利用する発射体の弓にとって代わった。銃を撃つには弓や刀のように長年の鍛錬や熟達の技はいらない。大人数の撃ち手や多数の銃そして大量の火薬と弾丸が戦場の雌雄を決する。銃砲の登場は、これらの条件を満たす常備軍を維持できる経済力と常備軍を統制できる官僚制を備えた近代主権国民国家の登場を促した。銃の登場はやがて製鉄や機械製造などの重工業や化学火薬製造の化学工業を発展させていく。

イ）工業時代の紛争

　本格的な工業時代は18世紀の第一次産業革命に始まる。蒸気機関の発明とともに化石エネルギーである石炭や石油が用いられようになる。富の源泉は、農産物だけでなく石炭、石油、鉄鉱石などの地下資源であり、こうした天然資源を利用した蒸気機関、内燃機関等の革新的技術そしてこれらの技術で生み出される工業製品や化学製品等であった。また運輸、交通、通信の発達により資本主義経済システムが国内を越えて海外へと拡大し、欧米列強は海外に天然資源や市場を求めて植民地の争奪戦を展開した。そして19世紀半ばから、兵器は職人の手作りや家内工業で少量生産される道具から、機関銃に象徴される、規格化に基づき工場で大量生産される機械の時代に入った。工場で労働者が大量生産した兵器は戦場で兵士が大量消費し、国民をナショナリズムで鼓舞し戦争は国家総力戦となった。

　そして1945年、物理エネルギーの核分裂を利用し無限の破壊力を持つ

　核兵器の登場によって、モノを破壊するという筋力系の物質・エネルギー兵器の発展は終焉を迎えた。核兵器は相手を物理的に破壊するという意味で物質・エネルギー兵器である。同時に、巨大な破壊力ゆえに実際には使えない兵器であり、単に恐怖という情報によって相手を抑止する知力系の情報兵器でもある。物質・エネルギー兵器であると同時に情報兵器であるという意味で核兵器は物質・エネルギーに基づくリアル（実相）戦争と情報に基づくヴァーチャル（仮相）戦争を架橋する兵器といえる。

　モノを破壊する究極の兵器である核兵器の発達は、コトを破壊するコンピュータの発展を促していった。核兵器は究極の兵器システムである。破壊体である核弾頭、核弾頭を投射する発射体のミサイル、ミサイルを搭載する運搬体の車両や航空機、艦船、核ミサイルを誘導、監視する衛星等すべてを指揮統制する知力系の運用体 C^3I (Command、Control、Communications、Intelligence) システムの発達が Computer の進化を促し、やがて C^3I に Computer を加えた C^4I が構築されていく。

　これまで兵器システムは、人間の身体の筋力系を延長、模倣、代替、置換しながら破壊体、発射体、運搬体、知力系の運用体と個別に発展してきた。米軍における C^4I の運用体の発展により、これらのサブシステムを神経網とでもいうべきインターネットが結んでグローバルなレベルで各サブシステムを、いわば再び身体化するように統合化した。それはあたかもグローバル・リヴァイアサンが誕生したかのごとくである。グローバル・リヴァイアサンの弱点は拳の破壊体でもなければ、腕の発射体でもなければ、足の運搬体でもない。脳に当たる運用体である。運用体である C^4I の神経網のインターネットや神経細胞のコンピュータの物理的破壊や機能不全、停止こそが情報時代の紛争の勝敗を決定する。

(2) 情報時代の紛争 —— サイバネティクス・システム紛争 ——

　兵器システムの運用体が切り拓いた情報時代は現在までのところ、コンピュータの進化とインターネットの普及を基準に、およそ2000年を境に二つの時代に区分できる。1946年にペンシルヴァニア大学が開発した初

の本格的コンピュータ「エニアック」から2000年までの第一世代のサイバネティクス・システムの時代と、それ以降インターネットが爆発的に普及しAIの開発が本格化した第二世代のサイバネティクス・システムいわゆるネオ・サイバネティクス（セカンド・オーダー・サイバネティクス）・システムの時代である。

　以下では、まずサイバネティクス・システムにおける紛争について考察する。

ア）サイバネティクス・システムとは何か

　現在の情報時代の紛争は、サイバースペース、サイバー・セキュリティやサイバー・ウォーなど「サイバー」が冠せられている。そもそもサイバーの語源は、ウィーナーのサイバネティクス（cybernetics）に由来する。サイバネティクススの語源は、ギリシア語の「舵手」を意味する「キベルネテス」から来ている（ウィーナー著、池原他訳 2011,45-46）。ウィーナーはサイバネティクスを「動物と機械における制御と通信」[7]の学問と定義し、「パタン」つまり情報の入力と出力による「通信」と、そのフィードバックすなわち「制御」の視点から「動物と機械」をシステムとしてとらえるサイバネティクス理論を構想したのである。

　このサイバネティクス理論はベルタランフィ（Bertalanffy, Ludwig von）の一般システム理論と結びついた[8]。そもそもサイバネティクス理論は一般システム論を理解するための多くの理論の一つとベルタランフィは述べている（ベルタランフィ著、長野他訳 1973、14-15）。一般システム論そのものはやがて社会システム論にも拡張され、ケネス・ボールディング（Boulding, Kenneth）の『紛争の一般理論』や、政治学ではデーヴィッド・イーストン（Easton, David）の『政治体系』、国際関係論ではケネス・ウォルツ（Waltz, Kenneth）の『国際政治の理論』に大きな影響を与えたのである。一方、サイバネティクスの概念は、コンピュータの発達とともに情報、通信等の科学に大きな影響を与えるだけでなく、たとえば1984年にウイリアム・ギブソン（Gibson, William）がSF小説『ニューロマンサー（Neuromancer）』

でウィーナーの cybernetics と space をあわせてサイバースペースという言葉を造り出したように、SF 小説やコンピュータ・ゲームで一般にも広がっていった。そして 1991 年の「ニンテンドー・ウォー」と呼ばれる湾岸戦争を契機にサイバネティクス理論は SF 小説から安全保障や国際関係論へと進展していった。

　元来サイバネティクスは、ウィーナーの『サイバネティクス』の副題「動物と機械における制御と通信」にあるように「制御と通信」の概念によって、生物であれ機械であれ、システムとして統一的に扱うための理論である。極めて学際的な理論であるがゆえに、自然科学、生命科学そして社会科学にも多大な影響をもたらした。現在のサイバー・セキュリティの基礎理論はウィーナーのサイバネティクス理論およびウォルツの国際関係理論を下敷きにしているといって良い。

イ）サイバネティクス・システムにおける紛争

　第一世代システムの開放系動的平衡システム[9]であり主客分離のサイバネティクス・システムにおける紛争とは、紛争の構造に当てはめれば、紛争の主体はサイバネティクス・システムを構想・構築する者も含めてサイバネティクス・システムの「舵手」であり、争点はサイバネティクス・システムの「制御 (control)」による「動的平衡」であり、手段はサイバネティクス・システムの「通信 (communication)」である。そして「場」はサイバースペースである。従来の国際関係論に依拠するサイバネティクス・システムにおける紛争の「舵手 (主体)」は国家もしくは企業や NGO 等の非国家主体であり、「制御による動的平衡 (争点)」すなわち国家間の勢力均衡や世界経済の安定、国際社会の秩序の維持であり、そして「通信 (手段)」は国家であれば外交交渉や武力行使、企業であれば株や商品の売買、NGO であれば社会運動などがある。この点においてサイバー・セキュリティは従来の安全保障と異なるところはない。

　しかし、サイバネティクス・システムにおける紛争が従来の紛争と大きく異なる点は、「場」にある。サイバネティクス・システムにおける「場」

とはサイバースペースである。従来のアナログ・システムにおける紛争の場は、基本的には具体的なモノの社会情報に基づいて人間が構成した地理的、時間的、空間的「場」である。たとえばアフガニスタン戦争では、アフガニスタンという地理的「場」、2001年から2021年までの時間的「場」における戦争である。また米中貿易戦争はモノの流通（communication）に関する規則と制度からなる自由貿易市場という「場」における紛争である。あるいは地球温暖化問題は地球環境という地理的「場」における紛争である。しかし、サイバースペースはモノの社会情報によっては構成できない。

　そもそもサイバースペースという言葉は、前述のようにギブソンが造り出した言葉である。そのためサイバースペースには二つの概念が含意されることになった。一つはウィーナーのサイバネティクス概念に基づく「通信」概念とスペースの概念である。両概念が含まれたことで、サイバースペースは線と空間の二つの概念が混同することになった（加藤 2013、13-14）。

　「通信」の概念は神経細胞すなわちニューロンで結ばれた物理的な脳の神経網のイメージである。この神経網のイメージに基づくインターネットは、実際にはデジタル情報が交錯する電気通信網である。したがって、このイメージに基づくサイバー・セキュリティとはサイバネティクス・システムにおける「通信」の確保である。この線のサイバー・セキュリティ概念の典型が2003年のホワイト・ハウスの *The National Strategy to Secure Cyberspace* 2003の定義である。「サイバースペースはその（訳注、国家の重要インフラの）神経システムであり、我が国の制御システムである。サイバースペースは相互に連接された何十万ものコンピュータ、サーバー、ルーター、スイッチや光ケーブルからなり、我が国の重要インフラを機能させているのである。サイバースペースが順調に機能することが我が国の経済や安全保障に必要不可欠である」（White House 2003, p.vii）（下線は筆者加筆）。ここではサイバースペースは重要インフラとして物質的に把握されている。そしてサイバースペースは「通信」回路として認識されている。

　一方空間の概念は、電脳とも中国語で訳されるコンピュータが作り出す

空間からインターネットが作り出す空間まで、物理的空間のアナロジーとして構成されている。さながらベネディクト・アンダーソン（Anderson, Benedict）が国民国家を「想像の共同体」（imagined communities）と定義したように、ギブソンはサイバースペースを「合意の幻覚（a consensual hallucination）」と説明したのである。これまではすべてはモノに還元できるモノの社会情報によって構成された「場」で紛争が起きていた。しかし、サイバースペースは、単に従来のモノの「場」の概念である物理的空間のアナロジーにしか過ぎず、「幻覚」あるいは国家概念同様に共同幻想でしかない。それでも国家は、領土という地理的モノや軍隊という具体的なモノなど物質的なモノによって象徴させることができる。しかしサイバースペースには、そうした物質的なモノは一切ない。あるとしてもサイバースペースを構築するモノとしてのコンピュータと電気通信網だけである。その結果サイバースペースという「場」は物質によって構成される実相領域と非物質のコトによって構成される仮相領域の境界が判然としなくなったのである。言い換えるなら仮相（virtual）世界と実相（real）世界とが融合して、現在のメタヴァースに発展する仮相現実（virtual reality）と呼ばれる「場」を構成したのである。

　この概念の典型がグローバル・コモンズとしてのサイバースペースである。土屋大洋によれば、なぜサイバースペースが「コモンズ」なのかといえば、攻守ともサイバースペースに依存しているからである。少なくとも初期の段階では攻撃者側もサイバースペースがなければ、サイバー攻撃の目的を達成できない（土屋 2015、27）。一旦サイバースペースが無くなれば、もはやサイバー・セキュリティは成立しない。では「コモンズ」は「共有地」と訳されるように土地なのか、すなわち紛争の「場」なのか。「共有地」であるとすれば、サイバー・セキュリティの目的は、インターナショナル・セキュリティ同様に、この「共有地」をいかに管理するかが世界各国の共通の課題となる[10]。この問題をめぐる対立の典型がグローバル・ガヴァナンスを主張する米英日等の民主主義陣営と国家による統制を主張する中ロ等の専制主義陣営の対立である。

しかし、一方でサイバースペースには「資源」としての側面があると土屋は指摘する（土屋2015、29）。かつて「共有地」が牧草のような資源を産出したように、土地は農産物を生産し、地下には天然資源がある。つまり資源としてのコモンズは、紛争の「場」ではなく、紛争の目的すなわち獲得すべき価値として争点となる。では資源としてのサイバースペースとは何か。それは、様々な科学分野で時々刻々と解明される科学情報やそして政治や経済、社会、文化など人々の日々の活動で生み出される社会情報などのビッグ・データである。自然が生産する農・海産物や埋蔵天然資源は有限であるが、サイバースペースで生産されるビッグ・データという情報資源は無尽蔵である。この無限の資源が情報時代の富を生む。そのため、資源としてのサイバースペースに対するサイバー・セキュリティとは、非物質的なビッグ・データの保護すなわち情報セキュリティに他ならない。

　現実世界においてはもっぱら国連や政府による条約や法、制度の制定、GAMAやBATなどデジタル・プラットフォーマー事業者の規則の策定あるいは情報機関等による監視などが情報セキュリティの具体的な方法である。またビッグ・データの漏洩、窃取等を防御するコンピュータのハードウエアやソフトウエアの開発も欠かせない。

ウ）サイバネティクス・システムの紛争の特徴

　以上の特徴を持ったサイバネティクス・システムの紛争で重要なのは、システムを構想、構築し制御する「舵手」がシステム外部に暗黙裏に想定されていることである。つまりサイバネティクス・システムを「制御」する、つまりサイバー・セキュリティにおいても紛争の主体は人間あるいは国家のような人格化された主体である。その理由は、サイバネティクス・システムにおけるコンピュータは外化された脳であり、脳を延長・模倣し人間の知力を強化するためのIA (Intelligence Amplifier[11]) でしかないからである。情報時代前期のサイバネティクス・システムは、コンピュータにより入出力やフィードバックを自動制御するものの、あくまでも人間がアナログの社会情報に基づいて最終的な判断を下すという意味で本質的にはア

ナログ・システムである。

　確かにサイバネティクス・システムでは紛争解決の手段と場にデジタル化やサイバースペースという大きな変化があった。一方で紛争の主体は、ハッカーのような個人や集団も主体とはなるが、依然として国家が中心であり、争点もまた国益や覇権である。結局、サイバネティクス・システムにおいては国家がいかにして「場」や「手段」を「制御」するかがサイバー・セキュリティの中心的課題となる。「場」や「手段」は変化したが紛争の主体や争点は変わらないという意味で、情報時代の前期は、工業時代から情報時代への過渡期と言えるかもしれない。

3　ネオ・サイバネティクス・システムにおける紛争

　2000年代以降現在に至る情報時代になると、紛争の「場」であるサイバースペースの様相は一変する。脳細胞の一つ一つを神経細胞で結びつけて脳が造られるように、インターネットがコンピュータをはじめスマホやありとあらゆる通信端末を結びつけグローバル・リヴァイアサンの脳を形成した。さらに2010年頃には本格的なニューラルネットワークに基づきディープ・ラーニングのアルゴリズムの開発が一気に加速し、グローバル・リヴァイアサンの脳細胞にあたる個々のコンピュータの性能が指数関数的に向上した。カーツワイル（Kurzweil, Ray）が予言した（カーツワイル著、井上他訳2007）AIが人間の知力を超えるシンギュラリティ（特異点）の到来も次第に現実味を帯びるようになってきた。今ではコンピュータは人間の知力を強化するIAではなく、人間の知力を代替・置換するAI（Artificial Intelligence）となりつつある。その結果、農業時代、工業時代そしてサイバネティクス・システムの時代のように、紛争を「制御」する主体が人間あるいは国家のような人格化された主体だけの時代から、AI自身も主体となって紛争を「制御」する新たな情報時代に入ったのである。

（1）ネオ・サイバネティクス・システムとは何か

　本論のネオ・サイバネティクス・システムとは、人とコンピュータが融合する人機融合の「人間＝機械融合系（MMHS: man and machine hybrid system）」をいう。

ア）ネオ・サイバネティクス・システムとは何か

　本論のネオ・サイバネティクス・システムとは、マトゥラーナ（Maturana, H.R.）とヴァレイラ（Varela, F.J）のオートポイエーシス理論[12]に基づく主観的な認識（構成）論の立場に立つ西垣通の構成論的情報論・システム論である HACS（Hierarchical Autopoietic Communication System：階層的自律コミュニケーション・システム[13]）を踏まえた上で、ネオ・サイバネティックス理論に基づくマーク・ハンセン（Hansen, Mark）の SEHS（System-Environment Hybrids System：システム＝環境ハイブリッド）（Hansen 2009）に依拠したシステム論である。SEHS とは、「IT エージェント（人間の代理機能をはたす IT システム[14]）」（西垣／河島他編 2014　207）により生み出される、「暫定的（Provisional）閉鎖系システム」（Hansen 2009）である。西垣の考察によれば、ハンセンの「暫定的（Provisional）閉鎖系システム」とは、人間という閉鎖系のノン・トリビアル（非自明）な生命システムと開放系のトリビアル（自明）な機械システムとの中間的存在であり、人間／機械の「疑似コミュニケーション」（西垣 2016　144）を構成素とするシステムである。しかし、西垣が閉鎖系と開放系の中間的存在として「人間＝機械複合系（man and machine complex system）」と考察した SEHS は、ハンセンが SEHS を概念化した 2009 年当時とは比較にならないくらい ICT や AI の指数関数的な発展により、生命情報が作り出す生命圏、社会情報が作り出す社会圏、機械情報が作り出す「機械圏（テクノ圏）[15]」（西垣／河島他編 2014　208）とがこれまで以上に融合した結果、もはや「人間＝機械複合系」の暫定閉鎖系システムではなく文字通り「人間＝機械融合系（man and machine hybrid system）」の閉鎖系システムである人機融合圏に変容したといっても良いだろう[16]。言い換えるなら、後述するように、インターネットで結ばれたグローバル・コモンズとしての国際安全保

障システムは、もはや人間と機械が融合した人機融合の閉鎖系システムとなったのである。この人機融合システムこそが、現在の情報時代の紛争の主体でありかつ「場」であるネオ・サイバネティクス・システムである。

　ネオ・サイバネティクス理論について概略しておく。ネオ・サイバネティクスはもともとフォン・フェルスターによって「セカンド・オーダー・サイバネティクス」と名付けられていた（Clarke B. & M.B.N. Hansen, 2009）。フォン・フェルスター（Foerster, H. von）は、1960年の論文「自己組織系とその環境について」（Foerster 2003, 1-19）に初めて描かれた有名な「山高帽の男」のイラストで、それまでのサイバネティクスが観察者を無視して客観的存在としてシステムをとらえていたのとは対照的に、観察者を含めてシステムを考察するという構成主義的視点に立つ「サイバネティクスのサイバネティクス（Cybernetics of Cybernetics）」を提起した。1973年にフェルスターは差別化を図るために、従来のサイバネティクスをファースト・オーダー・サイバネティクスそして「サイバネティクスのサイバネティクス」をセカンド・オーダー・サイバネティクスと呼んだ。その後クラークとハンセンが、セカンド・オーダー・サイバネティクスをネオ・サイバネティクスと名付け、フェルスターの構成主義的サイバネティクスをSEHS概念へと発展させた（ハンセン、クラーク著、大井訳2014, 182-187）。現在日本では西垣通が、このネオ・サイバネティクス理論を暫定閉鎖系のSEHSと同様の概念であるHACSに基づきITエージェントいわゆるAIによる「人間＝機械複合系」の議論へと展開したのである（西垣他編2014「第8章　暫定閉鎖系についての一考察」）。

イ）サイバネティクス理論とネオ・サイバネティクス理論の差異

　ウィーナーのサイバネティクス理論は客観主義的なモノの理論であり、他方フェルスターのネオ・サイバネティクス理論は、上述の成り立ちでわかるように、構成主義的なコトの理論である。また、前述のように、サイバネティクス理論が観察者を無視したのとは対照的に、ネオ・サイバネティクス理論は観察者を含めてシステムを考察する視点の転換が行われて

いる。

　さらにより具体的に両者の差異はシステムを制御する制御システムにある。サイバネティクス・システムは、前述のように、制御システムをシステム外部の人間や人格化された国家など第三者が他律的に制御するアロポイエティック・システムである。ウィーナーのサイバネティクスはこのアロポイエティック・システムである。他方、ネオ・サイバネティクス・システムは制御システムをフォン・ノイマンの論理計算に基づくプログラムで自律的に制御するオートポイエティック・システムである。¹⁷このプログラムを IT エージェントが自律的に書くシステムがネオ・サイバネティクス・システムである。

　こうした差異が現れた背景には、ウィーナーの『サイバネティクス──動物と機械における制御と通信──』に示されたように、サイバネティクス理論が「制御」と「通信」で別個に展開したことにある。物質・エネルギーとパタン（情報）のウィーナーの世界観に従って、一つは物質・エネルギーの「制御」に軸足を置く客観的・実在論的・経験主義的、物質・エネルギー（自然）システムとしてのサイバネティクス・システム、今一つは情報の「通信」に軸足を置く主観的・認識論的・構成主義的、情報（認識）システムとしてのネオ・サイバネティクス・システムとして個別に発展したのである。

ウ）ネオ・サイバネティクス・システムにおける紛争

　前述のサイバネティクス・システムでは、紛争の主体はサイバネティクス・システムを構想・構築する者も含めてアロポイエティックなサイバネティクス・システムの「舵手」であり、争点はサイバネティクス・システムの「制御（control）」による「動的平衡」であり、手段はサイバネティクス・システムの「通信（communication）」であり、「場」はサイバースペースである。では、2000年代以降の情報時代のオートポイエティックなネオ・サイバネティクス・システムの紛争とはどのようになるのだろうか。

　まず紛争の主体は情報主体となる。情報主体とは、人はもちろん、人格

化されたモノやコトの人為的人格（artificial-human agent）（生命圏、社会圏、機械圏を含むすべての環境および三つの圏域を構成するヒトを含むすべての生命体、人格化された制度、組織）、そしてデジタル（機械）情報に基づくアヴァターのような疑似人格主体（quasi-human agent）、また画像認識のような生命体の機能をデジタル情報で代替する機能的人格主体（operative human agent）である AI などのデジタル人格主体である。そしてすべての人格主体を包摂する最大の情報主体が人格化された地球である。

　情報主体の特徴は、物質・エネルギーではなく、情報＝パタンに還元された主体であることにある。卑近な例でいえば、SNS の人格は決して現実の人格そのものではない。人格のごく一部が情報に還元され、その情報が受け手に新たな情報を生み、その情報の相互作用の中で相互に SNS 上の人格が情報主体として構成される。人格化された国家も同様に軍事力や経済力などのハードパワーは数字に置き換えられ、ソフトパワーは統計と確率で人々の選好が測定、数値化される。そして様々な情報に基づいて人々は情報主体として国家を構成する。さらに地球もまた、温暖化の概念の基に気温という数字に還元され、温暖化する地球という情報主体が構成される。

　次に争点は何か。サイバネティクスでは物質・エネルギーに基づくシステムの自己組織化による動的平衡に力点が置かれる一方、ネオ・サイバネティクスではむしろ情報に基づくシステムの自己認識化による情報主体のアイデンティティの確立や規則や制度そして組織の構築に力点が置かれる。情報主体のアイデンティティをシステム内の人々の共通主観として構成し、そのアイデンティティを維持できるように価値を共有し、規則や制度そして組織を構築するのである。したがって、争点は、情報の差異の判断基準となる価値に関する情報である。

　たとえばユダヤ、キリスト、イスラムなどの一神教文明では最も根源的価値が神である。神を判断の基点とし、様々な価値を基本的には自然的人格である人間が設定し判断する。他方、デジタル・システムではデジタル人格である IT エージェントが右／左、有／無など 0, 1 のデジタル・コー

ドに合わせた二値コードの判断基準を設定し、確率と統計に基づく価値の順序付けにより判断する。たとえばネットのレコメンド機能は最も身近な例である。こうして新旧や自他等の情報の差異が情報の相互作用を駆動し、紛争のダイナミズムを生み出す。この問題は、手段にも関係する。どのような手段を選択するかは、まさに価値の問題だからである。

　手段は、アーキテクチャ（戦略・方針等）とアルゴリズム（戦術・方法等）からなる AI のプログラムである。情報主体間で、どのような情報の相互作用を行うかのアーキテクチャとアルゴリズムからなるプログラムが手段となる。彼我におけるプログラムのアーキテクチャやアルゴリズムがいわゆるサイバー戦を含め情報の相互作用を生み出し、情報の相互作用が争点の生成や解消、紛争の拡大や解決などシステムの崩壊を引き起こし、また新たなシステム形成を促す。そして、いかなる手段を取るかは争点すなわち価値に関する情報が決定する。

　たとえば AI の戦争ゲームや将棋や碁などの MMHS システムにおいては、自己認識言い換えるなら勝利という承認的欲求を満たすためにアーキテクチャとアルゴリズムからなるプログラムが編み出される。自己認識は現在のところ人間という「自己保存」システム固有の心という心的システムの情報である。しかし、MMHS システムでも、『トランセンド』や『マトリクス』などの SF 映画のように「非自己保存」システムすなわちデジタル人格が自意識を持つ心的システムを構成するシンギュラリティは近いと思われる。

　そして何よりも重要なのが、「場」である環境である。環境とは、前述のように、生命情報が作り出す生命圏、社会情報が作り出す社会圏、機械情報が作り出す機械圏（テクノ圏）とが ICT により融合した人機融合の閉鎖系システムである MMHS システムを構成する。

　この人機融合システムの特徴は、メタヴァースに代表されるシステム内に仮想の社会システム（デジタル社会システムと呼ぶ）を情報に基づき人々の共通主観として構成することにある。デジタル社会システムのアーキテクチャは、最初はすべて人間が情報に基づいてアーキテクチャを構想し、そ

のアルゴリズムも最初はすべて人間がプログラムする。最初に人間が構想しアーキテクチャとアルゴリズムを決定するという意味で、デジタル社会システムは本質的には他者構成のアロポイエティック・システムである。しかし、いったん他律的に構成されたシステムもその後は、IT エージェントのようなデジタル情報主体が、アナログ情報主体との情報の相互作用そしてデジタル情報主体同士の情報の相互作用によりアーキテクチャやアルゴリズムを自己構成し、あたかもオートポイエティック・システムのようにふるまうようになる。そのためメタヴァースのようなデジタル社会では物質・エネルギーに基づく「自己保存系」の人間は存在しない。情報に基づく「アヴァター」の「非自己保存系」のシステムであるが、あたかも「自己保存系」のオートポイエティックな生態系システムのように自己組織的に成長していく。

　MMHS システムの最大の特徴は、人格主体と場の融合である。紛争の人格主体が情報主体である限り、情報で構成されるすべての人格主体は場であり、同時に情報で構成される場はすべて人格主体となる。情報が無いところには場も人格主体もない。すなわち情報が構成する場には外部がないということである。これが主体と場が融合した MMHS システムが閉鎖系であることの理由である。そして最大の MMHS システムが、ICT による人機融合の結果構成された人格主体でもある「地球」である。

(2)　安全保障システムとしてのネオ・サイバネティクス・システム

　MMHS システムは、物質・エネルギーに基づく生命圏の自己保存システムと機械圏の「非自己保存」システムが融合する客観主義的かつ構成主義的ネオ・サイバネティクス・システムである。つまり紛争の「場」は、物質・エネルギーに基づく現実の実相社会と情報により構成されるデジタルの仮相社会との二つがある。安全保障システムとしてのネオ・サイバネティクス・システムはこの二つの側面を持つ。そして前述のように、最大のネオ・サイバネティクス・システムは地球である。グローバル・シフトとは、安全保障システムからいえば、地球が人機融合のネオ・サイバネ

ティクス・システムになったことである。

ア）安全保障システムとしてのネオ・サイバネティクス・システム

　地球が安全保障システムとしてネオ・サイバネティクス・システム化した端緒は1970年代に米ソ間で確立された相互確証破壊戦略（Mutual Assured Destruction : MAD）体制にある。当時の MAD 体制は、現在とは比較しようもないほど未熟な ICT と人による人機融合システムである。米ソとも陸、海、空、果ては宇宙から深海までそれぞれに5万発にも上る核兵器を配備して核抑止の MAD 体制を構築した。一方、全面核戦争が起きれば核爆発で巻き上がった塵で寒冷化し地球は全滅するとのイメージ（情報）は、世界中の人々に地球が閉鎖系であることを否応なく想起させた。MAD 体制は実相社会で米ソの軍拡競争を引き起こし、仮相社会では地球全滅のイメージ（情報）を世界中に拡散した。

　冷戦後 MAD 体制に代わって、安全保障のグローバルなテーマになったのが地球温暖化である。人機融合システムを維持するには、人（生命圏）と機械（機械圏）の双方にエネルギーが必要不可欠である。ネオ・サイバネティクス・システムである地球を維持するエネルギーは、ほぼ太陽エネルギーである。生命圏では植物が太陽エネルギーにより他の生命体の食料を生産している。他方機械圏では太陽エネルギーを直接、あるいは大気や水の循環などを再生可能エネルギーとして間接的に利用し、電気エネルギーに変換している。さらに太古の太陽エネルギーの貯蔵庫である石炭や石油を利用して電気エネルギーを生産している。電気エネルギー発電、送電まですべて人機融合システムで「制御」している。しかし、産業革命以来、過去の太陽エネルギーの「貯金」を取り崩してエネルギーを取り出した結果、閉鎖系である地球のエントロピーが増大し地球温暖化が起きているのである。

　農業時代には生命圏のエネルギーは植物、社会圏のエネルギーは森林と、再生可能エネルギーから得ていたためネゲントロピーが働き、地球の閉鎖系システムの平衡は維持されてきた。しかし工業時代になり機械圏が

増大すると、石炭や石油など何億年にもわたって蓄積してきた太陽エネルギーをここ 300 年で使用し、莫大な量の二酸化炭素を排出し、エントロピーが増大したのである。しかも、情報時代に入り、機械圏の ICT のエネルギーとして電気エネルギーの需要が増大している。人機融合システムを維持していくためには生命圏の食糧エネルギーと機械圏の電気エネルギーの安定供給が必要不可欠である。この二つのエネルギーの安定供給と地球環境システムの制御が安全保障システムとしてのネオ・サイバネティクス・システムの喫緊の課題であり、紛争の争点である。

イ）「自己保存」システムと「非自己保存」システムの人機融合問題

　ネオ・サイバネティクス・システムにおける人機融合のシステムとは、本来相矛盾する二つのシステムすなわち「自己保存系」の生命圏と「非自己保存系」の機械圏の融合である。現在、この問題が最も先鋭的に現れているのが、兵器システムにおける運用体の C⁴I 問題である。C⁴I を制御するのはだれか。人間なのか、C⁴I の要素の一つであるコンピュータ自身なのか。

　兵器システムの「制御」には人間が関与する度合によって、遠隔操縦の無人機のように目標設定、攻撃まで人間が制御する man in the loop、CIWS（Close In Weapon System）近接防御火器システムのように兵器システムの起動、終了だけを人間が行う man on the loop、そしていわゆる殺人ロボットである LAWS（Lethal Autonomous Weapon System）自律型致死兵器システムのように人間が一切関与しない man out of the loop の段階がある。人機融合のネオ・サイバネティクス・システムではすでに man out of the loop になっている。現時点では LAWS は本格的に実戦化していないものの、LAWS が実現すればそれは、「非自己保存」システムの機械が「自己保存」システムの人間を駆逐、排除するだけでなく、制御しかねない。また「非自己保存システム」が、前述の情報に基づく「アヴァター」のように、オートポイエティックな生態系システムとして自己組織的に成長していき、あたかも「自己保存」システムになる可能性があるかもしれ

ない。そうなればSF映画『マトリクス』のようにAIと人間の紛争になりかねない。

おわりに

——ネオ・サイバネティクス・システムにおける米中対立——

　前述のように、アンダーソンは出版物によって伝えられた社会情報が「想像の共同体」としての国民国家を構成したと主張した。またギブソンはコンピュータやインターネットのデジタル情報が「合意の幻覚」としてのサイバースペースを構成すると予測した。そして今我々は「合意の幻覚」の中に「想像の共同体」を構成している。ただし、それは国民国家とは限らない。

　出版物が伝えるアナログの社会情報はインターネットが伝えるデジタルの社会情報とは比較できないくらい微々たる量である。人機融合のサイバースペースの中に構成された「想像の共同体」は、アナログ情報で構成された国民国家としての「想像の共同体」とは全く異なるのかもしれない。人機融合のサイバースペースには様々な価値観を持った情報主体が、0，1のデジタル・コードに合わせ右／左、有／無、諾／否など二値コードのプログラムで判断する価値観に基づいて多種多様の「想像の共同体」を構成している。米国における「ディープ・ステート」のような陰謀論の流行は、プログラムが導く価値観の多様性、その裏返しとしての思想、言論の分断の典型である。もはや愛国心だけでは「想像の共同体」を作れないどころか、国民国家を分断、解体しかねない。膨大なデジタル情報が多種多様の「想像の共同体」を構成する一方で、アナログ情報に比べ、アーキテクチャとアルゴリズムでプログラム化されており「制御」が遙かに容易なデジタル情報を統制すれば、一つの「想像の共同体」を構成することができる。中国のデジタル専制主義が典型であり、それは漢字、道路、駅伝制など情報手段で支配した秦やローマ、モンゴルなど古代帝国の再来で

ある。

　ネオ・サイバネティクス・システムでは情報主体は自己認識化、自己承認化を求め人間は様々な価値観を持った様々な人間になりすますことができる。実相空間では身体的、物理的、金銭的など様々な限界から容易に別人格になりすますことはできない。しかし、人機融合のネオ・サイバネティクス・システムでは AI でさえ人間になりすまし、人間を特定の価値観に基づいて「想像の共同体」を構成することができる。このような多種多様な価値観が横溢するネオ・サイバネティクス・システムでは、自己認識化、自己承認化できない人々は自らのアイデンティティを求めて、一人の「哲人」の指導を求めるのかもしれない。

　現在の米中間の民主主義と権威主義の対立の本質は自己認識化、自己承認化すなわち両者のシステムの自己認識、自己承認の価値観の差異であり、その結果両国は自由民主主義制度と人民民主主義制度の政治制度の優劣を争っているのである。この両国の価値観の差異による情報の相互作用をインフルエンサーや AI などが情報戦として加速させている。重要なのは、米中の対立は、政治、経済、軍事などすべてが情報に還元されたネオ・サイバネティクス・システムにおける覇権闘争だという点にある。この闘争に負ければ、自由民主主義諸国の未来は中国同様にデジタル『動物農場』でしかない。

〔註〕

1　本論では「戦争」を近代主権国民国家の武力紛争と定義する。従って紛争とは、近代主権国民国家以外のたとえば部族、古代帝国、封建国家等の政治共同体を含め、政治、経済、文化、宗教等社会的主体間のあらゆる対立を紛争と定義する。戦争は社会紛争の一形態と見なす。

2　トフラーは必ずしも安全保障問題を十分に論じてはいない。例外的に以下の著作『アルビン・トフラーの戦争と平和——21世紀、日本への警鐘』がある。下記の本論筆者（加藤）はトフラーから手紙でインタヴューを受け、『現代戦争論』で触れたコンピュータによる戦争（現在のサイバー戦）の可能性を指摘したことがある。同書でも、若干ではあるが筆者の見解が引用されている。同様にネグリ／ハートも、彼らの浩瀚な論考に比して、「情報時代」の紛争についての考察

は少ない。例外的に『マルチチュード』の第一部「戦争」があるだけである。しかも、国境を越えたネットワーク状の＜帝国＞の主権の拡大にともない国家間の戦争は減少し、グローバル内戦が増加しているとして、各地の抵抗運動を取り上げているだけである。「非物質」（ネグリ／ハート）すなわち本論の「情報」ではなく、物質・エネルギー世界の紛争を取り上げているのみである。この背景にはトフラーの『アルビン・トフラーの戦争と平和』は約30年前、ネグリとハートの『＜帝国＞』も約15年前と秒進分歩のICTの進歩には追いついていないという背景があると思われる。

3　ウィーナーのサイバネティクス・システムはシステムの外部にシステムを解釈する人間を想定している。他方、第2世代のシステムであるネオ・サイバネティクス・システムはシステムの内部にシステムを解釈する人間を想定すると同時に、システムを構成するAIもまた人同様に、あるいは人に代わってシステムを解釈する。現在のインターネットでは、AIが人間同様に情報を解釈して、たとえば翻訳、商品の推薦等、またフェイク・ニュースなど新たな情報を生成し、そして人間がAIの情報を解釈している。ネオ・サイバネティクスについては、以下を参照。（Clarke &Hansen 2009）

4　本論では、いわゆるサイバー戦を含むデジタル空間における情報に基づくあらゆる紛争を意味する用語として「デジタル紛争」を用いる。

5　ホッブズが紛争の原因として挙げた、「安全、利得、評判」に相当する（ホッブズ著、水田訳2004、210）。

6　①敵に敵対的感情（コト）を抱く相互作用
　　②敵の戦闘力（モノ）を粉砕しようとする相互作用
　　③敵の戦闘力（モノ）に応じた我の戦闘力（モノ）を準備しようとする相互作用

7　著書（Wiener 1948、邦訳2011）のタイトルCybernetics, or Communication and Control in the Animal and the Machine で定義されている。もっとも、これは定義というよりも、学際的な学問であるサイバネティクスが目指す研究の方向性を示した言葉といっても良い。ウィーナーの「サイバネティクス」の概念について杉本（2008）を参照。

8　詳しくはベルタランフィ「第2章一般システム理論の意味」（ベルタランフィ著、長野他訳1973、28-49）を参照。

9　システムの変遷については、以下を参照。河本英夫（1995）『オートポイエーシス』青土社 .

10　この課題はウォルツの国際関係理論の主題であり、ウォルツはマンサー・オルソン（Olson, Mancur）の集合行為論に基づいて大国による核兵器の管理を通じた国際社会の安定を主張した。仮にサイバースペースが「共有地」ならウォルツの理論を適用できるかもしれない。ウォルツは1979年の段階ですでにグローバルな課題として「4つの『P』問題、貧困（poverty）、人口（population）、公害（pollution）、拡散（proliferation）」（Waltz1979, chap.9 "The management of International Affairs"）に着目している。

11　Intelligence Amplifier の語源はW. アシュビー（Ashby, William）の "amplifying intelligence"（Ashby1956,271）にある。

12　以下参照。ヴァレラ・マトゥラーナ（河本訳）（1991）『オートポイエーイシス』.

13　西垣のHACSについては以下を参照。西垣（2004）,（2008）.

14　「人間の代理機能をはたす」という意味において、また人間との「疑似コミュニケーション」の対象としてITエージェントを人機融合の閉鎖系システムにおける「機能的人格主体」（operative-human agent）とみなすことができる。

15　吉田の情報分類を導入するなら、法則等の物理情報が作り出す「物理圏」も加えても良いと思われる。

16　実際AIはもはやトリビアルな機械システムではなく、ノン・トリビアルになりつつある。AIを利用した将棋ソフトでも、棋士が手順をひらめくように、AIがどのようにして手順を考えたかわからなくなっている。

17　詳しくは以下を参照。西垣通「観察、創発、意識、そして人工知能」西垣通編『基礎情報学のフロンティア』（2018）.
　　ちなみに生物はすべて遺伝子に書き込まれたプログラムで自立的に制御するオートポイエティック・システムである。

〔引用文献〕
（日本語文献）
ノーバート・ウィーナー（鎮目恭夫・池原止戈夫訳）（1979）『人間機械論——人間の人間的な利用』みすず書房.

レイ・カーツワイル（井上健監訳）（2007）『ポスト・ヒューマン誕生——コンピュータが人類の知性を超えるとき』NHK出版.

加藤朗（1993）『現代戦争論——ポストモダンの紛争LIC』中公新書.

——（2008）『兵器の歴史』芙蓉書房出版.

クラウゼヴィッツ著（篠田英雄訳）（1968）『戦争論』岩波文庫.

ブルース・クラーク、マーク・ハンセン（大井奈美訳）「第7章　ネオ・サイバネティックな創発」西垣通・河島茂生・西川アサキ・大井奈美編（2014）『基礎情報学のヴァイアビリティ——ネオ・サイバネティクスによる開放系と閉鎖系の架橋』東京大学出版会.

杉本舞「ウィーナーの「サイバネティクス」構想の変遷：1942年から1945年の状況」京都大学『科学哲学科学史研究　第2巻』（2008）.

土屋大洋「グローバル・コモンズとしてのサイバースペースの課題」日本国際問題研究所『グローバル・コモンズ（サイバー空間、宇宙、北極海）における日米同盟の新しい課題』（2015年3月）.

アルビン・トフラー（徳山次郎監修、鈴木健二・桜井元雄他訳）（1980）『第三の波』日本放送出版協会.

——ハイジ・トフラー（徳山二郎訳）（1993）『アルビン・トフラーの戦争と平和——21世紀、日本への警鐘』フジテレビ出版.

西垣通（2016）『ビッグデータと人工知能』中公新書

——「基礎情報学の射程：知的革命としてのネオ・サイバネティックス」『情報学研究（東京大学大学院情報学紀要）　No.83』（2012年10月）.

アントニオ・ネグリ、マイケル・ハート（幾島幸子訳、水島一憲・市田良彦監修）

（2005）『マルチチュード（上）（下）』NHK ブックス．

ベルタランフィ（長野敬・太田邦昌訳）（1973）『一般システム理論』みすず書房．

ホッブズ（水田洋訳）（2004）『リヴァイアサン』岩波文庫、第13章、210頁．

吉田民人（1990）『自己組織性の情報科学──エヴォルーショニストのウィーナー的自然観』新曜社．

（英語文献）

William R.Ashby, *An Introduction to Cybernetics*,（Chapman and Hall, London, 1956）.

Clarke B. & M.B.N. Hansen（2009）

B.Clarke, M.B.N.Hansen,"Neocybernetic Emergence: Returning the Posthuman", *Cybernetics & Human Knowing*, Vol.16, Nos.1-2,（2009）,pp.83-99.

Mark Hansen,"System-Enviroment Hybrids", B.Clarke, M.Hansen eds., *Emergence and Embodiment: New Essays in Second Order Systems Theory*,（Duke Univ. Press, 2009）.

H.von Foerster,"On Slf-Organizing Systems and Their Environment", *Understanding Understanding: Essays on Cybernetics and Coginition*,（Spriner,2003）.

Kenneth N.Waltz, *The Theory of International Politics*,（Waveland Press Inc, 1979）.

（ウォルツ（河野勝・岡垣知子訳）（2010）『国際政治の理論』勁草書房．）

White House, *The National Strategy to Secure Cyberspace 2003*.

Norbert Wiener, *Cybernetics, or Communication and Control in the Animal and the Machine*,（Cambridge: MIT Press, 1948）.

（ウィーナー（池原止戈夫他訳）（2011）『サイバネティクス──動物と機械における制御と通信』岩波書店．）

〔参考文献〕
（日本語文献）

ベネディクト・アンダーソン（白石隆・白石さや訳）（2007）『想像の共同体』書籍工房早山．

マンサー・オルソン（依田博・森脇俊雅訳）（1983）『集合行為論──公共財と集団理論』ミネルヴァ書房．

加藤朗「新たな安全保障領域「サイバー空間」の理論的分析」『国際安全保障　第41巻第1号』（2013年6月）．

ウィリアム・ギブスン（黒丸尚訳）（1986）『ニューロマンサー』ハヤカワ文庫 SF.

河本英夫（1995）『オートポイエーシス──第三世代システム』青土社．

西垣通（1999）『こころの情報学』ちくま新書．

──（2004）『基礎情報学──生命から社会へ』NTT 出版．

──（2008）『続 基礎情報学──「生命的組織」のために』NTT 出版．

──（2013）『集合知とは何か──「ネット時代」の知のゆくえ』中公新書．

──・河島茂生・西川アサキ・大井奈美編（2014）『基礎情報学のヴァイアビリティ』

東京大学出版会.

──「観察、創発、意識、そして人工知能」西垣通編 (2018)『基礎情報学のフロンティア』東京大学出版会.

K.E. ボールディング (内田忠夫・衛藤瀋吉訳)(1976)『紛争の一般理論』ダイヤモンド社.

H.R. マトゥラーナ、F.J. ヴァレラ (河本英夫訳)(1991)『オートポイエーシス──生命システムとはなにか』国文社.

吉田民人 (1990)『自己組織性の情報科学──エヴォルーショニストのウィーナー的自然観』新曜社.

──(1990)『情報と自己組織性の理論』東京大学出版会.

──(2013)『近代科学の情報論的転回──プログラム科学論』勁草書房.

──・鈴木正仁 (1995)『自己組織性とはなにか──21世紀の学問論にむけて』ミネルヴァ書房.

(英語文献)

B.Clarke, M.Hansen eds., *Emergence and Embodiment: New Essays in Second Order Systems Theory*,(Duke Univ. Press, 2009).

David Easton, *The Political System: An Inquiry into the State of Political Science*,(New York, Alfred Knopf, 1971).

(デヴィッド・イーストン (山川雄巳訳)(1976)『政治体系　第2版』ぺりかん社.

第 2 章　最新兵器がもたらす新たな戦闘領域と国際政治に与える影響

伊東　寛

キーワード　軍事革命、サイバー兵器、情報戦争、認知領域、最新技術、新たな戦闘領域

はじめに

〈人類の歴史は戦争の歴史である〉

　人が群れを作り、それらの群れ同士が水や食料の奪い合い土地の取り合いなど様々な原因から争いを起こし、やがてそれが組織化された時、戦争というものが始まったのだろう。ここで歴史を振り返ると、人類の歴史は絶え間ない「戦争」と「戦争と戦争の間の休戦期間」で綴られていることがわかる。畢竟「東洋と西洋の歴史の中で、紀元前 15 世紀から現在までで、戦争の無い期間は 200 年しかなかった[1]」とまで言われている。

　さて、戦いにおいてゲンコツで相手を殴るより棒で叩く方が強い。それだけではなく、ゲンコツより棒の方が相手との間合いを取れて有利だ。その間合いをさらに広げるには棒や剣よりも槍の使用が便利である。やがて、もっと間合いを取るのに、弓のような飛び道具が使われるようになり、それはさらに火薬の発明とともに鉄砲へ大砲へと進化してきた。

　このように兵器は時代とともにその「射程距離」を伸ばしてきたわけである。これらの兵器の性能の向上を裏付けるものは科学技術であり、その進歩とともに兵器は発達してきた。そして兵器の発達は戦い方自体を変える。それにより戦争の様相が変化したのである。

　この流れ、戦争の変化は、もちろん国際政治にも影響を与える。より良い兵器を持っている方は戦争の際、有利であるし、敵の兵器に対する効果的な防御法を持たない国は、仮に戦争に至っていなくても外交上不利になるのは明らかであろう。

現在、人類は地球規模の長射程兵器である大陸間弾道弾を持つに至ったが、サイバー兵器はその意味で究極の長射程兵器であると言えるだろう[2]。世界がネットワークでつながっている現在、地球のどこからでもどこへでも、そしてほとんどリアルタイムでサイバー上の攻撃を行うことが可能だ。世界中がコンピューターとインターネットで代表されるサイバー技術に依存し、それ無くして情報・経済活動が成り立たなくなっている現在、その重要性はいや増している。今日では誰もサイバー攻撃から逃れることはできず、その影響の大きさから、これは国際政治を動かす大きな要因の一つになってきている。

　この章では、このような兵器の一連の発達、言い換えると軍事技術の発達と戦争のやり方が国際政治にどう影響して来たのか、そして、その展望を考察したい。詳細は後の著者らに任せ、大まかな概念を述べることにするが、最新兵器であるサイバー技術を利用した「サイバー兵器」に関することについてはやや詳しく記述する。

1　兵器がもたらす軍事上の変革

（1）軍事革命

　技術の発達が新たな兵器を生み出し戦い方を変えてきたわけだが、このような歴史上の軍事上の変革は大小、何度も行われてきており、それらを軍事革命と呼ぶ。この用語はもともと政策文書で使用される Revolution in Military Affairs（RMA）の訳語として用いられているが、近代史学者の議論に由来する歴史研究上の用語である Military Revolution と区別するために軍事における革命と使い分けることもある[3]。本項ではRMAの訳語を軍事革命として用いることにする。

　実際のところ、論者により何を軍事革命と呼ぶかについては色々議論もあるのだが、鉄の発明、火薬の発明、飛行機の発明などは特に戦争に大きなインパクトを与えたとして軍事革命に入れられることが多い。私自身

は、広い意味で、技術だけではなく、考え方や兵器の組み合わせ、部隊運用のやり方の革新なども軍事革命と呼んで良いと考えているが、この本全体の趣旨から本章で扱うものは技術革新によるものである。

　このような認識の元、最近の大きな軍事革命の要因として言われているのは通信電子技術である。これは現在では当初の無線通信の発明からインターネット技術全般にその幅が広がってきているが、この二つを分けて別の軍事革命とし、無線機など通信電子技術によるもの、ついでインターネットなどサイバー技術によるものと別の軍事革命と見るべきとする論者もいる。前者については特にこれを情報 RMA と呼び「RMA 型の軍隊とは極めて効率の良い軍である」と述べている論者もいる[4]。

　以下の節では種々の技術の発達が戦争に影響を与えてきたことに注目し、この観点から、新しい技術に基づくたくさんの軍事革命の中より、特に最近の国際政治に大きな影響を与えたのではないかと考えられる（その当時の）二つの新兵器、核兵器と宇宙兵器について述べることにする。

(2) 核兵器

　人類が火薬の発明により爆薬というものを手に入れた時、戦争のやり方は大きく変化した。爆薬が単体で大きな破壊力を持つこと以外に、火薬の力を使うことでより遠くへ弾を飛ばすことができるようになったからである。また、鉄砲は弓に比べて訓練が少なくてすむということも利点の一つであった。弓であれば 10 年以上の専門的訓練を必要としたが、鉄砲は昨日までの農民にでも短期間の訓練をすることで兵士として戦力化できるのだ。これは動員できる兵の数に大きく影響する。

　一方で、高価な兵器である鉄砲を保有するということは当時の領主にとって大変なことであったと考えられる。単に資金力だけあれば良いというわけではない。鉄砲を組織的に保有する前提として、火薬や弾の継続的な入手の担保が必要であり、日本の戦国時代であれば、鉛鉱山を領内に持っているかどうかは大問題だったし、特に火薬の原料である硝石は当時、輸入に頼っていたことから、貿易港を抑えていた大名は有利だった。

その意味で兵器保有の裏付けとしての地政学的問題が当時から存在した。

　さて、鉄砲のように歴史上その時々の技術を利用した最新兵器が国際政治に影響を与えてきたわけだが、近年では、核兵器がそれに相当するだろう。そして、核兵器には鉄砲の保有と同じような難しい問題がある。まず爆発物質あるいはその原料としてのウランは世界中に公平に埋蔵されているわけではないし、さらに、それを精製したりプルトニウムに変換したりするために必要な技術や電力、設備などは貧乏な国は保有することが極めて困難である。

　このような核兵器の特徴は国際政治に大きな不均衡をもたらした。[5]当初、強国しか核兵器を持てず強国の力をさらに増大させたわけだ。その最初の国家が米国である。

　しかし、米国による核兵器の独占時代は長く続かず、すぐに米ソ二大国による核の保有と対抗の時代（いわゆる「恐怖の均衡」である）[6]があり、やがて技術の拡散に伴い英仏中など複数の国が核保有国として追随することとなった。その後、イスラエルとインド、パキスタン、北朝鮮などの例外はあるものの、いわゆる5大国、畢竟、第2次世界大戦における戦勝国の核独占時代がずっと続いている。核兵器を独占的に保有することは国際政治における巨大な力の保持を意味するからだ。その意味では、核拡散防止条約など一般の国に核兵器を持たせない枠組みは、戦勝国による現状維持の仕組みを補強するものであると言えよう。

　このような状況下で、核兵器の使用や核抑止に関する多くの理論研究がなされた。例えば、大量報復戦略、柔軟反応戦略、確証破壊戦略など多くの論者により多数の考察がなされている。[7]

　さて、核兵器の存在がその破壊力の大きさへの恐怖ゆえにその使用を躊躇させ核戦争の発生を抑止したわけだが、実は20世紀では核兵器の存在が通常戦争も抑制していた。当たり前だが、核兵器を持っている国は決して無条件降伏をしない。ということは、武力を持って敵に意思を強要しようとしても、相手国に核兵器を持って反撃できるというオプションがある限り、その武力行使は所望の成果を得ることにならないだろうと容易にわ

かる。従って、核兵器を持っている国同士は通常戦も軽々には行えない。インド、パキスタンは両国とも核兵器を持っているが、それがゆえに小競り合いが起こってもその後、全面的な武力対決には移行しなかった。いずれにせよ、核兵器は長い間、使えない兵器であると言われてきた。

　しかし、最近、定期的に話題になる EMP（ElectroMagnetic Pulse）に関しては留意しておく必要があろう。EMP は、通常、高高度での核爆発により発生する大電力の電磁パルスである。EMP を受けると、電子機器内外の電子回路や電線に大電流が流れて電子部品を損傷したり装置の誤動作を誘発したりして機材が使用不能になる。

　一般的な核兵器の使用には、その悲惨さから人道上かなりの抑制がかかると考えられるが、このような EMP 発生のための核兵器の使用は直接、人が死ぬことがないので使用に関する閾値はおそらく低いだろう。

　もっとも、EMP を効果的に使うためには理論計算だけでは詰めきれないノウハウ[8]が必要で、これは実際に実験をしたことのある米国とロシアしかこれまで持っていなかった。両国による十数回の高高度核実験の後、このような核実験の実施が条約により禁止されたからだ。しかし、最近の報道によれば、北朝鮮がこのノウハウをロシアから入手したというものがあり[9]、我が国も油断できない状態となった。

　このように考えると核兵器の存在が国際政治に与える影響は、使えない兵器としての机上の理論検討から使えるかもしれない兵器としての実際的検討へ、今一度考え直す必要が出てきたかもしれない。

（3）宇宙兵器

　宇宙の利用それ自体も軍事上のいくつかの改革をもたらした。特筆すべきものの一つは偵察衛星であり、もう一つが米国の GPS（Global Positioning System）に代表される衛星自己位置標定システムである。

　偵察衛星は当初、解像度が悪かったし、写真を撮るたびにそのフィルムを宇宙から落としそれを回収しなければならないなど使い勝手も良くなかった。やがて無線通信技術の発達で画像伝送が可能となり[10]、宇宙の軍事利用

は情報収集の手段として極めて重要となった。航空偵察など他の偵察手段と異なり領空侵犯等の誹りを受けることなく他国の状況を知ることができるからである。

　自己位置標定システムは、位置のわかっている衛星数個から発せられる電波をもとに自己の位置を特定できるものだ。当初、この技術を独占していたアメリカは、精度の高い軍用モードと意図的に精度を下げた民間モードを用意し軍用はアメリカしか使えないようにすることで軍事的な優位性を保っていたが、のちに民間のモードの意図的なズレを補正する技術が現れ、アメリカはこの意図的な精度の低下を止めるに至った。しかし、所詮はアメリカがシステムをコントロールしているわけで、軍事的にはアメリカは必要に応じてGPS信号を操作できる。湾岸戦争の際には、民間モードの精度が急に良くなったというのも有名な話である。軍用のGPS受信機の数が足りなくなったので応急的に民間用の機材を使用させたというわけだ。

　このような衛星利用自己位置標定システムへの妨害は有事の際には当然のこととして考えられている。そのため、現在では、ロシアのグロナス、中国の北斗、EUのガリレオなど、大国は自分がコントロールできる自己位置標定システムを独自に配備するに至っている。

　ちなみに、本来的な意味での宇宙兵器であるが、核兵器やその他の大量破壊兵器を軌道上に乗せることは禁止されている[11]。しかし、大量破壊兵器でなければ制限の対象にはなっていないのであるから、技術の進歩に伴い、このニッチな部分を追求する宇宙兵器が生まれる可能性もある。

　さて、現在の宇宙兵器は具体的には通信衛星や偵察衛星、GPS衛星などを攻撃する、いわゆるキラー衛星が本流であり、そのやり方も衛星を打ち上げて体当たりさせるというものだった。しかし、このやり方はデブリと言われる破壊された衛星の残骸が発生し軌道上の障害物となるため攻撃者にとっても不利益を生じる。従って、本来の目的である目標衛星の機能を奪うということであれば、レーザーや電磁波による攻撃で十分かもしれない。

　しかし、ここにきてサイバー攻撃の利用に注目が集まっている。サイバー攻撃により民間の衛星を乗っ取り兵器化することが考えられるからだ。[12]つまり、民間衛星の制御を乗っ取りそれを誘導して目標衛星にぶつけるというものだ。もちろんこれはデブリを発生させることになり、それは宇宙を利用するすべての国が攻撃者も含めて迷惑を被ることになるので、本当に実行するか疑問はある。だが、デブリの出現など気にしないテロリスト集団や、そもそも軌道上に衛星を上げるだけの力もない弱小国となれば話は別であり、今後、このような動向にも注意を要する。

　最後に、今、話題になっているものとして衛星コンステレーションがある。これまでは目的に見合ったほぼ単一の機能を持つ衛星を単発で打ち上げていたが、衛星コンステレーションは相互に協調する衛星を数個から数万個、低軌道に投入するものだ。これにより、これまで通信線がきていなかったためにインターネットの利用ができなかった地域への常時サービス提供が可能になったり、全世界規模の常時リアルタイム気象観測、偵察もできるようになったりする。さらに、これまで困難であった極超音速ミサイル等の探知にも利用できるとして期待されている。

　このように、衛星コンステレーションは、特にリアルタイム常時監視という観点から、宇宙の眼として、中国をはじめ各国がその利用に着目している[13]ところであり、この技術を手に入れ実用化した国は国際関係で極めて有利な地位を得ることができるであろう。

2　サイバー兵器が国際政治に与える影響

（1）新たな高地の誕生

　まず、高地について説明しよう。古代から高地は戦闘に有利な場所であった。高い場所は攻め寄せて来る敵が登るのに苦労するし、上から物を落とせるだけでも有利である。しかし、真に重要なのは、その場所から戦場を俯瞰し戦況を把握することが容易にできることだ。豊臣秀吉は「戦は

数じゃよ」と言ったと伝えられているが、いかに兵が多くてもそれをうまく運用できなければ烏合の衆である。

　紀元前331年のガウガメラの戦いで、数的に圧倒的優勢であったペルシャのダリウス大王の軍勢は少数のマケドニアのアレキサンダー大王の軍勢に敗れた。もし、その時、ダリウス大王が戦場を俯瞰して見ることができていれば、敵の戦力が少ないこと、マケドニア軍の動きにペルシャ軍が誤った対応をしていることが一目瞭然であったはずだが、おそらく大王の目線では、ペルシャ軍が大軍であるが故にかえって戦場で何が起こっているのか把握できなかったのだろう。

　このように戦場における高地はとても重要な場所なのである。だから飛行機の発明は「新しい高地の発明」と呼ばれた。この新しい高地は戦線を飛び超え敵の後方の状況までも知ることができる。従って初期の飛行機の役割は偵察であった。もちろん、すぐに敵の偵察機を追い払う要求が起こり、そのために武装した飛行機、戦闘機が作られた。こうして戦闘機対戦闘機の空中戦という新たな戦いが生まれることになった。陸海に次ぐ第3の戦場、新たな戦闘領域の誕生である。しかし、飛行機がまず重要であったのは貴重な情報を得ることができるという点であったことを再度、強調しておきたい。

　さて、この文脈で、サイバー兵器の発明はまたしても新たな高地の誕生と見なすことができる。サイバー技術を利用することで、ネット越しに敵の情報を入手する可能性ができたからだ。距離を無視しリアルタイムに膨大なデータが手に入るということだ。ちなみに、近年では中国もサイバー空間のことを戦略的高地と呼んでいる[14]。そして、飛行機の場合に空中戦が行われるようになったことと全く同様に、サイバー空間でもこちらのサイバー技術の活用と相手のサイバー技術の利用の妨害という要求が生まれ、いわゆるサイバー戦が発生した。そのための手段がサイバー兵器ということになる。それは、情報収集活動や相手のシステムを落としたり正常な動作を阻害したりするソフトウエアやハードウエア等である[15]。

　そして、今日、サイバー空間はサイバー戦が行われる、宇宙に次ぐ第5

の戦闘領域と呼ばれるようになった。

（2）サイバー戦と国際条約

　サイバー戦に関しては現在大きな問題が懸念されている。それはサイバー技術の利用に関わる戦時法制が事実上ないことである。通常は戦争において適用されるジュネーブ条約とかハーグ陸戦条約とか、戦争を行うにあたり守らねばならない規則というものがある。一般に戦時国際法と言い、無辜の市民に謂れのない被害を与えないために作られた。例えばセントピータースブルグ条約のように「火を人に対する兵器として使ってはいけない」というようなものだ。しかし、残念なことだが、これらのいわゆる戦争法は、必ずしも守られてきたというわけでもない。ヒロシマ、ナガサキと言えばそれがわかると思う。ただ、そうは言っても戦場の無法行為に対して何かしらの抑制をかけてきたことは間違いない。

　だが、サイバーに関してはどうだろうか？　サイバー攻撃が戦争で使われる場面を考えてみた場合、現行の戦争法に当てはめてみると明らかに説明できないものもある。例えば、交戦資格などだ。これは一般の市民と兵士を区別し、彼らを戦争に巻き込んでしまうことを防ぐためのもの[16]だが、この資格要件を満たすためには「公然と兵器を携行し」とある。ここで、サイバー攻撃をするためにパソコンを操作する兵士は公然と兵器を携行していると言えるのだろうか？　他にも問題のある項目は多い。そもそも、サイバー攻撃が武力行使に相当するかどうかも議論の俎上にある[17]。

　サイバー戦に関する国際法を作ろうという動きはある。意外なことに中国とロシアは積極的に法制化を進めるべしと主張している。「サイバー技術は新しいもので、それに対応することのできない法律面の問題があるのだからちゃんと議論して作ろう」という主張だ。これに対して米国は「そんなことはない。現在の法律を適用すれば済むので議論は不要である」と言っている。このような対立する意見があり、実はその裏には各国の国益を踏まえた思惑があるために議論がなかなかまとまらないというのが現状だ。

とすると、現状、サイバー空間は無法状態であるということになる。過去に戦争法規があってもそれを破る国があったのに、そもそもそういう規定がない今、戦時におけるサイバー攻撃はやりたい放題ということになる。

　法制面で規範がないためにサイバー攻撃の実施を止めるものがなければサイバー兵器は止めどもなく進化し強力になっていって、やがてコントロールできなくなるのだろうか？　あるいは、核兵器の場合がそうであったように、その破壊力への恐怖から何らかの抑制が働き、国家間での約束事が産まれるようになるのだろうか。後者の場合、核兵器に関する安全保障論に対応する概念としてのサイバー軍縮やサイバー軍備管理はあるのだろうか？

　物理的破壊力は技術の進歩とともに増大した。その破壊力は実際に目にすることができる。悲惨さも証明済みである。しかしサイバー攻撃力はどうだろうか？　まず現状では誰も恐怖を感じてはいない。しかし、社会のサイバー技術への依存は防護技術の進展より早いように見える。この場合、やがて実際的な恐怖が湧いてくるはずである。それは、おそらく、どこかの国のどこかの都市でサイバー攻撃により電力などのインフラ機能を喪失したことによって死者が大量に発生するような事態が起こったような場合であろう。それまでは議論が収束する日は当面、来ないかもしれない。

(3) サイバー抑止
　前節でサイバー攻撃に対する恐怖が生まれるかもしれないと書いた。とすると、核兵器の場合と同じようなサイバー兵器の使用に関して「抑止」というものが期待されるかもしれない。抑止は多分に心理的なものだからである。そこで、サイバー戦争における抑止について考えてみたい。一般には、サイバー攻撃に関して抑止は困難であると言われているがどうだろうか。

　抑止にはふた通りあると言われている。懲罰的抑止と拒否的抑止だ。

　懲罰的抑止は、やられたらやり返す。やり返されるのが明らかでそれに耐えられないと考えれば攻撃を控えるだろうという考え方だ。

　サイバー作戦では攻撃者をわからなくするために、あえて他人のフリをする「偽旗作戦」も珍しくない。そもそも現実世界で問題になっているように、今のインターネットには攻撃元をトレースバックする仕組みは事実上ない。攻撃者は簡単に自分の身元を偽装可能である。とすると、攻撃を受けた側から見ると「その相手は真の攻撃者だろうか、第3者がなりすまして攻撃しているのではないか？」という疑念が生じる。もし間違った相手に対して反撃してしまったら取り返しのつかないことになるので、即時の反撃は憚られる。これでその躊躇する分だけ抑止は下がったことになる。

　拒否的抑止は、攻撃されてもそれに耐えられるということを示すことで敵に攻撃は無駄であるとその実行を思いとどまらせるというものだ。例えば、百発百中の迎撃ミサイルがあれば、そのような相手にミサイル攻撃することは無意味だから攻撃を控えるだろうということだ。しかしサイバー戦では攻撃側が有利である。守る方はすべてを守らねばならないが、攻撃側は防御の弱点を一つ見つけると侵入できてしまう。現状、拒否的抑止はまず成立しないと考えて良い。

　また、先手必勝という考え方もある。核攻撃ならば敵の核ミサイル発射を探知し反撃の決心をすれば、こちらも核ミサイル発射することで敵に報復することができる。しかし、全面的サイバー攻撃では、攻撃即ち即座に目標システムがダウンすることを意味するので、反撃しようにもそのためのシステム自体がすでに落とされてしまっているかもしれない。こうして、サイバー戦はやったもの勝ちになる可能性があり、先制攻撃の誘惑がつきまとう。

　このようなサイバー攻撃の特性からサイバー戦争において抑止は困難であると言われている。さらに最近では、レジリエンスによる抑止という考え方も米国から提案されている[18]。しかしこれが抑止の問題を綺麗に解決するわけでもない。いずれにせよ抑止はやはり困難であると考えられる。

しかし、上に述べたこれらの抑止が困難であるという理由のうち、インターネット上では「攻撃者がわからないから」という点についてもう一度、見直してみたい。確かにサイバー攻撃では、技術的には、なりすまし、踏み台というものがあり攻撃者を特定することは困難である。しかし、犯罪ではなく武力行使が行われている際に、物理的な攻撃に合わせてサイバー攻撃も行われている状況とすれば、そのサイバー攻撃の元は武力行使をしている国と同じであると見なすことに何の問題もないのではないか。そもそも、戦争になるということは、その前に何らかの国家間の利害の対立があり、それが外交で解決できない場合に最後の手段として武力の使用が行われるのであろう。とすると「攻撃者がわからないから」という議論は、サイバー犯罪に関する検討に引っ張られすぎており、武力紛争におけるサイバー攻撃に関しては成り立たないかもしれない。そして、攻撃者がわかるとすれば、これまでの抑止理論の一部は援用できるのではないかと思われる。

　また、拒否的抑止については、確かに現状、攻撃が有利であるから「やっても無駄」という認識を敵に持たせることはできない。しかし、将来、技術が進んで現在より防護機能が上がってくれば、あるいは、防御側の技術力が攻撃側のそれに比べて格段に上であるような状況であれば、拒否的抑止が機能する可能性はあるのではないかと思う。これは高度な技術と潤沢な資金を持っているどこかの国家が世界に先んじて人工知能や量子技術を利用したサイバー防護システムを保有できた場合に起こり得るのではないかということだ。

　さらに、次のような議論はどうであろう。前もって相手国の重要インフラにソフトあるいはハードに関わるサイバー攻撃のための何らかの仕掛け（例えば、スリーパー[19]のように普段は眠っていて、必要に応じて起動しシステムを攻撃するソフトやハードなどの仕掛け）をしておくとする。相手国が自国の重要インフラにそのような仕掛けを埋め込んでいる疑いがありそれを100%除去できないと考えれば、軽々な攻撃は思い止まらざるを得ないということになる。これで抑止がかかったことになる。

　そして、もし双方の国がそれぞれ相手国の重要インフラに大量のスリーパーを埋め込んでおき、そのことをお互いに確証すれば、抑止がお互いに機能することになるのではないか。これは核戦争における相互確証破壊[20]のアナロジーとしてサイバー上の相互確証破壊と呼ぶことができよう[21]。

(4) サイバーインテリジェンス

　サイバー技術の利用は戦争だけではない。古来から国家間での諜報活動はずっと行われてきた。しかし、人間のスパイが相手国に潜入し秘密情報を盗むことは極めてリスクが高い。発見されるかもしれないし、持ち出せる量にも限界がある。命の危険はつきものである上に捕まって逆に利用されるかもしれない。

　ここでサイバー技術はインテリジェンスに新しい可能性を開いた。ネット越しに相手のデータベースに侵入して情報を取ることは安全だし大量のデータの持ち出しが可能である。万一、侵入を探知されても現在の技術では真犯人までネット上を辿ることは難しいのでスパイ活動にはもってこいと言える。

　サイバーインテリジェンスに関わる巷間伝えられるエピソードの一つに、北朝鮮の金正日書記（故人）が、サイバースパイからの報告を受けた際、「サイバーは凄いな、大勢の工作員が盗ってこられないような米国の情報がこんなに簡単に手に入るのか」と述べたというものがある[22]。

　その他の有名な事件としては、スノーデン事件だ。ここで晒されたのは、米国はインターネットの通信傍受を行っているということであった[23]。インターネットを構成する物理的な線路である海底ケーブルの8割が米国を通っておりそれを盗聴できているという。また、世界中に住む10億以上の人々が主要な通信手段として日々利用しているフェイスブック、Gメール、スカイプなどのソフトウエアの作り手である米国企業は米国家安全保障局（NSA）と秘密協定を結んでいて、彼ら米国政府機関にユーザーデータへのアクセスを提供しているともいう[24]。

　さらに、このような通信傍受活動の中でも有名なものとしてエシュロン

がある。エシュロンに関する噂は色々あるが、本当のところはわからない。それは大きな通信傍受事業の名称なのか、この事業に参加している組織名なのか。一説では、単にたくさんある傍受プログラムのうちの一つのプログラムの名称にすぎないのだが、その名称が外部に漏れた際に有名になりすぎて、なんでもエシュロンと呼ぶようになったのではないかともいう。一般的にはアメリカ、イギリス、カナダ、オーストラリアそしてニュージーランドによる通信傍受組織の連合であると言われている。[25]これらの国々はインテリジェンスを通して緊密な同盟関係を構築している。これは一般的な条約による関係に比べ、お互いに秘密を共有しており裏切れないという意味でより固い同盟であると言える。

　いずれにせよ、サイバー技術が国家間の諜報活動を大きく推進させ、ひいては国際関係にも見えない影響を与えるようになってきている。

(5) サイバーテロ

　2001年9月の同時多発テロ、いわゆる911を受け、米大統領ジョージ・W・ブッシュ（当時）は同年9月12日の国家安全保障チームの会合において、「このようなテロ攻撃はもはやテロリズムではなく戦争行為（acts of war）である」と述べた。[26]大統領は国連憲章第51条で認められた自衛権の発動を宣言し米国議会は自衛権に基づく武力行使の容認を決議した。これでアメリカは戦争状態に入ったわけである。

　テロが犯罪ならばそれは主権国家内の警察行為の対象である。それに対して外国が無闇に手出しすることはできない。しかし、それが戦争であれば国内法上の色々な制約が外れてしまう。だから、米軍の特殊部隊が主権国家であるパキスタンに在留していたビンラディン氏とその家族を襲って皆殺しにできたわけだ。つまり、このブッシュ大統領の発言は、それまで犯罪と見なされていたテロを戦争とすることでアメリカの行動の自由度を増やす大きなルールの変更であり、アメリカは自分に都合よくルールを変えたということになる。

　さて、もしテロが犯罪ではなく戦争だとすればそれは国際政治に関わる

ことになる。ここでは、その中で特にサイバーテロについて考えてみたい。

　そもそもテロとはなんであろうか？　もともと、テロとはラテン語で「恐怖」を意味する言葉であった。だから、この恐怖という言葉に立ち返れば、テロとは「政府やその機関である警察、軍等の強い者と戦うにあたり、直接それらと対峙せず、より弱い一般大衆を攻撃して彼らに恐怖を与える。そして、その恐怖を取り除きたければ、政府は我（テロリスト）の要求に従えと強要する卑劣な戦い方」ということになろうか[27]。

　一般的に言ってテロの実行は簡単ではない。爆弾を作るのは危険だし、それを運んでいる最中に爆発するかもしれない。仕掛けるところを発見されるかもしれない。テロの後、無事に逃げられる可能性も低い。そもそもテロリストは多くの場合、命を失っている。その点で、サイバーテロは安全安心だ。遠くから安全に攻撃でき、失敗してもやり直せば良い。ただ、自分の命をかけていないので、人々の心に与えるインパクトは少ないだろうが。また、サイバー攻撃の利点の一つは秘匿性にあるが、その意味で攻撃声明を出して要求を明らかにするテロとはあまり相性が良いとは言えない。

　さて、今ここで、「サイバーテロだ」と言われて、恐怖を感じる人がいるだろうか？　少ないと思う。幸いにして今日の段階でサイバー攻撃により無辜の民が大勢死んだという例がないからだ。しかし、これからはわからない。最近の発達したサイバー攻撃は人の命を奪うことが可能なレベルになってきているからだ。例えば、航空管制を乱して航空機同士を衝突させる、病院の患者カルテを書き換えて誤った薬を投与させ患者を死に至らしめる。工場の制御システムを操って事故を謀る等、サイバー攻撃を利用して物理的な損害、人的な被害をもたらすことが可能となってきている。サイバーテロは国際政治を動かす梃子になり得るのである。

3 新しい戦い方と新たな戦争領域

(1) 超限戦

　『超限戦』という有名な本がある。中国人民解放軍の二人の大佐によって1999年に書かれたこの本に書かれていることは、かいつまんで言えば、将来の戦争には限度がなく何でもありということだ。曰く、「すべての境界と限度を超えた戦争だ。このような戦争では、あらゆるものが手段となりありゆるところが戦場となり、軍事と非軍事の境界線が打ち破られる」[28]。この本の中で、新しい戦い方として、貿易戦、金融戦、新テロ戦、生態戦などたくさんの種類の戦いをあげている。そして、これらこれまで戦争に関係するとは考えられていなかったものが、戦争の手段となり戦場となり戦争そのものとなると記述してある。特にテロもその中に入っていたので、その直後、2001年9月に911テロが起こり、これによりテロが新しい戦争であるという認識を持った人たちから、本書は予言の書とも呼ばれた。

　しかし、これらの〇〇戦は過去に無くてまったく新しい戦い方なのだろうか？　所詮、戦争である。勝つためにはありとあらゆる手段を利用するのは当然だし、綺麗事を言っていて国が滅んだら目も当てられない。実際にはあったのだ。ただ、それらは主たる戦い方ではなく、あったとしても、たまたまやってみたことがあると言うものに過ぎず、戦争の主流ではなかった。しかしこの本の著者はそれらが主たる戦いの一つとなると強調したのである。確かにその当時にそこまで戦争の領域を拡大して議論した識者はいなかったと思う。

　それから20年後、最近では軍事と非軍事の間のグレーゾーンにある戦いとしてハイブリッド戦などの概念が議論されるなど、新しい戦い方に関する色々な議論が続いているが、[29]それらは多かれ少なかれこの本の影響を受けている。以下、そのような議論の中から特に米国を中心とした主な流れについて記述する。

（2）クロスドメインからオールドメインへ

　新しい戦い方の研究は米軍も以前より続けている。そこにはたくさんの議論があり、同じことを別の表現で言ったり、新しい概念なのに適切とは思えない用語を使っていたりするなど複雑で、米軍の思想を解説するとそれだけで一冊の本ができてしまうのだが、誤解を恐れず極めて簡略化した最近のその一般的な流れを述べるとすれば、それはクロスドメイン、マルチドメイン、オールドメインである。これらは技術を重視し、特にネットワーク技術を活用した陸海空などの複数の領域にわたる戦いである。

　クロスドメインであるが、陸・海・空という従来の領域において、それらにおける部隊等が相互に支援を行ったり影響を与えたりする戦闘は以前からあったわけだが、これに宇宙・サイバー・電磁波といった新たな領域における能力をも併せ、「それぞれが自身の有効性を高め他の持つ脆弱性を補償するように、異なる領域の機能を単に追加的に使用する」という考え方だ[30]。

　日本では、同様の考え方を「多次元統合防衛力」[31]と称し、ここでは平時から有事までのあらゆる段階における柔軟かつ戦略的な活動の常時継続的な実施が可能であるとし、これにより日米同盟の抑止力・対処力の強化及び多角的・多層的な安全保障協力の推進が可能な性質を有する、真に実効的な防衛力が構築されるとしている。

　マルチドメインバトルも、高度な通信ネットワークによる軍種の連携であり、その特徴はもちろん複数領域に跨る有機的な戦い方なのでクロスドメインバトルと同じように見えるが、実は注目すべき事柄を含んでいる。それは、米軍の従来の事態区分が「平和」と「戦争」であったものを「競争」と「紛争」に区分したこと[32]だ。「グレー」ではなく、紛争以前の「平和」と言われている時期にも敵対国との競争が行われている、つまり、中国は平時にも敵対的な行動を行っているのだと見なした際、まさにそれに対応するための考え方ということになる。

　最近では、米軍はオールドメインバトルあるいはオールドメイン作戦[33]という言葉を用いるようになっている。マルチもオールも言葉としてはほぼ

同じかもしれないが、これはまさに中国超限戦の「なんでもあり」に対応する言葉であり概念であると言って良いのではないだろうか。かつて911テロの際に、テロも戦争であると戦争の概念を拡張した米国である。今後、戦争という用語と概念を国際政治において広い意味で使うことになっていくであろう。

（3）戦争のパラダイムと戦争領域

ここで、戦争というものについてもう一度、考え直してみたい。

クラウゼウィッツによれば、「戦争とは敵を強制して我々の意思を遂行させるために用いられる暴力行為である[34]」。彼がこれを述べた時代に敵を強制する力とはもちろん軍事力であった。一方、アルビン・トフラーの著作[35]から読み取れることだが、彼は歴史には大きな3つの波があると考えている。農業、工業、情報産業である。そして、これらを力として捉えるならば、それぞれ、軍事力と経済力と情報力ということになる。

これらのクラウゼヴィッツとトフラーの考えにインスパイアされて、ここで戦争を改めて定義しなおせば、意思を強要する力をそれぞれ軍事力と経済力と情報力と変えることで、パラダイムとしての戦争の概念は以下の三つに整理できると思う。すなわち、軍事力による戦争、軍事戦争。経済力による戦争、経済戦争。情報力による戦争、情報戦争である。

「軍事力」が決定的な力であった時代は、古代〜近代であり、第2次世界大戦は最後の軍事的大規模衝突であった。それは国家総力戦とも呼ばれ、軍事力を支える経済力があの大戦の勝敗の帰趨を決したといっても良い。言い換えると、第2次世界大戦は軍事から経済へのパラダイムシフトの挽歌であったのだ。

そして、大戦後、「経済力」が主たる力である時代がきた。ここでは意思を強要する手段として軍事力に代わり経済力が利用される。例えば債務漬けという方法がある。インフラ整備をしてやるフリをして対象国を借金漬けにしてその国をコントロールするものだ。もっと普通には、関税の利用や技術の囲い込みなど相手国の健全な経済発展を妨害する行為も行われ

る。さらに大規模な経済的攻撃手法としては経済制裁や経済封鎖がある。

　この第2次世界大戦後に続く時代は冷戦と呼ばれているが、すなわち資本主義陣営と共産主義陣営の対立・競争の時代であった。そこでは、経済という土俵の上で経済的手法を利用した「見えない戦争」が戦われたのだ。この戦争は実質的な第3次世界大戦であり、資本主義陣営の勝利に終わり、我々、日本は勝ち組にいたことになると私は考えている。

　現在では、米中間の経済力を利用した戦いが、例えば、華為叩きという目に見える形で行われている。これを単なる技術上の争いとか貿易摩擦と見る人もいるが、実は世界の覇権を争う新しい形の戦争が行われているのだと私は考える。

　そして、最後に「情報力」が重要な力である時代がやってきた。情報戦争の時代だ。この戦争の目的は、相手国が自国にとって都合の良い決定を下すことである。そのために、プロパガンダ、情報操作、フェイクニュースの利用、マスコミの支配、さらには選挙介入まで、多様な手段を用い、心理的に相手国国民の意識を都合よく動かそうとする。今日、このようなことが現在進行形であると思う。ここで、サイバー技術は情報を扱うに長けており、情報戦争における主要な手段として、かつてない地位と役割を持つようになっている。

　つまり、パラダイムとして戦争を分析すれば、それは、軍事戦争、経済戦争、情報戦争ということであり、これらを言い換えれば、軍事、経済、情報の三つの戦争領域があるとも言えよう。そして、その裏には技術というものが否定できなく存在し国際政治に大きな影響を与えているのである。

(4) 情報戦争

　情報力を利用し情報そのものが戦場である「情報戦争」についてもう少し詳しく述べたい。

　情報戦争の目的は、相手国が自国にとって都合の良い決定を下すことだ。そのために、これまで行われてきたのは、プロパガンダなど宣伝工作活動により対象国の国民の世論に訴えかけたり、意図的に間違った情報を

相手国の指導者、政策決定者にインプットしたりすることで、敵国の判断を惑わせるということであった。つまり、正しい判断は正しい情報に基づき、正しく思考することで得られるから、間違った情報を相手に飲ませるというわけだ。いや、その中には、敢えて正しい情報を入れることで判断を誤らせるということもあったという。まさに「最高の嘘つきは真実を利用する[36]」というわけだ。

　このような情報操作だが、詰まるところ、人々が「信じたい事実」と結びつくことでフェイクがファクトを駆逐し、社会に広がるというわけである。これらの活動は、インターネットを利用することで格段にそのパフォーマンスが向上した。その流れとして、「インターネット・デマゴーグ」という存在が考えられる。インターネット上で自分の意見を単に述べているのではなく、意図的にある方向に世論を導こうとする存在である。そのために他人になりすましたり、場合によっては一人の人間が複数の人間になりすましたり、逆に複数の人たちが計画的に一人の人間を装ったりする。

　歴史上数多く現れたデマゴーグとは違い、このインターネット上のデマゴーグは、その正体がわからないし責任の所在も不明というところが特に問題である。今、世論を形成する存在としてマスコミがあるが、マスコミは少なくとも間違えれば（場合によっては間違えなくても）批判を受けるし、問題に対する最終的な責任者もわかる[37]。インターネット・デマゴーグにはそれがない。

　また、これによって動かされる大衆もまた顔が無く基本的に無責任である。その無責任さに基づくものがネット上で大きな政治的動きとなった時に何が起こるのか。世論として捉えられ政治が誤った方向に動く可能性が否定できないように思う。こうして、民主主義国家は新たな弱点を形成することになったが、一方で、専制主義国家はこのような弱点をあまり持たない。従って、民主主義国家は、今後、極めて不利な戦いを強いられることになるのではないだろうか。21世紀は民主主義国家に対する専制主義国家による見えない侵略戦争の時代なのかもしれない。

4　さらなる脅威と新技術

（1）認知領域の戦闘

　情報戦争の目的は、相手国が自国にとって都合の良い決定を下すことであると述べた。これまで、そのための手段として行われてきたのはプロパガンダなど宣伝工作活動により間違った情報をインプットすることである。

　しかし、最近、古くて新しい手法が試みられている。昔からあるものとしては、意思決定者の論理自体を歪める、少なくとも正常な判断を損なうようななんらかのバイアスをかけるというものだ。一例として、政府高官の妻とか息子のスキャンダルを流し、彼が落ち着いて考え正しい決断を下すことを時間的にも論理的にも妨げるというものがある。あるいは霞ヶ関での大音量の街宣もこの一種かもしれない。一人ひとりの官僚の思考が邪魔される時間は少なくても、霞ヶ関全体では結構なロスとなるからだ。

　正しい決定は、正しい情報に基づき、正しい論理「考え方」の元でなされる。たとえ情報が正しくても論理が誤っていれば正しい決定は行われない。とすると、このような敵の論理を狂わせる攻撃というものが成り立つのではないか。

　中国人民解放軍信息工程大学の郭雲飛校長は、2020年6月2日付の解放軍報で、「脳科学の研究が進めば、敵兵の脳内にある文章や音声、映像などの記憶を読み取ったり、電気や磁気で外部から脳に刺激を与え敵兵に命令に反する行動をさせたりできる」と指摘、「大脳は未来の戦争の主戦場になり、『制脳権』が作戦のカギとなる」と述べた。[38]

　次世代の戦争の新たな様相として、望むと望まないにかかわらず、このような認知領域の戦いが起こる可能性があり、このような戦闘では、攻撃の対象は意思決定者たる人間そのものだ。さらに、今後、意思決定の補助として人工知能（AI）が活用されるようになると、この脅威はさらに現実味を帯びてくると考えられる。AIが今後、あらゆる兵器に利用されるようになるからだ。道義的に問題を起こしそうな人間の頭脳に働きかけるお

ぞましい活動よりも AI の論理に働きかける方が色々な面で敷居も低そうである。

　一般に中国の兵器は米国製より劣っているものが多い。しかし、米国が十分な技術を取得していない分野で中国が先行すれば、「伝統的領域や主流技術を追い越すことができる[39]」と中国首脳が判断し、このような全く新しい戦闘領域において全く新しい兵器を開発、利用し、戦いを挑んでくることは十分考えられる。とすれば、この認知領域の戦闘は今後の国際政治に大きなインパクトを与える可能性があると言えよう。

（2）人工知能（AI）と自律型兵器

　認知領域での戦いの焦点は AI であると述べた。もし、すぐに認知領域の戦闘が起こらないとしても、やはり今後 AI が兵器を変え戦い方を変えることは間違いないだろうと思われる。では、この場合、AI は何を変えるだろうか？

　本格的な AI が実現すれば、それは人間の補助として人の知的能力を拡張してくれる。また、人間の代理として冷静な対応者として働くことになるかもしれない。

　現時点では AI には五つの観点からの優位性が見込まれている。つまり
　・学習できる
　・多種多様かつ大量のデータを扱える
　・処理速度が速い
　・学んだことを他の AI と共有できる
　・人間的な間違いを起こさない
　ことなどである。

　今後は、これらの特性を活用した AI 利用の兵器が開発され使われるようになるだろう。行き着く先は戦場の無人化である。

　とはいうものの、すべてを AI に任せることには抵抗がある。責任の所在も不明確な、人間ではないものに重要な決心を任せて良いのだろうか。だから戦闘における最終判断は人間が握る必要があるという論者も多い。

　しかし、戦闘の意思決定ループに人間を入れると間違いなく決心は遅くなる。つまり機械だけの兵器システムに対し人間が関与するシステムはその速度において人間の思考の分だけ遅くなり後手に回る。これでは戦闘に勝てないということを意味する。そこで、判断に関する権限の委譲もあり得るということにならざるを得ないのではないか。一度、戦闘開始となれば射撃など迅速な判断が必要なものはすべて機械に任せるということだ。

　このような議論の延長線上にあるのが、現在、問題になっている自律型兵器に関するものだ。軍人なら誰でもこのような兵器を歓迎するだろうか？　そうでもない。例えば米空軍は必ずしも自律型兵器を推奨していない。やはり不安がある。そうであるならば、法律、倫理、政策についての議論を早急に進めて、この技術の発展の形を整えるべきだ。[40]

　無人化した戦場では、人が目に触れて死なないために、安易な兵器の使用やそれに伴う戦闘の激烈化の可能性もある。さらに自国の兵士の命が失われない自律型兵器の利用は武力行使への閾値が下がる可能性もあり、政治への影響もこれまでと変わってくるであろう。

　付け加えて、今後の安全保障に大きな危険性を孕んでいるのが、核兵器の管理やその使用、報復の仕組みなどにAIを利用するというものだ。ソ連時代にモスクワが米国からの先制核攻撃で壊滅した場合に備えて、自動的に反撃をする「死者の手」と呼ばれるシステムが作られた。[41]一時、それは停止されたと言われたが、最近、プーチン大統領がまた作動させたという話もあり、このようなものが存在している以上、それをもっと効率化・高度化するためにAIを利用するという可能性は否定できない。

　いずれにせよ今後のAI兵器の研究開発動向に関しては注目しておく必要がある。

(3) その他の最新技術

　AIの他に目が離せない最新技術として量子技術がある。量子現象では、我々が実感として感じ理解することのできるこれまでの物理現象とは異なった、例えば光が波と粒の2面性を併せ持つことをはじめ、量子が同

時に異なる状態にあることができるなど理解し難いことが起こる。

　この量子現象を利用することで、これまでの技術では困難だったことができるようになった。この分野で現在もっとも注目されているのは、現在のスーパーコンピューター以上の能力を発揮すると期待されている量子コンピューターである。そして、その実現により現在の通信の秘密や認証などに利用されている基本技術である暗号システムが破られる可能性がある。

　暗号が破られることは国際関係に大きな影響を及ぼす。具体的な一例を挙げれば、1921年のワシントン軍縮会議において、日本がその暗号を解読されていたことにより、日本政府の最大譲歩ラインを米国に知られ、米側は軍縮交渉を終始有利に進めることができた[42]というもので十分であろう。

　もっとも、量子コンピューターが暗号を解けるという期待には異論もあり、このような新しいコンピューターに対して適切なプログラムが問題なく書けるという状況にはまだないし、物理的にもビット数を伸ばすとノイズが大きくなるため、その限界を突破できない、すなわち諸計算を実行できる大規模量子コンピューターの実現は困難であると考えている人もいる[43]。仮に実現できたとしても計算効率が必ずしも古典コンピューターを上回るとは限らず、強みを発揮できる限られた領域でのみ古典コンピューターを代替する、部分的な計算の加速装置にしかならないとの見方もある[44]。また、すでに耐量子コンピューター暗号の研究も始まっている。いずれにせよ量子コンピューターは外交に大きな影響を及ぼす暗号解読の分野で特に注目しておく必要のある技術である。

　量子技術がもたらす変革は、量子コンピューターだけではない。量子レーダー等の量子センシング技術などすでに原理が実証されているものがあり、近い将来、電磁波領域の戦い方に変更を迫る可能性もある。他にも、量子通信、量子暗号、ひいては量子インターネットなど、社会や将来の戦い方に大きな影響を与えるものがここ数十年以内に実現する可能性があると考えられており、世界各国でこの技術への投資が増加している[45]。

　その他に、戦い方を変える技術としては、ロボット・ドローン、指向性エネルギーなどがある。これらの最新兵器に関して言えることは、これらの技術を実用化するためには、しっかりした科学技術全般の基盤が必要であるということと、やはり膨大な資金が必要であるということだ。つまり国の科学技術レベルと資金力は国際関係における大きな力というわけである。

おわりに

〈最新兵器が国際政治に与える影響〉

　これまで述べて来たように、兵器は戦い方に影響を与え国家間の関係を変化させる。たとえ兵器そのものが戦場で使用されなくても、持っているか持っていないかというだけで国際政治における力関係に相応の影響を与える。

　これらの新兵器は豊富な資金力と確かな技術力に裏付けされていたので、それを持っているいわゆる大国が国際政治をコントロールするのに極めて有利であった。また、国際間における兵器の売買は単なる商売ではないということもある。自国では兵器を開発できず、大国から兵器を買った国はその操作教育を受ける必要があるし、その後ずっと部品の供給や修理などメンテナンスなどの必要性から売った国に対して逆らえない関係を持つことになるからだ。新兵器であるほどこの度合いは強い。こうして同一の兵器を持つ国同士は柔らかな同盟の一部に組み込まれるわけである。

　最近の興味深い事象として、2020年のアゼルバイジャンとアルメニアの戦い（ナゴルノカラバフ紛争）で、画期的な働きをしたアゼルバイジャンのドローンはトルコ製だったということがある。[46]これまで自力で戦闘機も潜水艦も作れなかったトルコが、ある新技術をもって戦争への影響力を獲得したのだ。これはトルコに限ったことではなく、これまで膨大な資金力や高度な技術力が必要な分野では手が出なかった第2線級の国家がこれま

で進歩的と考えられていたある種の兵器を開発し販売し活用できるように
なってきたということだ。すなわち、このような分野において新たな軍拡
が始まっており、それは今後、新たな不安定要因を生み出すことになろ
う。

　以上、兵器が国際政治に影響を与えることに関して述べてきたが、この
ような分野で日本はどうであろうか。

　日本の兵器開発の現状は、相手にこういう兵器があるので、それに対抗
するためにこういう兵器を持とう作ろうというやり方である。限られた防
衛予算ではやむを得ないことだ。うまくいくかどうかわからないものにお
金を注ぎ込むことは憚られてきたからだ。しかし、これではいつまで経っ
ても後手に回る。

　これまではそれでもなんとか間に合ってきたかもしれない。新兵器はや
はり実験をしてみる必要があり、その実験から開発動向がわかるので、そ
れに応じて対応策を検討すれば、そんなに遅くない時期に対抗兵器も作れ
るからだ。しかし、サイバー兵器はそうではない。技術革新がとても早い
からだ。まして認知兵器となると某国の研究所で何が行われているのか知
ることも困難であろう。

　防衛に関して制約の多い日本だからこそ、どうやって勝つのか、勝ち目
をどこに見出すのか、という意識を持ち、先行的に注力すべき技術を育て
るなど、一手先を見通した兵器開発が必要である。今後の日本の技術開発
に期待したい。

　さて、これまで最新兵器が国際政治にインパクトを与えるという、技術
の観点から本節を記述してきたが、最後に付け加えたいことがある。

　ゲームチェンジャーという言葉がある。軍事的には戦闘様相を一変する
ような画期的な兵器とその発明という意味で使われることが多い。新兵器
は確かに興味をそそるし、それが戦い方を変え、ひいては国際政治にも影
響するというのは確かだ。しかし、所詮、これまで、兵器が変えられるの
は戦術・作戦レベルのことであったのではないだろうか。我が国のように
攻撃的兵器を持てず各種の縛りがあっていわゆる新兵器の開発も保持も困

難な国にとってのゲームチェンジャーとは、物理的な兵器そのものではなく、もっと幅広い思考の成果物であるべきと思うのだ。

　具体的なその方策の一つは、我が国にとって不利益なタイプの兵器の開発、使用を国際的議論の中で封じることではないだろうか。この点で、我が国の政策は、例えば、対人地雷禁止条約への署名のように逆行している。この条約により日本は散布地雷を持つことができない。散布地雷は我が国のように守るべき海岸線が長くそれに比べて兵力が少ない国には極めて有用な防御用兵器であるが、我が国はその保有と使用を禁じられている。一方で中国は禁じられていない。これでは逆さまである。人道上の観点から対人地雷を禁止するとしても、何らかの留保条件を付けるべきだったのではないか。

　これまで国際的ルールを変更するゲームチェンジャーは米国などの大国であった。しかし、国際的議論とその帰結である国際法は小国にとって身を守る兵器になり得るのである。我々も我が国にとって都合の良い国際法は何か考え、それを追求するべきだ。少なくともうまく利用するべきである。人道上の観点から対人地雷を禁止するとしても、何らかの留保条件を付けるべきだったのではないか。

　良い人はルールを守り悪い人はルールを破る。そして強い人はルールを変える。だが、賢い人はルールを利用するという。このことは国家であっても成り立つかもしれない。戦後80年近くが経過し、日本を取り巻く国際環境は大きく変わったし流動的かつ不透明である。日本も賢い国家になるべき時期が来たのだろうと思う。

〔註〕

1　猪口邦子「戦争と文明」米山俊直・吉澤五郎編（1997）『比較文明の社会学』放送大学教育振興会、106頁.

2　伊東寛（2016）『サイバー戦争論──ナショナルセキュリティの現在』原書房、26頁.

3　片岡徹也編（2009）『軍事の事典』東京堂出版、113頁.

4　江畑謙介（2006）『情報と戦争』NTT 出版、4頁.

5　ジョセフ・ナイ（田中明彦・村田晃嗣訳）（2002）「国際紛争──理論と歴史」有斐閣、169頁.

6　西村繁樹編（2009）『戦略の強化書』芙蓉書房、268頁.

7　宮岡勲（2020）『入門講義 安全保障論』慶應義塾出版会、172頁.

8　あまり高高度で爆発させると発生した電磁パルスが地表に到達する頃には弱まってしまい所望の効果が得られない（電磁パルスの威力は距離の２乗に比例して弱くなるため）。といって、あまり低高度で爆発させると原理的に電磁パルスの発生効率が低くなってしまう。

9　「電磁パルス攻撃能力はロシアから入手か」『産経新聞』（2017年9月13日）. https://www.sankei.com/article/20170913-GVF6R2YO2ROTNNYQVEE75ZZLAQ/（2021年7月18日閲覧）。米ジョンズ・ホプキンズ大の北朝鮮分析サイト「38ノース」によれば、米議会の専門委員会で2004年、同分野の専門家のロシア軍将校２人が自国技術の対北流出を証言していた。

10　ジョージ・フリードマン、メレディス・フリードマン（1997）『戦場の未来──兵器は戦争をいかに制するか』徳間書店、311頁.

11　「月その他の天体を含む宇宙空間の探査及び利用における国家活動を律する原則に関する条約」（宇宙条約）1967年1月調印、同年10月発効。

12　渡辺秀明「宇宙利用の不安定要因と国際連携の必要性──サイバーセキュリティは中心的な課題」『JFSS Quarterly Report（日本戦略研究フォーラム季報）Vol.89』（2021年7月）98頁.

13　ジョー・マクレイノルズ編（五味睦佳監訳）（2017）『中国の進化する軍事戦略』原書房、259頁.

14　中華人民共和国国務院新聞弁公室「国防白書：中国の武装力の多様な運用（日本語版白書）」（2013年4月）. http://j.people.com.cn/94474/8211910.html（2021年8月26日閲覧）

15　具体的な名称としてのトロイの木馬やワーム、ウイルスなど。これらにさらに人間がサイバー攻撃を行う際に利用するツールも含め、これらがサイバー兵器ということになる。

16　中谷和弘他（2018）『サイバー攻撃の国際法──タリン・マニュアル2.0の解説』信山社、100頁.

17　サイバーに関する国際条約としては、G7伊勢志摩サミットにおける「サイバーに関するG7の原則と行動」宣言（2016年5月）（「我々は、一定の場合には、サイバー活動が国連憲章及び国際慣習法にいう武力行使又は武力攻撃となり得ることを確認する。」）があるが実効性に疑問がある。

18　川口貴久「米国におけるサイバー抑止政策の刷新：アトリビューションとレジリエンス」慶應義塾大学『KEIO SFC JOURNAL　vol.15 No.2』（2016年3月）.

19　伊東『サイバー戦争論』160頁.

20　相互確証破壊（Mutual Assured Destruction, MAD）とは、核兵器を保有する２ヵ国が対峙していた場合、そのどちらか一方が、相手に対し先制核攻撃を行おうと考えたとしても、相手国がその攻撃に対し核戦力を生残させ確実に報復を行うことができるならば、先制攻撃を抑止することができるというもの。

21　伊東寛「サイバー戦争における抑止について」日本安全保障・危機管理学会『安全保障と危機管理　Vol.54』（2020年12月）30頁．

22　脱北者よりの聞き取り。

23　ルーク・ハーディング（三木俊哉訳）（2014）『スノーデンファイル──地球上で最も追われている男の真実』」日経BP社、198頁．

24　グレン・グリーンウォルド（田口俊樹他訳）（2014）『暴露──スノーデンが私に託したファイル』新潮社、122頁．

25　鍛冶俊樹（2001）『エシュロンと情報戦争』文春新書、9頁．

26　"War on Terror", *Wikipedia, the free encyclopedia*. http://en.wikipedia.org/wiki/War_on_Terror（2021年8月24日閲覧）

27　米国のいわゆる「愛国者法」では、テロリズムを「暴力ならびに生命を脅かす活動及び行為であって、連邦法もしくは州法の刑事法違反であり、かつ、①民間人を脅迫もしくは強要すること②脅迫または強要により政府の政策に影響を与えようとすること③大量破壊、暗殺、誘拐によって政府の行為に影響を与える意図があると考えられるもの～（後略）」としている。

28　喬良・王湘穂（2020）『超限戦──21世紀の「新しい戦争」』角川新書、27頁．

29　志田淳二郎（2021）『ハイブリッド戦争の時代──狙われる民主主義』並木書房、16頁．

30　Kelly McCoy, "THE ROAD TO MULTI-DOMAIN BATTLE: AN ORIGIN STORY", *MWI Reports*,（October27 2017）. https://mwi.usma.edu/road-multi-domain-battle-origin-story/（2021年9月24日閲覧）

31　防衛省『令和2年度版　防衛白書』215頁．

32　渡部悦和・佐々木孝博（2020）『現代戦争論──超「超限戦」』ワニブックスPLUS新書、198頁．

33　例えば、ハイテン将軍の発言「オールドメイン作戦が最大の鍵である。」https://breakingdefense.com/2020/02/gen-hyten-on-the-new-american-way-of-warall-domain-operations/（2021年9月23日閲覧）

34　クラウゼヴィッツ（淡徳三郎訳）（1965）『戦争論』徳間書店、18頁．

35　例えば、アルビン・トフラー（鈴木健次他訳）（1980）『第三の波』日本放送出版協会。

36　米連続テレビドラマ『ゴッサム』の登場人物のセリフから。

37　最近の朝日新聞による誤報とその謝罪が有名である。

38　https://www.jiji.com/jc/article?k=2020122700158&g=int（2021年9月19日閲覧）

39　中国人民解放軍『解放軍報』（2020年12月24日）．

40　ポール・シャーレ（伏見威蕃訳）（2019）『無人の兵団──AI、ロボット、自律型兵器と未来の戦争』早川書房、55頁．

41　有江浩一「人工知能技術が核抑止に及ぼす影響」防衛省防衛研究所『安全保障戦略研究　第1巻第1号』（2020年8月）161頁．

42　蓑原俊洋「歴史的観点から見た戦前の日米情報戦」土屋大洋監修（2014）『仮想戦争の終わり──サイバー戦争とセキュリティ』角川学芸出版、224頁．

43　廣田修「ゲート型量子コンピュータの量子ノイズ解析──大規模量子多体系のエラーモデルと実例」電子情報通信学会『信学技報　Vol.120 No.105』IT2020-17（2020年）37-42頁 .

44　宇根正志・菅和聖「量子コンピュータ開発の進展と次世代暗号」日本銀行金融研究所『金融研究　第40巻第4号』No.2021-J-2（2021年10月）3頁 .

45　2024年までに100億ドルに達すると予測されているという。"Spending on Quantum Tech on the Upswing", *National Defense*,（February26 2021）.

46　Jamie Dettmer, "Possible First Use of AI-Armed Drones Triggers Alarm Bells", *Voice of America*,（June7 2021）. https://translate.google.com/translate?hl=ja&sl=en&u=https://www.voanews.com/africa/possible-first-use-ai-armed-drones-triggers-alarm-bells&prev=search&pto=aue（2021年8月15日閲覧）

第 3 章　サイバーセキュリティと地政学・地経学

土屋 大洋

キーワード　サイバーセキュリティ、サイバー攻撃、地政学、地経学、選挙干渉

はじめに

　1991年まで続いた、米国を中心とする西側陣営とソビエト連邦を中心とする東側陣営の冷戦においては、一方で核兵器が主役でありながら、他方ではスパイによるインテリジェンス活動が陰の主役であった。数多くの米ソのスパイが知られているが、その中でも最も有名な一人が英国のキム・フィルビー（Kim Philby）である。彼は「冷戦下の世界を震撼させた英国史上最も悪名高い二重スパイ」と言われている[1]。

　フィルビーの本名は「キム」ではなく、「ハロルド」である。しかし、彼の父親が、『少年キム』という、1901年に刊行されたラドヤード・キプリング（Rudyard Kipling）の小説を読み、息子にキムというニックネームを付けた。小説の中で英国軍人の孤児キムは、インドを仏僧と旅するうちに帝政ロシアと大英帝国の間のインテリジェンス活動、つまり「グレートゲーム」に巻き込まれていく[2]。

　グレートゲームとは、中央アジア、インドにおける大英帝国と帝政ロシアの間のインテリジェンス活動のことである。平地が多く、天然の要塞に恵まれていないロシアでは、西、南、東からの侵略に悩まされてきた。そのため、常にバッファー・ゾーンを求めて拡張主義の傾向がある。小説刊行の3年後の1904年にはアジアへの野心を見せるロシアと日本との間で日露戦争も起きた。ロシアの膨張を押さえ込もうとしたのが海の帝国としての大英帝国である。

　グレートゲームの考え方は現代の地政学にも受け継がれている。陸の大

国がユーラシア大陸中央部のハートランド（heartland：中心地）を押さえると、世界大国が生まれるため、海の大国はその勢力をユーラシア大陸の内部に封じ込めておくべきだという考えである。米国の地政学者ニコラス・スパイクマン（Nicholas J. Spykman）はここにリムランド（rim land）という概念を加える。ユーラシア大陸のリム（縁、端）こそが陸の大国と海の大国がぶつかり合う紛争地になるという。実際、東西に分断されたドイツ、バルカン半島、中東、インドとパキスタン、ベトナム、中国と台湾、朝鮮半島などがリムランドに位置する。

　ボーダレス（国境がない）と言われるサイバースペースでは地政学はどうなるのだろうか。米国がサイバー攻撃の発信源として名指ししているのは、中国、ロシア、北朝鮮、イランの4カ国であり、これらの国々はハートランドかリムランドに属している。サイバーセキュリティにおいても地政学は生きているのか、あるいはこれらの国々がサイバー攻撃の発信源として名指しされているのは偶然なのだろうか。

　国際電気通信連合（ITU）が公開しているネットワーク図を見ると（図表1）、陸上通信線および海底ケーブルはリムランドに敷設されていることが分かる。リムランドは地政学（geopolitics）的な争いの場所であり、経済活

図表1　ユーラシア大陸のネットワーク図

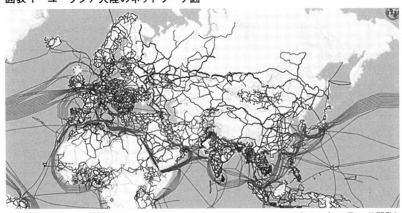

出典：国際電気通信連合 https://www.itu.int/itu-d/tnd-map-public/（2021年12月28日閲覧）

動が活発なところでもある。したがって、そこは地経学（geoeconomics）的な争いの場ともなる。

　ここで地経学とは、ロバート・ブラックウィル（Robert Blackwill）の言葉を借りれば、「国益を促進あるいは擁護するため、また地政学上有利な成果を生み出すために、経済的な手段を用いること。また、他国の経済活動が自国の地政学的目標に及ぼす諸効果」である。その上で、ブラックウィルは地経学的な手法として以下の七つを挙げている。

　　①貿易政策
　　②投資政策
　　③経済・金融制裁
　　④サイバー技術
　　⑤経済援助
　　⑥通貨・金融政策
　　⑦エネルギー

　米国政府はかねてからロシア、中国、イラン、北朝鮮がサイバー攻撃の発信源だと指摘した。これらの国はユーラシアの中にある国（ロシアと中国）ないしリムランドの国（イランと北朝鮮）である。サイバースペースはボーダレスだと言われるが、地理に根ざした地政学と地経学はサイバーセキュリティでも消えていないと言えるかもしれない。

　以下では、選挙介入と海底ケーブルを事例に、サイバーセキュリティの地政学・地経学について見ていこう。

1　選挙と地政学

（1）2016年米国大統領選挙
　2016年8月、グシファー（Guccifer）2.0と称するウェブサイトがインター

ネット上に現れた（図表2）。そこで2016年の米国大統領選挙に立候補していた民主党のヒラリー・クリントン（Hillary Clinton）候補が運営するクリントン財団や民主党全国委員会（DNC）から盗み出した情報が暴露された。同様のデータは当時暴露サイトとして知られるようになっていたウィキリークスでも公開された。

図表2　グシファー 2.0 のウェブサイト

出所：https://guccifer2.wordpress.com/（2021年12月28日閲覧）

　2016年11月の大統領選挙では共和党のドナルド・トランプ（Donald Trump）候補が勝利し、クリントン候補が敗北したため、こうしたサイトはクリントン候補に不利な情報を暴露することで大統領選挙に介入しようとしたと疑われた[4]。そして、グシファー2.0は、ロシア政府のインテリジェンス機関が運営するウェブサイトであるとの疑惑が強くなった。大統領選挙後の2017年1月12日のグシファー2.0の投稿ではわざわざロシア政府とは関係ないと弁明している。しかし、これらはロシア政府による影響作戦（Influence Operation）の一環だろうと見られている[5]。

　ただし、ロシアから見れば、これは一方的な影響作戦とは言えない。むしろ、米国が先に仕掛けたものと見ている。例えば、2016年の大統領選挙の前にクリントンが出版した著書では、「新ロシアの目にあまるひどい動きに、報道に対する攻撃がある。新聞、テレビ局、そしてブロガーが、

ロシア政府の規制に従うよう強い圧力を受けた」といった記述があり、クリントンによる一種の「情報攻撃」が先にロシアとウラジミール・プーチン（Vladimir Putin）に対して行われたからこそ、ロシアは反撃したという立場になる。2016年のパナマ文書によってプーチンの友人の音楽家による資金洗浄や、2016年のリオ夏季オリンピック・パラリンピックと2018年の平昌冬季オリンピック・パラリンピックにおけるロシア選手のドーピングの暴露もまた米国による影響工作とロシアは見ている。

　ロシアからの影響工作の一翼を担ったと言われるのがインターネット研究機関（IRA）と呼ばれるロシアの組織である。IRAはロシア第二の都市サンクトペテルブルクの4階建てのビルに入っていた（図表3）。この中でロシア人の工作員たちが米国のソーシャル・メディアであるツイッターやフェイスブックにクリントン候補にとって不利になる情報や米国政治を分断させるような情報を書き込んでいたと言われている[7]。

図表3　ロシアの IRA

出所：筆者撮影（2017年12月）

2016年の米国大統領選挙にロシアが介入していることは、その1年前の夏である2015年7月には米国政府の連邦捜査局（FBI）によって検知されていたが、適切な対応がとられなかった。選挙戦も終盤となった2016年9月、中国の杭州で開かれたG20サミットの際、米国のバラク・オバマ（Barack Obama）大統領は、プーチン大統領に面と向かって介入をやめるよう求めたという。しかし、プーチン大統領は関与を否定した。オバマ大統領は、クリントン候補の勝利を確信していたためロシア介入の事実を公表しなかったが、選挙結果を受けて大きなショックを受けたという。

　そこでオバマ大統領は、退任間近の2017年1月6日、国土安全保障省（DHS）に命じて選挙インフラストラクチャを重要インフラストラクチャのサブセクターに指定した。選挙が重要インフラストラクチャの一部になることによって、米国の連邦軍がこれを防衛できることになった。日本で自衛隊が衆議院議員選挙や参議院議員選挙を防衛することは考えにくいが、米国ではこれが可能になった。

　2018年5月、トランプ政権はサイバー軍（CYBERCOM）を最上位の統合軍に昇格させた。それ以前は機能別統合軍の一つである戦略軍（STRATCOM）の下の準統合軍であったが、六つの地域別統合軍、三つの機能別統合軍に並ぶ10番目の統合軍になった（その後、11番目の統合軍として宇宙軍が加えられている）。昇格とともに第3代目のサイバー軍司令官に就任したポール・ナカソネ（Paul Nakasone）陸軍大将は、選挙の防衛を重要課題に設定した。

　ところが、その直後の2018年7月、トランプ大統領とプーチン大統領による初めての米ロ首脳会談が開かれた際の記者会見でロシアによる選挙干渉について聞かれたトランプ大統領は、「ここにプーチン大統領がいて、そしてたった今、ロシアの仕業ではないと明言されました。私はこう言いましょう。そうであるべき理由などないと」と発言してしまう。後になってトランプ大統領は言い間違いだったと弁明するが、記者会見を最前列で聞いていた国家安全保障担当補佐官のジョン・ボルトン（John Bolton）は驚き、米国に戻ると、国家情報長官（DNI）、FBI長官、国家安全保障局

（NSA）長官（サイバー軍司令官のナカソネが兼任）、DHS長官を集めて記者会見を開き、選挙干渉を行ったのはロシアであると改めて発表した。[12]

　2018年9月、米国防総省（DoD）はサイバー戦略の要旨を公表した。そこには「前方で防衛する（defend forward）」という言葉が4回出てくる。それは「悪意のあるサイバー活動をその発信源で阻止または中断させる」という意味であり、その活動は「武力紛争のレベルより下にある活動」も含むとされる。[13] 物理的な破壊を伴うような攻撃になっていない選挙介入のような活動でも、それが実際に行われる前に止めてしまう。そして、攻撃がターゲットに届く前に外向きに力を使っていくという。実際、その2カ月後の2018年11月に行われた米国の国政選挙である中間選挙でもロシアのIRAは干渉しようとしたが、サイバー軍によって阻止された。[14]

(2) 2020年米国大統領選挙

　サイバー軍にとっては2020年大統領選挙が最重要の防衛対象となった。ところが、大統領選挙は、外国からの介入を待つまでもなく、大きな混乱に陥った。2020年初めからの新型コロナウイルスの感染拡大によって世情は混乱しており、トランプ大統領自身が感染してしまった。第1回の候補者討論会では民主党のジョー・バイデン（Joe Biden）候補の発言をトランプ大統領がしばしば遮り、史上最悪の討論会とも言われた。

　バイデン候補は選挙戦中77歳であり、高齢による弊害を指摘されるとともに、失言の多さでも知られていた。選挙戦の最終盤、バイデン候補はカナダ国境沿いのミネソタ州を訪問し、支持者の前で演台に上がると、開口一番「ハロー、ミネソタ！」と叫んだ。しかし、ツイッターで公開された動画では、バイデン候補の後ろの看板が書き換えられており、南部のフロリダ州タンパで演説をしているかのように改ざんされていた。何も知らない人がこの動画を見ると、高齢のバイデン候補がフロリダ州に演説に行き、間違えて「ハロー、ミネソタ！」と叫んだように見えてしまう。よく見れば、暖かいフロリダで分厚いコートを着ていることからおかしいと気づくが、バイデン候補の高齢を印象づけるには十分だっただろう。こ

のチープ・フェイク動画が外国勢力によるものかどうかは分かっていないが、削除されるまで少なくとも80万回以上再生された。

他にもツイッターでは、「これまでずっと民主党支持だったが……」で始まる黒人男性によるツイートが数多く見られた。少しずつ文言は変えてあるが、同じような文面で、いずれも別の黒人男性の写真が付いたアカウントから発信されていた。しかし、これらはいずれも偽のアカウントによるツイートで、アカウントは現在は削除されている。

大統領選挙期間中、警察官によって黒人男性が殺されてしまったため、ブラック・ライブズ・マター（BLM）運動が湧き上がっていたが、それに便乗した偽のニュースサイトも現れた。米国政治の分断を狙ったものと見られており、その一つはイランによる偽サイトと認定されている。

さらには、米国の極右団体プラウド・ボーイズをかたる偽のメールが有権者に送られ、トランプ候補への投票を迫るという事案もあった。DNIのジョン・ラトクリフ（John Ratcliffe）が記者会見を開き、ロシアとイランが大統領選挙に介入していると大統領選挙最終盤の2020年10月22日に警告を発している。サイバー軍はこれらに対抗する措置をとった。

ところが、11月4日に大統領選挙が行われると、開票作業が確定する前にトランプ大統領は開票作業が「詐欺」だと主張し始めた。これに対し、トランプ政権のDHSでインフラストラクチャ安全保障局（CISA）のトップを務めたクリス・クレブス（Chris Krebs）は「大統領が今年の大統領選挙を妨害するために、広範な投票の不正が行われたとの虚偽の情報を拡散した」と非難し、「2020年の大統領選挙において、投票が不正に操作されたことを示す、いかなる証拠も見つかっていない」という声明を発表した[15]。

しかし、収まらないトランプ大統領は2021年1月6日に支持者をホワイトハウスの前に集め、煽った後、「我々は議会へ歩いて行こう（We gonna walk down to the Capitol）」と呼びかけてしまった。それを受けた支持者たちが議会に詰めかけ、暴徒化し、議会内に乱入してしまうという前代未聞の事態が起き、死者まで出てしまった。これを受けてトランプ大統領のソー

シャルメディアのアカウントは軒並み凍結された。

　こうした選挙の混乱にどれだけ外国勢力が加担していたのかははっきりしない。しかし、人々の目が大統領選挙に向けられている間に、ロシアは米国のサイバーセキュリティ企業ソーラーウインズ（Solarwinds）のシステムにサイバー攻撃をかけ、そのシステムを通じて米国政府や企業から大量のデータを盗み出していたことが分かった。[16]

2　海底ケーブルと地経学

(1)　海底ケーブルをめぐる国際競争

　一連のサイバー攻撃の高まりを「サイバー戦争」と表現することがあるが、専門的には作戦領域（operational domain）の変化と呼ぶ。従来の作戦領域は陸、海、空であり、各国の軍は陸軍、海軍、空軍でそれらに対応してきた。しかし、近年、第四の作戦領域として宇宙、第五の作戦領域としてサイバースペースを指摘することがある。

　しかし、サイバースペースは他の四つの自然領域とは本質的に異なる人工領域である。サイバースペースの実態は通信機器、有線・無線の通信チャンネル、そしてサーバーなどの記憶装置が相互接続された物理的な装置群である。サイバースペースを構成するサイバー・システムは、いわゆるインターネットを超えて社会の中に広がり、我々の社会システムを支えている。例えば、道路の信号の制御もまたインターネットにはつながらないコンピュータとネットワークによって行われている。

　インターネットとそれを超えて拡大するサイバースペースは、データセンター、洞道（日本の都心部の道路下にある通信ケーブル用のトンネル）、海底ケーブルなどによって構成されている。そして、日本は島国のため、その国際通信の99％は海底ケーブルを通じて行われる。人工衛星が扱える通信量は小さく、また通信量に比して高価なため、ほとんどの民間の通信は海底ケーブルを通る。

その海底ケーブルの製造は、米国のサブコム、日本の NEC、欧州のアルカテル・サブマリン・ネットワークス（ASN）の３社で 90% 以上を担っている。残りは中国の HMN テック（ファーウェイの海底ケーブル部門を亨通が買収）である。2018年以降、米国と中国の貿易摩擦、経済摩擦が激しくなると、海底ケーブルもまた議論の対象になった。[17]

　中国の HMN テックは、ファーウェイであった時代を含めて、中東やアフリカでの海底ケーブル敷設で実績を挙げつつある。例えば、南米のブラジルとアフリカ西岸のカメルーンをつなぐ SAIL（South Atlantic Inter Link）ケーブルの所有者は、カメルーンの通信事業者であるカメルーン・テレコムと中国聯通である。中国に直接つながらない海底ケーブルに中国が投資していることを示している。

　海底ケーブルよりも重要なのは、海底ケーブルが陸上に引き揚げられたところに設置される陸揚局の中で使われる端局装置（SLTE）である。SLTE の供給者としては、日本の NEC、三菱電機、富士通、米国のシエナ（Ciena）、エクステラ（Xtera）、インフィネラ（Infinera）、欧州の ASN、ノキア、そして中国のファーウェイがある。陸揚局の中で適切な装置が使われ、適切な処理が行われなければ、データが盗まれたり、操作されたりする恐れがある。

(2) 米国が阻止する海底ケーブル

　米国のプラットフォーマーであるグーグルとフェイスブックは、中国の鵬博士電信伝媒集団と共同で出資し、米国西海岸ロサンゼルスと香港の間をつなぐ海底ケーブル PLCN（Pacific Light Cable Network）を計画し、大方の工事を済ませていた。ところが、2020年６月、米国政府が介入し、PLCN の香港への陸揚げを認めないとする決定を発表した。当時の香港では民主化を求めるデモが吹き荒れており、トランプ政権は中国政府の影響が香港で拡大することを懸念していた。

　2020年７月、南米のチリ政府がアジアとつなぐ海底ケーブルを構想していたところ、中国が提案したチリと上海・香港をつなぐルートを断念

し、日本が提案したチリ〜ニュージーランド〜オーストラリア〜日本を
つなぐルートが採用されたと報じられた。背景には、米国のマイク・ポン
ペオ（Mike Pompeo）国務長官がチリのセバスティアン・ピニェラ（Sebastián
Piñera）大統領の訪中直前にチリを訪問し「ファーウェイは中国政府にコ
ントロールされており、国民をリスクにさらす」と釘を刺していたことが
指摘されている[18]。

　2020年8月、そのポンペオ国務長官は記者会見を開き、サイバーシス
テムは「中国共産党の検閲のツールであり、米国市民の個人情報への重大
な脅威だ」として、米国のネットワークから中国の製品とサービスを除外
するという「クリーン・ネットワーク」構想を打ち出した。そこには海底
ケーブルも含まれている。

　同じく問題になっているのが東ミクロネシア・ケーブル・プロジェクト
である（図表4）。太平洋の米国領グアム島には、米空軍の重要拠点である
アンダーセン空軍基地があるため、たくさんの海底ケーブルがつながって
いる。そのグアムから東にあるマーシャル諸島やミクロネシア連邦には海
底ケーブルがつながっている。しかし、さらに先にあるキリバスやナウル

図表4　東ミクロネシア・ケーブル・プロジェクト

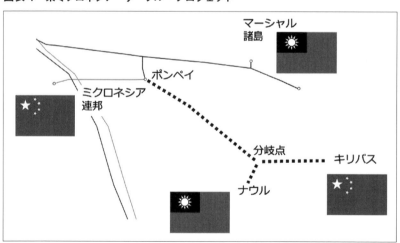

出所：筆者作成

にはまだ海底ケーブルがつながっていない。情報化が必須の現代において海底ケーブルがないことは圧倒的に不利である。そのため、キリバスとナウルが共同で海底ケーブルを敷設するための入札を行った。

　これに3社が応札したが、落札したのはHMNテックで、他の2社よりも2割安かったと言われている。しかし、ここでも米国政府が「中国企業は脅威だ」と介入し、そもそも3社とも入札の資格を満たしていなかったとして入札自体が取消になった。ここにも地政学的・地経学的配慮があった。マーシャル諸島は台湾との国交を維持しているが、ミクロネシア連邦は1989年から中国と国交を持っている。まだケーブルがつながっていないキリバスは2019年に台湾から中国に切り替えた。同じくケーブルがつながっていないナウルは台湾との国交を維持している。キリバスとナウルをつなげるための海底ケーブルをファーウェイが敷設し、そのケーブルがグアムにつながることを米国政府は懸念したと見られている。中台関係、そして米中関係がここでも影響をもたらした。

3　日本のサイバー防衛

(1) 東京2020のサイバー防衛

　2020年の東京オリンピック・パラリンピック（東京2020）は1年延期され、2021年夏に開催された。大規模なサイバー攻撃が大会期間中に行われるのではと懸念されていた。例えば、以下のようなことが想定されていた。

・偽チケット、過剰／過少チケット販売
・過剰／過少宿泊予約
・交通網の混乱
・開会式、閉会式、競技中の停電
・計時、計測、掲示の誤作動

・関連ウェブサイト、メールシステム等の機能不全

・テレビ／ネット中継の停止

・各種個人情報の窃取／漏洩

・金融市場の混乱・停止

・通信網の停止

・地域規模の停電、原発事故

・警察機能、防衛機能、政府機能の停止

サイバー攻撃を行う主体としては、大別して国家アクターと非国家アクターがいる。非国家アクターの中には、いたずら目的、金銭目的、政治的デモンストレーション、技術の誇示など多様な目的を持った者がいる。見つかった脆弱性を単に使いたいだけの場合や、日本政府や日本企業に抗議するために何かを行おうとする者もいるだろう。社会的混乱や金融取引の混乱に乗じて利益を得ようとする者もいるかもしれない。そうした多様な動機を持つ非国家アクターに対処するのにセオリーはない。

他方、国家アクターについては、政治的デモンストレーションの場合や武力紛争への序章として使う場合もあるかもしれない。例えば、競技開催中の東京で大規模な混乱を起こしている間に日本の島嶼に上陸するということも考えられなくはない。しかし、国家アクターがそうした行動をとれば、アトリビューション（攻撃主体の特定）を避けるのは難しく、また外交的・軍事的な衝突へとエスカレートするリスクをとらなくてはならないため、簡単には行いにくい。

東京2020については、その翌年の2022年に北京冬季オリンピック・パラリンピックを控えているため、中国政府や人民解放軍があからさまなサイバー攻撃を行うとは想定しにくかった。北朝鮮については東京2020に選手を派遣しなかったため、フリーハンドではあり、日本政府とは外交的に膠着状態が続いていたものの、強いインセンティブはなかったのかもしれない。ロシアは、ドーピング問題でロシア代表として選手を派遣することができなかったため、日本というよりは国際オリンピック委員会

（IOC）に対するサイバー攻撃をする可能性があった（2018年の平昌冬季オリンピックに対しては行ったと言われている）。

　しかし、新型コロナウイルスの感染拡大によって無観客となり、当初の想定とは大きく異なる形式で開催された。そのため、目立つ被害を伴うサイバー攻撃は行われなかった。東京2020のサイバー防衛を担ったNTTと東京五輪・パラリンピック大会組織委員会は、2021年10月、大会運営のネットワーク・システムで約4億5000万回のサイバー攻撃があったと発表した。それより9年前の2012年ロンドン五輪では約2億回のサイバー攻撃があったとされている。数え方が違うとすれば両者の数字を単純に比較することに意味はないが、9年間の時差を考えれば、東京2020はそれほど多く狙われたわけではないといえる。

　誰が4.5億回のサイバー攻撃を行ったのかは分からない。しかし、そうしたサイバー攻撃が成功しなかった理由をいくつか挙げることはできるだろう。第一に、東京2020のサイバー防衛を担った人と組織の努力である。五輪は時に「ハッカーの祭典」と言われるように、悪者ハッカーたちにとってみれば五輪でハッキングやクラッキングを成功させることは技術力の誇示になる。そうしたサイバー攻撃が来ることは開催が決まったときから分かっていたことであり、成功させないために多大な努力が払われ、報われたということだろう。

　第二には、コロナ禍での無観客開催となり、攻撃者側の攻撃インセンティブが下がったこともあるだろう。有観客でたくさんの人が一カ所に集まっていれば混乱を起こしやすい。しかし、選手と大会関係者しかいない競技場と運営システムに対してサイバー攻撃を仕掛けてもめざましい成果を挙げることは難しく、インセンティブを失わせた側面はあるだろう。

　第三に、先述のように国家アクターにとってサイバー攻撃を行う理由が少なかったという側面もあるだろう。2016年の米大統領選挙を通じてロシアは米国政治の分断を狙ったが、東京2020に対してサイバー攻撃を行っても、日本政治の分断につながる可能性は低く、日米同盟の破綻につながるシナリオを描くこともできなかっただろう。

（2）30大綱とサイバーセキュリティ

　東京2020開催に先立つ2018年12月、日本政府は新しい防衛計画の大綱を閣議決定していた。同年1月22日の国会での施政方針演説で安倍晋三首相は防衛大綱の見直しを表明し、3月の防衛大学校の卒業式では「今や、サイバー空間や宇宙空間など、新たな領域で優位性を持つことが、我が国の防衛に死活的に重要」だと述べていた。それを受けて進められた議論では、陸、海、空、宇宙、サイバースペース、さらに電磁波領域を加えた六つの領域を横断するクロスドメイン攻撃がテーマとなった。12月に発表された防衛大綱のキャッチフレーズは「多次元統合防衛力」とされた。

　2018年（平成30年）に定められた「30大綱」では、サイバー防衛について、「有事において、我が国への攻撃に際して当該攻撃に用いられる相手方によるサイバー空間の利用を妨げる能力等、サイバー防衛能力の抜本的強化を図る」と記載された。これは、サイバー攻撃を行う国や主体に対してサイバー反撃ができることを明記したと受け止められた。それ以前はサイバーセキュリティにおいても日本は専守防衛であるとされていたが、反撃とはいえ、攻撃的手段を持てるようになったことは大きな前進と受け止められた。

　しかし、米国防総省が打ち出した「前方防衛」のような形で平時からサイバー作戦を展開することは日本のサイバー防衛では想定されていない。あくまで有事において相手側からの攻撃が行われたことを前提とした反撃にとどまっている。

　ただし、30大綱を受けて防衛省・自衛隊は能力整備と強化を図っている。2021年11月30日、東京都内で開かれた国際会議「サイバー・イニシアチブ東京2021」において岸信夫防衛相は録画ビデオ・メッセージを寄せ、自衛隊のネットワークを守るために2022年度はサイバー関連部隊の人員を現状から80人増やし890人にする見通しを示した。2014年3月に90名程度で発足したサイバー防衛隊だが、急速に人員を増やしつつある。

4　サイバー地政学のハートランド

　20世紀の石油に匹敵するのが21世紀のデータであると言われる。データが経済成長のエンジンだと見なされている。そうした現代のサイバー地政学においてハートランドとなるのはどこだろうか。従来の地政学におけるハートランドは、海洋国家の手が届きにくいユーラシア大陸の中心部であった。しかし、図表1を見て分かる通り、ユーラシア大陸の中心部にはネットワークはそれほど引かれていない。サイバー地政学、そしてサイバー地経学におけるハートランドとは、第一に、データが集まるところ、つまりデータセンターということになるだろう。しかし、データセンターが物理的・地理的に一カ所に集中していれば、それはセキュリティ上極めて脆弱ということになる。データセンターはデータを集中的に管理・保管するところである一方で、分散しておくことがセキュリティ上は必要になる。どのデータがどこにあるのかは秘匿される事項になるだろう。そして、それは政府が一元的に管理するものでもなく、民間事業者が分散的に管理するものである。民間事業者が利益優先でセキュリティ対策を怠れば、データのセキュリティが損なわれることになる。

　現代の我々の資産はもはや紙幣や硬貨としては保存されていない。そのほとんどはデジタル化されたデータとして保管されている。そのデータが失われたり、改ざんされたりすれば、我々は資産を失うことになる。帳簿上の金融データだけでなく、さまざまな技術やノウハウ、知的財産もデジタル・データとして保存されている。データセンターのハードウェアとソフトウェアを守ることがますます重要になるだろう。

　現代のハートランドの第二は、我々の認知領域である。データセンターのサーバーに保管されたデータを我々は情報通信端末を通じて受け取る。パーソナル・コンピュータ（パソコン）やスマートフォン（スマホ）、タブレット端末、今後は眼鏡やイヤホンその他の小型端末からもデータを受け取る度合いが増えてくるだろう。しかし、そこで我々が受信し、知覚するデータが間違っていたりゆがめられたりすれば、我々自身の認知がおかし

くなる。

　ソーシャルメディアには中毒性がある。いったんそれに慣れ、それを使うことが日常化すると、そこから離れられなくなる人が多い。そして、従来の新聞やテレビといったマスコミュニケーションのメディアと違い、そこには情報や意見、思想、価値などのバランスをとるためのメカニズムが働きにくい。ブラックボックス化したアルゴリズムに支配されるソーシャルメディアでは、我々は自分の選択で見たいものを見ている気がしているものの、実態としてはアルゴリズムが推薦するものを受動的に受け入れがちである。その結果、異なる意見や見方に触れることなく、自分が見聞きするものがすべて正しいという錯覚を得てしまう。ソーシャルメディアに酩酊した状態である。

　そうしたソーシャルメディアの酩酊状態を意図的に作り出すことも可能だろう。2020年の米国大統領選挙においては、Ｑアノン（QAnon）と呼ばれる一種の陰謀論が広く、そして強く信じられた。実在しないＱという人物が米国政府内におり、秘密結社と戦うトランプ大統領のためにやがて現れると信じられた。実際にはそのような人物が大統領選挙後にも現れることはなかった。

　ソーシャルメディアは、繰り返し似たような情報を浴びせかけることで、情報に接する人を操作できるようになる。外国勢力がそれを利用すれば、選挙介入を超えた社会操作ができるかもしれない。そういう意味で、情報通信端末を通じた認知領域への介入を防ぐことが極めて重要な課題になるだろう。

おわりに

　本章では、選挙介入と海底ケーブルをめぐる事例を通じて、サイバーセキュリティをめぐる地政学的・地経学的な国家の動きを見てきた。そこでは、20世紀初頭のグレートゲームから変容した21世紀版のサイバーグ

レートゲームとも呼べる大国間の争いが見られる。

　サイバースペースは、情報通信端末と記憶装置、それらをつなぐ通信チャンネルで構成される物理的な存在である。しかし、それらを通じてやりとりされるデータが現代の富を構成し、そして我々の認知領域にも影響を与える。サイバーグレートゲームの参加者である国家アクターと非国家アクターは、データセンターと認知領域へのアクセスを今後も争い続けることになるだろう。

　東京2020へのサイバー攻撃を抑止することに成功した日本だが、サイバー防衛への取り組みは必ずしも十分ではない。2018年に閣議決定された30大綱はサイバーセキュリティ対応を高めたが、2022年には国家安全保障戦略、防衛大綱、中期防衛力整備計画（中期防）の三つの見直しが進む予定である。その中でどのようにサイバーセキュリティ能力を高めていくかが課題である。

〔註〕

1　ベン・マッキンタイアー（小林朋則訳）（2015）『キム・フィルビー――かくも親密な裏切り』中央公論新社 .

2　ラドヤード・キプリング（三辺律子訳）（2015）『少年キム』岩波少年文庫 .

3　ロバート・ブラックウィル（矢野卓也訳）「地経学時代のインド太平洋戦略」『JFIR WORLD REVIEW』Vol. 2（2018年12月）29-52頁 .

4　土屋大洋（2016）『暴露の世紀――国家を揺るがすサイバーテロリズム』角川新書 .

5　土屋大洋・川口貴久編（2022）『ハックされる民主主義――デジタル社会の選挙干渉リスク』千倉書房 .

6　ヒラリー・ロダム・クリントン（日本経済新聞社訳）（2015）『困難な選択（上・下）』日本経済新聞出版 .

7　古川英治（2020）『破壊戦――新冷戦時代の秘密工作』角川新書 .

8　Eric Lipton, David E. Sanger and Scott Shane, "The Perfect Weapon: How Russian Cyberpower Invaded the U.S.", *New York Times,*（December13 2016）. https://www.nytimes.com/2016/12/13/us/politics/russia-hack-election-dnc.html（2021年12月28日閲覧）

9　Greg Miller, Ellen Nakashima and Adam Entous, "Obama's Secret Struggle to Punish Russia for Putin's Election Assault", *Washington Post*,（June 23 2017）. https://www.washingtonpost.com/graphics/2017/world/

national-security/obama-putinelection-hacking/（2021年12月28日閲覧）

10　Office of the Press Secretary, "Statement by Secretary Jeh Johnson on the Designation of Election Infrastructure as a Critical Infrastructure Subsector", *Department of Homeland Security*,（January6 2017）. https://www.dhs.gov/news/2017/01/06/statement-secretary-johnson-designation-electioninfrastructure-critical（2021年12月28日閲覧）

11　ジョン・ボルトン（梅原季哉監訳、関根光宏・三宅康雄他訳）（2020）『ジョン・ボルトン回顧録——トランプ大統領との453日』朝日新聞出版．

12　Steve Holland and Jeff Mason, "Trump National Security Team Says Russia behind Effort to Meddle in U.S. Elections", *Reuters*,（August3 2018）. https://www.reuters.com/article/us-usa-election-security-idUSKBN1KN2KQ（2021年12月28日閲覧）

13　Department of Defense, "Summary: Department of Defense Cyber Strategy 2018", Department of Defense,（September18 2018）. https://media.defense.gov/2018/Sep/18/2002041658/-1/-1/1/CYBER_STRATEGY_SUMMARY_FINAL.PDF（2021年12月28日閲覧）

14　Ellen Nakashima, "U.S. Cyber Command Operation Disrupted Internet Access of Russian Troll Factory on Day of 2018 Midterms", *Washington Post*,（February27 2019）. https://www.washingtonpost.com/world/national-security/us-cyber-commandoperation-disrupted-internet-access-of-russian-troll-factory-on-day-of-2018-midterms/2019/02/26/1827fc9e-36d6-11e9-af5b-b51b7ff322e9_story.html（2021年12月28日閲覧）

15　Rachel Sandler, "Trump Fires Cybersecurity Chief Who Debunked Unfounded Voter Fraud Allegations", *Forbes*,（November17 2020）. https://www.forbes.com/sites/rachelsandler/2020/11/17/trump-fires-cybersecurity-chief-who-debunked-unfoundedvoter-fraud-allegations/?sh=1d3ce3d0778b（2021年12月28日閲覧）

16　「サイバー攻撃、米英40超の企業・政府標的に」『日本経済新聞』（2020年12月19日電子版）（2021年12月28日閲覧）．

17　例えば以下の2冊を参照。宮本雄二・伊集院敦・日本経済研究センター編（2020）『技術覇権——米中激突の深層』日本経済新聞出版社．宮本雄二・伊集院敦・日本経済研究センター編（2021）『米中分断の虚実——デカップリングとサプライチェーンの政治経済分析』日本経済新聞出版．

18　広瀬洋平・外山尚之「チリ　豪の光海底ケーブル、日本案採用　脱・中国依存へ」『日本経済新聞』（2020年7月29日電子版）（2021年12月28日閲覧）．

19　「東京五輪でサイバー攻撃4.5億回　NTT　約1万人で通信運用」『日本経済新聞』（2021年10月21日電子版）（2021年12月28日閲覧）．

〔参考文献〕
ラドヤード・キプリング（三辺律子訳）（2015）『少年キム』岩波少年文庫．

ヒラリー・ロダム・クリントン（日本経済新聞社訳）（2015）『困難な選択（上・下）』日本経済新聞出版．

佐々木孝博（2021）『近未来戦の核心サイバー戦——情報大国ロシアの全貌』扶桑社．

デービッド・サンガー（高取芳彦訳）（2019）『サイバー完全兵器——世界の覇権が一気に変わる』朝日新聞出版．

ニコラス・スパイクマン（渡邉公太訳）（2017）『スパイクマン地政学——世界政治と米国の戦略』芙蓉書房出版．

土屋大洋（2015）『サイバーセキュリティと国際政治』千倉書房．

土屋大洋（2016）『暴露の世紀——国家を揺るがすサイバーテロリズム』角川新書．

土屋大洋（2020）『サイバーグレートゲーム——政治・経済・技術とデータをめぐる地政学』千倉書房．

土屋大洋・川口貴久編（2022）『ハックされる民主主義——デジタル社会の選挙干渉リスク』千倉書房．

ロバート・ブラックウィル（矢野卓也訳）「地経学時代のインド太平洋戦略」『JFIR WORLD REVIEW　Vol. 2』（2018年12月）29-52頁．

古川英治（2020）『破壊戦——新冷戦時代の秘密工作』角川新書．

ジョン・ボルトン（梅原季哉監訳、関根光宏・三宅康雄他訳）（2020）『ジョン・ボルトン回顧録——トランプ大統領との453日』朝日新聞出版．

ベン・マッキンタイアー（小林朋則訳）（2015）『キム・フィルビー——かくも親密な裏切り』中央公論新社．

宮本雄二・伊集院敦・日本経済研究センター編（2020）『技術覇権——米中激突の深層』日本経済新聞出版社．

宮本雄二・伊集院敦・日本経済研究センター編（2021）『米中分断の虚実——デカップリングとサプライチェーンの政治経済分析』日本経済新聞出版．

第 2 部

新たな戦争の領域をめぐる
中国とロシアの論理

第1章　ユーラシア諸国にとっての「脅威」
——ロシア、中国による非民主主義的地域主義——

藤巻 裕之

キーワード　ユーラシアの安全保障、権威主義国家、非民主主義的地域主義、上海協力機構（SCO）

はじめに

　ソ連邦という巨大な国家に内包されていたソ連邦構成共和国は、ソ連の提供する「上から」の連邦制を受け入れ、安全と経済的な分業体制によって共和国としての形を維持してきた。[1]しかし、ソ連が崩壊した後、各共和国はそれらの脅威に単独で立ち向かうには、あまりに小さく、また国家として脆弱であった。ロシアをはじめとする旧ソ連諸国は、東に日米同盟、西に北大西洋条約機構（NATO）、そして、東南に中国があり地政学的に常に緊張状態にあった。同様に、中国にとっても東に日米同盟、西にNATO、そして、北にロシアがあった。

　本稿の問いのひとつは、旧ソ連諸国にとって脅威はどのように変化してきたか、ということである。冷戦構造の残る1990年代初期の旧ソ連圏諸国の脅威はユーラシアの東西南に存在する大国の存在だったのである。旧ソ連諸国は1990、2000年代を通して、「南」からのイスラム過激派や反政府勢力という非国家主体の攻勢に対して国家統合をいかに維持するか、という深刻な問題に直面してきた。ロシアを含めた旧ソ連諸国にとっての脅威が「西」から「南」に変化したことは、脅威の主体が伝統的脅威から非伝統的脅威へと変化をしたことでもあった。ユーラシア諸国は冷戦後、自国の自律性を維持するために域内大国の提供する地域主義に依存して政権の正統性の維持と非国家主体による脅威へ対応してきた。本章ではこのような問題意識の元、ロシアと中国など権威主義体制主導の地域主義は

ユーラシア諸国にどのような秩序を提供しているのかを検討する。

1 共通の脅威とユーラシア地域主義

(1) 中口和解の過程

　中口国境問題を解決する過程は、中央アジアが伝統的安全保障から非伝統的安全保障問題を多国間枠組みで解決するための過程であった。上海協力機構（SCO）加盟国の地域主義へ参加する動機は主に安全保障であり、それも非伝統的安全保障分野である。SCO の前身である上海ファイブは1996年に創設されたが、1990年代の中央アジアをめぐる中口関係は、機構創設というよりもむしろ、両国の軍事的対話の過程で生まれたといえる。SCO の創設は、米国の一極支配に対抗するために中国とロシアが創設したという理解もあるが、実際の理由は二つある。一つは、ソ連崩壊後に生じたロシア、中央アジア諸国、そして中国との国境問題を解決するためであった。もう一つの SCO 創設の背景とは、中国の影響力の増大に伴う、同地域における中口間の軍事分野の信頼強化であった。

　現在の SCO を中心とした中口間の「蜜月」関係の背景は冷戦末期のゴルバチョフ・ソ連共産党書記長（Mikhail Gorbachev）政権と中国の調整から始まった。1960年代以降の中ソ国境問題は武力衝突にまで発展した。ゴルバチョフ政権発足後、国境地域の安定化と安全保障分野における協力関係の構築に向けた対話を続けてきたその結果、1987年中ソ国境交渉が再開され、1989年5月ゴルバチョフの訪中によって中ソの政治関係は正常化されたのである。その後、新生ロシアと中国の安定した関係は、エリツィン（Boris Yeltsin）政権によって継続され、2000年に誕生したプーチン（Vladimir Putin）政権では「2001年善隣友好協力条約」（2001年7月16日調印）と2004年の国境画定交渉の完成という中口間の政治的安定状態を得た。

　このような、冷戦末期から継続された中口間の安定状態は、中央アジア諸国をも巻き込んで進展した。1996年上海において、中ソ間の国境地域

安定化のための協議が行われ、そこには、ロシア同様に中国との国境問題を共有するカザフスタン、キルギスタン、タジキスタンの大統領も参加した。上海ファイブと呼ばれることになるこの会議で5カ国首脳は、国境地域における軍事分野の信頼強化に関する協定を調印した。翌1997年4月、エリツィンはモスクワに江沢民国家主席を迎え、「世界の多極化と国際新秩序確立に関する共同宣言」を公表した。世界情勢をめぐる中国とロシアの世界観は、米国主導の一極体制を批判しつつ、多極化による新たな国際秩序を構築するというものであった。このような世界観の背景には、ソ連崩壊時にはロシアにとっての悪夢ともいえるNATOの東方拡大が実現しつつあること、また、その対抗策として中国、インド、イランというBRICs諸国とのパートナーシップが必要だったことは重要である。特筆すべきなのは、中国との新たな協力関係の構築にロシアが前向きだったことである。すなわち、冷戦思考の放棄、ブロック政治への批判、二国間と多国間による協調・協力を通じた平和と安全保障の追求、そして、それらのコンセプトは新たな普遍的意味を持つ安全保障観として共有された[2]。これらの合意には、冷戦後中ロ間による中央アジア地域の権益の争奪を予防する意味もあり、また、同時期に中央アジアに設置された米国基地への牽制の意味も含まれた。

(2) 加盟国の変化と脅威の共有

　上海ファイブが非伝統的安全保障分野における地域安全保障協力の対象として、テロリズムを共通の脅威としたのは、1998年アルマトイで行われた第3回首脳会談からである。同会談では、5カ国によって域内経済の活発化、石油・ガスパイプラインや輸送システムのインフラ整備などメンバー諸国間の経済協力関係強化が合意されたと同時に、民族分離主義、宗教過激主義、国際的テロリズムなどの非伝統的脅威の存在が共有された (1998年7月)。翌年のビシュケク声明においては、国際テロリズム、麻薬・武器の不法取引、不法移民、民族分離主義、宗教過激主義への対抗するための共同声明が発表された (1999年8月)。2001年上海開催の首脳会談で

は、中国と国境を接していないウズベキスタンが上海ファイブの正式加盟国となったことで、同機構が今後国境問題解決のための枠組みからより広い枠組みへと拡大した。[3] 加盟国が6カ国となった上海ファイブはSCOの設立宣言を発表し、テロリズム、分離主義、過激派に加盟国が共同で対抗するために、キルギスタンのビシュケクに地域テロ対策機構を創設することが合意された。

　上海ファイブ創設から始まる中央アジアの地域協力は、冷戦期中ソ国境問題解決のための対話に始まり、中ロ国境問題においても両国の国内、および国際環境に対して前向きな対話が継続された。さらに、中国と国境を接するカザフスタン、キルギスタン、タジキスタンが参加することで上海ファイブとなり、国境問題を解決したことによって、域内外からの国家対国家という伝統的安全保障の脅威を極力排除した。そして、共通の非伝統的脅威に対抗するための取り組みとして反政府勢力を内含するウズベキスタンを取り込み創設したのがSCOであった。

(3) SCO共通の脅威とは

　冷戦直後の90年代、権力の真空地帯となった中央アジア諸国は、自国の安全保障のために域内大国との地域主義をCIS（独立国家共同体）に求めた。ロシアがCIS諸国に提供した地域主義は、域外国家からの軍事的脅威を前提にした同盟関係であった。[4] しかし、現実にはCIS諸国にとっての脅威とは、旧ソ連圏の外にある国家ではなく、むしろ域内の非伝統的安全保障にあったのである。その結果、CISの代わりにグアム（GUUAM）や経済協力機構（ECO）のような域内の非伝統的安全保障分野のための協力という目的を持った機能的な地域主義が創設された。

　冷戦後のユーラシア諸国にとって安全保障上の最大の脅威は、国家対国家を想定した脅威ではなく主権／政権の保全と非国家主体からの攻撃であった。これまでユーラシア諸国は、自国の安全保障を地域大国に依存することで主権を維持してきた。ところが、CISが機能不全に陥った原因を伝統的な安全保障観から脱却できずにいた点に求めるとすれば、SCO

は加盟国にある種の地域的公共財を提供していると考えられる。なぜなら
ば、繰り返しになるが各共和国が抱えていた問題は、政権の正統性と非国
家主体からの攻撃の2点だからである。冷戦後のユーラシア諸国に挑戦す
る脅威とは、「脅威の特定が困難」であり、「所在の確定が困難」な組織犯
罪（ドラッグ、人身売買など）、テロリスト、そして、分離主義、反政府組織の
存在である。それらの要因がユーラシア諸国に集団的自衛的発想に基づく
地域主義の組織化へのニーズを高めているのである。

　中央アジアにおける深刻な問題とは、国連や米国の提供する国際公共財
が地域に住む人々に届かないことである。政治の透明性、グローバルに共
有されつつある人権概念、市民団体の発言力などは、同地域では保障され
ない。その代わりに、冷戦後に力の空白となり不安定化した同地域は、中
央アジアを中国とロシアが国境線を定め、そして、中ロの軍事的協力関係
を強化することで、伝統的脅威を封じ込めてきた。

　タジキスタンはアフガニスタンと1,400キロメートルに及ぶ国境線を共
有し、中央アジア諸国中もっとも「南」からの脅威に曝されてきた国家で
ある。そのため、エリツィン大統領に仲介された「手打ち」によってタジ
キスタン内戦を終わらすなど、政治経済面のみならず、安全保障面でもロ
シアに依存をしてきた。タジキスタン南部境界の守備にあたってきたロシ
ア国境守備隊は約15,000人、合同平和維持軍としてロシア機械化狙撃師
団8,000人が駐留していた。同地域にはアフガニスタンから勢力を伸ばす
タリバンの北進とタジキスタン内のタジク人反タリバン勢力マスード派の
対立構造がある。また、フェルガナ盆地から発生したイスラム過激派ウズ
ベキスタン・イスラム運動（IMU）は同地域にイスラム国家の樹立を目指
していた。IMU は、タリバンがカブールを制圧したことをきっかけにア
フガニスタンに活動拠点を築いた。その後、IMU はアルカイーダからも
資金援助を得たことで活力を得て、1997年タジキスタン内戦終了後もア
フガニスタンとタジキスタンの長大な国境線を越境してウズベキスタン、
キルギスタンに攻撃を行っている。ウズベキスタンからの国境線強化の要
求、また中央アジアの水源の約半分を擁するタジキスタンの水利問題は米

国への基地の貸与を決定させた。

　米国の対タリバン戦争のための中央アジア駐留はSCO加盟国には大きな経済的な利益のみならず、安全保障分野における利益も大きかった。上記のような内戦後の対テロ対策に苦しむタジキスタンのような国では、ロシアへの配慮を怠らないようにしつつ、米国への軍事協力や空港の提供も行ってきた。

　この時期のプーチン政権は対米協調路線を取り、国内世論も米国の対テロ戦争を肯定的に認知していた。

　しかし、2003年3月の米国のイラク戦争を支持したのは、中央アジアではウズベキスタン一国のみであった。その他の4カ国（カザフスタン、キルギスタン、タジキスタン、トルクメニスタン）は親米路線から態度を一変させ、SCOとの協調路線にシフトした。米国が中央アジアへのコミットメントを維持しないことが理由でIMUなどのイスラム過激派の活動が再活性化したことが理由と考えられる。イラク問題に対して中ロが最後まで米英と合意を見出せないことは、アフガニスタンから北進するイスラム過激派をロシアの援助なしでは食い止めることが出来ないSCO諸国には重要な問題であった。

2　ユーラシアの紛争

(1) 不安定化するユーラシア

　冷戦の崩壊は、旧ソ連構成諸国間に冷戦期に構造的に埋め込まれた民族間の紛争の火種があることを世界中に知らしめた。ソ連末期にゴルバチョフ主導のペレストロイカによって拡散された自由化は、それまで社会主義というイデオロギーによって蓋をされてきた民族ナショナリズムを解放した。1990年代前半に発生した紛争の多くは域内大国ロシアの影響力と国連を中心とした国際社会の努力で停戦に向かったものがほとんどである。しかし、図表1にあるような紛争は歴史的に根深く構造化した領土問題が

国民に共有をされてきたことから強力なナショナリズムを醸成してきた。同時に、停戦状態の継続は係争地の実効支配への不満が溜まるばかりである。このような膠着状態は「凍結された紛争」と呼ばれる。このような状況、つまりソ連崩壊後に誕生した各共和国は紛争の「火種」を抱えながら国家建設を進めてきたのである。ユーラシアの国々には停戦状態に据え置かれた領土があり、そこには主権国家の権限が遠く及ばない領域が存在するのである。このような係争地を実効支配し、既成事実化させる手法は将来的な紛争の火種をそのままにすることになる。図表1にある主要な紛争が冷戦後のソ連の消滅、そして、地域大国の不在が原因であるとすれば、地域大国主導の地域主義はユーラシアには必要と考えられる。

　2000年以降、ユーラシア諸国は伝統的な安全保障からより広義の脅威に対応するための非伝統的安全保障分野における地域協力体制の確立が急務となった。この地域における具体的なイシューは、反政府勢力やテロリストの越境、組織犯罪による人身売買、麻薬、武器などである。伝統的な安全保障が国家間戦争を想定していたのに対して、非伝統的安全保障においてはその限りではなく、反政府勢力、組織犯罪、テロなど非国家主体が冷戦後の新たな脅威としてユーラシアで認識されてきた。もちろん、非伝統的安全保障は冷戦期も存在していたが、冷戦後に表面化したのには理由がある。一つ目は、冷戦期にイデオロギーによってソ連という共同体に押し込められていた国家に対する潜在的な脅威が表面化したことである。二つ目は、1997年のアジア経済危機である。東南アジアを直撃した大規模な経済危機は、アジア、旧ソ連圏の貧困層をさらに貧困にした結果、組織犯罪による貧困層を中心とした犯罪ネットワークが活性化した。三つ目は、2001年の9.11以降、米国による中東と中央アジアへの積極的な軍事介入が始まった。その結果、そもそも不安定な地域がさらに不安定化し、テロや犯罪組織への人員の補充も実現したのである。四つ目は、2004年のG8で米国が示した「大中東構想」、「アラブの春」などは、中央アジアにおいてもレジーム・チェンジ（体制変換）を起こさせた。特に、リビア、エジプト、そしてシリアへの欧米諸国の介入と中央アジア諸国で起こった

図表1　冷戦後ユーラシアにおける主な紛争の状況

期間	地域	状況	結果
1979-89年	アフガニスタン	ソ連、アフガニスタン親ソ政権 vs ムジャヒディン勢力	1988年に米、ソ、アフガン、パキスタン間で和平合意
1988-94年	ナゴルノ=カラバフ	アゼルバイジャン vs アルメニア、ナゴルノ=カラバフ内アルメニア人勢力(ロシアの支援)	アルメニア側有利な停戦「凍結された紛争」(アゼルバイジャンは国土の約20%を失った)
1989-92年	南オセチア	南オセチア独立派 vs グルジア	停戦以来ロシア、ジョージア、オセチアの平和維持部隊が駐留
1992-97年	タジキスタン	タジク旧共産党勢力 vs 反対派勢力の内戦	97年和平合意
1992-94年	アブハジア	アブハジア独立派 vs ジョージア	94年停戦合意後、国連平和維持軍が駐留
1992年	北オセチア・イングーシ	オセチア共和国 vs イングーシ共和国	ロシア治安部隊により鎮圧後に停戦
1994-96年	チェチェン	ロシア軍 vs チェチェン共和国	ロシア連邦からの離脱を宣言したチェチェン共和国に対してエリツィン政権が軍事侵攻、96年に停戦合意
1999-2009年	チェチェン	ロシア軍 vs チェチェン共和国	独立を主張してテロを行うチェチェン共和国に対してプーチン政権による徹底的な軍事侵攻の後、2009年に終結宣言
2001-21年	アフガニスタン	タリバン vs カルザイ政権、米国	米国のタリバン駆逐20年後に再びタリバン政権が復活した
2020年(9/27-11/10)	第2次ナゴルノ=カラバフ紛争	アゼルバイジャン(イスラエル、トルコなどによる技術支援) vs アルメニア(ロシアの支援なし)	アゼルバイジャンに有利な停戦協定(紛争再燃の可能性あり)

出所:『ユーラシアの安全保障』　p. 86を元に筆者作成

一連の「カラー革命」はプーチン (Vladimir Putin) 大統領に危機意識を強めさせた。米国によるユーラシアの権威主義体制国家に対する民主化政策は、結果的に破綻国家か権威主義体制へ逆戻りするという結末であった。その結果、アルカイーダや IS などのイスラム原理主義者達が欧州を含むユーラシア全体に拡散したと考えられる。

3　ユーラシアにおける非伝統的脅威に対抗する　非民主主義地域主義

　中国とロシアが提供する地域主義は、冷戦後のパワーシフト下における非伝統的安全保障の脅威に対抗するためにユーラシア諸国が協力をする根拠を提供してきた。同地域において地域主義が機能する背景を

　(1)　グローバル・セキュリティの地域化

　(2)　階層的な地域統合

　(3)　民主化は地域主義の前提条件とはなり得ない、という3点から考察をしてみたい。

(1)　グローバル・セキュリティの地域化

　冷戦後の国際安全保障環境の変化は、覇権国米国の負担を各地域の覇権国に分担させる、グローバル・セキュリティの「地域化」によって大きな変化を経験した。第二次世界大戦後の欧州とアジアにおいて米国が覇権国として開放的で相互に依存する政治経済体制を確保し、また、中東のエネルギー資源を世界市場に安定供給するためには、地政学的に重要性を持つ地域には米軍の駐留が必要であった[8]。冷戦の終焉と9.11の後、米軍の海外駐留先は9.11前の約3倍に達し、発展途上国への展開が飛躍的に増えたことによって欧州とアジアの基地の再編が必要となった[9]。また、グローバル・セキュリティの「地域化」は、大国間のグルーバルな権力闘争の方法として巨大で広域な地域主義を利用するという構造を終焉させたのである。米ソ超大国の同盟国によって構成された地域主義は、安全保障面と経済面それぞれにおいて対立構造を構築した。しかし、冷戦終結と共にワルシャワ条約機構（WTO）とCOMECONは解散し、90年代のNATO不要論は、政治的につくられた巨大な地域主義ではなく、域内大国による地域的公共財の提供が地域主義の前提と考えられるようになったことを示した。このような国際政治学上の大きな変化は、安全保障面におけるパワーの「分散化」を国際システムにもたらしたと同時に、地域間力学の再編成

の重要性を再認識する機会を国際社会に与えた。[10]

(2) 階層的な地域秩序

　主権国家が並存する所謂ウェストファリア的国際観では理解し得ない、階層的な地域秩序が旧ソ連圏には存在する。そもそもアナーキー（無政府的）な国際社会に秩序をもたらすとされる覇権国と同盟国の関係も階層的であると言える。このような覇権安定論によれば、国際社会の安定は覇権国の提供する国際公共財を共有することで安定すると考えられる。また、国連安全保障理事会では常任理事国にのみ拒否権が与えられている事実も階層的な国際観を具現化した制度と言える。例えば、アナーキーな国際秩序の原則に従えば、旧ソ連圏におけるエネルギー協力は域内市場におけるロシア、中国を含む中央アジア諸国の競争である。しかし、現実には同地域のエネルギーをめぐる競争は、旧ソ連圏のエネルギーをソ連時代に敷設した大規模なパイプラインのインフラを使って、ロシア産エネルギーの価値を高める政策が取られてきた。そのためには、平等な域内諸国間の自由な競争よりも域内大国への半強制的で部分的な主権の譲渡によって成立する階層的な秩序によって経済合理性を高めてきた。[11] また、2014年のクリミア半島の帰属をめぐる軍事行動もロシアにとってウクライナが対等な主権国家とは認識されていないことの表れと考えられる。

(3) 民主化は地域主義の前提条件とはなり得ない

　地域主義は加盟国の民主化を進展させるかどうかは、地域主義の成立にはあまり関係がない。近隣に安定した民主主義国家による地域主義が存在しない場合でも、地域主義は成立してきた。実際に、中東にはGCC、中南米にはMERCOSURやアンデス共同体などがあり、アフリカにはAU、旧ソ連圏にはCISやSCOなど権威主義国家や未発達の民主主義国家による地域主義が成立している。重要なことは、民主主義の歴史のある国家間の地域主義ではなく、権威主義国家主導による地域統合に関わる共通の非伝統的安全保障問題が機能するケースが、権威主義的地域主義や非

民主主義的地域機構（NDROs）として機能している。[12]旧ソ連圏、特に SCO
のリーダー達は、冷戦後に共通の問題を見出し、解決するための地域協力
を模索してきた。実際に、ソ連時代より東欧、カフカス、そして中央アジ
アは NDROs によって共通の利益を得る試みが取られてきた。

　欧州連合（EU）における地域主義と民主化の関係が欧州審議会を通して
相互補完関係にあるように、旧ソ連圏には民主化、またはそれに類する共
通の規範とは何か、という問題がある。EU においては、ギリシャ、スペ
イン、ポルトガルといった「民主化の波」を経験した諸国にとって、EU
への加盟は経済的利益を得るためだけでなく、自国の民主主義の安定を
EU と約束する前提条件であった。この動きは、冷戦後 EU への加盟準備
に入った東欧諸国の民主化を加速させる効果を持っていた。その結果、旧
ソ連諸国の欧州安全保障協力機構（OSCE）への加盟が相次いだ。ソ連崩壊
後のユーラシアにおける安定した民主主義政権による開放された市場は米
国や欧州諸国にとって、大きな関心事であった。欧州諸国は、旧ソ連地域
諸国の OSCE 加盟に対して、民主化の高いハードルを課すよりも、加盟
後に民主化を促進させることを重視した。しかし、中央アジア諸国が国家
統合という難題に取り組んでいる現状を見る限り、この試みが成功と評価
するのは難しいだろう。なぜならば、「カラー革命」によって民主化を目
指したセルビア、ジョージア、ウクライナ、キルギスタンは結果的に期待
されたような民主化を達成していない。結果的には国内政治における権力
闘争であったと考えざるを得ない。戦後民主化モデルとして説得力を持っ
た地域主義による経済発展と民主化の一体化は、ユーラシアにおいては期
待されたような結果にならなかった。むしろ、中国、ロシア、インド、そ
してトルコのような権威主義国家の経済発展モデルが成功例として注目さ
れる結果となった。

4　ユーラシアにおける中ロの戦略

(1)　グローバル・エコノミーとの共存

　ロシアや中国にとっていわゆる西側諸国の提供するグローバル・エコノミーへの統合は現在のユーラシアにおける地位を確立するための前提条件であった。冷戦終結後、ロシアをはじめとする新興国（NIS）は欧米諸国の主導する国際自由市場へ統合するために急激な民主化を行った。90年代は「ショック療法」と言われる急激な民主化のために、ロシア国内では大変な混乱が生じた。しかし、西側諸国による投資、科学技術の移転、市場の開放は00年代に入ってから成果が見られ、さらにエネルギー価格の高騰によってロシアは新興経済国の筆頭に挙げられるまでに成長した。プーチン政権は、それまで旧ソ連圏で共有されてきたテロとの戦いが9.11を契機に世界規模に拡大したことを受けて親欧米的路線を2004年頃まで維持したが、NATOの東欧拡大などを契機に反欧米親中路線に転換していった。しかし、2015年頃から中国やヨーロッパの景気減速、またシェール・ガス／オイルの供給の安定化などを受けてエネルギー価格が急落した。その結果、ロシアは戦略的商品としてのエネルギーの有効性を失ったことで、ソ連時代から継続してきたロシアと旧ソ連諸国はエネルギーを媒介にした受給関係の維持が困難になった。その代わりに、90年代、00年代前半に高騰したエネルギー価格によって蓄積した資金をロシア軍の近代化に費やした結果、軍事的脅威としてのロシアがユーラシアに再出現したのである。

　2001年の中国のWTO加盟後の経済成長は国連貿易開発会議（UNCTAD）によれば2020年の輸出は2001年の9.7倍、輸入は8.4倍となった。[13]世界貿易に占める中国の比率は2001年の4%から2020年には13%に達し、2013年には米国を追い抜いた。2021年9月には自由化水準の高い環太平洋経済連携協定（TPP）への加盟を果たし、中国がより自由度の高い多国間貿易へのコミットを表明した。このように、多国間貿易を肯定し、一帯一路政策を推し進めることで地域貿易の主導権を握ろうとしているのは評

価できるが、同時に、国有企業の優遇見直しなどの改革は進んでいない。中国もロシアと同様に西側諸国による規制緩和のために経済的発展を遂げたが、特に、化学技術分野に関わる規制が大幅に緩和されたことは、現在の中国の経済発展のみならず軍事的なビルドアップに繋がっている。

(2) 中ロの目指すサイバースペースを通した統治システム

　情報科学技術とユーラシアの権威主義国家は独自の発達を遂げてきた。情報科学技術の発達は、どの政治体制ともある程度の親和性があると考えられてきたが、民主化した社会に比較して権威主義諸国における国家主導の重点的な投資が効果的に「機能」する場合がある。この場合の情報科学技術が「機能」する意味とは、人権、政治の透明性の配慮を要求されない国家体制の場合、国家主導でサイバー空間を管理することで政権の正当性や反政府活動の監視活動を行うことができるということである。経済面においては、権威主義諸国がグローバル経済に適応をしてきたことは重要である。経済改革を実現するための強い統治が可能な権威主義諸国政府は、大統領令などによって急速な市場経済の導入と強力な規制の導入を行うことで権力の集中化を実現し、社会的、経済的な抵抗力を排除することに成功してきた。[14] ロシアはソ連時代の権威主義体制の経験を活かしながら、中国の管理システムを採用している。2012年6月にロシアの国会は満場一致で政府によるインターネット規制強化のための法案を可決した。ロシアの主要プロバイダーは共同で「ロシア版グレート・ファイアー・ウォール」による検閲を批判した。[15] その後フリーダムハウスによれば、ロシアのインターネットにおける自由度は現在「自由がない」にカテゴリーされている。

　監視と抑圧は中国とロシアやユーラシア諸国にとって効果的な統治手法と言えるだろう。[16] 中国にとって西側諸国との経済交流は重要であるが、同時に社会を西側諸国の政治文化的価値観に晒すことは権威主義体制を維持するためには避けなくてはならないというジレンマに直面してきた。中国の経済成長を維持しながら国内社会を権威主義的手法で統治するのは困難

な仕事である。インターネットを自由な空間と見做す西側諸国からの意見を尻目に中国は、膨大な労力を費やしてインターネットを介した統治を機能させてきた。権威主義国家においてインターネット上の自由が制限されていても ICT 技術を使った経済、行政、政権の正当性を向上させることが犠牲になるわけではない。権威主義国家における海外情報の検閲、市民のインターネットへのアクセス制限、野党政治家のインターネットを活用した政治活動の制限と同時に、権威主義国家のインターネットを活用した統治による「デジタル社会化」が進んでいる。このような非対称な中国の「デジタル社会化」は国内の 6 億台ともいわれる監視カメラと国民情報を監視するスマートフォン・アプリケーションを活用して国民情報を蓄積している。さらに、国民全員が監視員となる国民参加型の管理システムを構築している。国民情報のビッグデータは、政府によって優遇されてきた国内の IT 企業によってさらなる「デジタル監視社会」を構築していると考えられている。[17]

(3) ロシアと中国にとってのユーラシアの安全保障戦略

　ロシアと中国にとってのもう一つの脅威とは、米軍の展開能力、つまり戦力投射能力である。ロシアと中国が自国の圏域の境界線に米国の軍事的プレゼンスが存在することは、新たなユーラシアの国際秩序を構築しようとする両国にとって、受け入れることはできない。ロシアにとって、1990 年代に行われた米国による中東、イラクやコソボへの介入、そして、NATO の東方拡大はそれまでのソ連／ロシアの生存圏を脅かすには十分な行動だったのである。経済面、サイバー兵器などを含むハイテク兵器、通常戦力、ソフトパワーの面において米国に及ばないロシアが唯一意思表示を示せるのは核戦略を中心とした安全保障面であった。1997 年エリツィン大統領は、ロシアの主権が脅かされるならば核兵器使用の可能性を主張した。さらに、プーチン大統領は通常兵器による小規模な紛争であったとしても、核兵器を限定的に使用すると明言した。このようなロシアの姿勢は、近隣のユーラシア諸国にとっては旧ソ連圏に回帰する機会となった。

パワーシフト化において旧ソ連圏に国益を見出さない米国に依存できない
ユーラシア諸国は旧ソ連圏の再構築に乗り出したロシアは重要なパート
ナーとなる。

　2014年のクリミア危機は、ロシアの新世代の戦争形態（NGW）を明らか
かにした。ロシアの参謀総長ワレリー・ゲラシモフ大将は、政治的、戦略
的な目的を達成する上で非軍事的手段の果たす役割は通常兵器の力を超え
ていることを主張し、ロシア軍の戦略が新しい段階に入ったことを明らか
にした。2013年のゲラシモフ論文によれば、将来の戦争は軍事的な手段
よりも非軍事手段の比率が1：4と圧倒的に高い。注目すべきなのは、情
報戦、サイバー戦、電磁波戦などを駆使して非接触の軍事行動で先手を打
ち、軍事施設のみならず重要インフラ、社会インフラなどの国家の重要施
設、さらには経済力を低下させるための施設も目標としていることであ
る。このような戦略を2014年のクリミア危機では実行に移し、その効果
を上げた。同年にはロシア「軍事ドクトリン」を、2015年には「国家安
全保障戦略」を、そして、2016年には「情報安全保障ドクトリン」をそ
れぞれ改定している。

　以上のようなロシアの安全保障戦略はソ連時代から継続されてきた、と
同時に中国の「超限戦」というあらゆる限度を超えた紛争、あらゆる手段
が軍事兵器になることを想定して軍事目標を達成するという戦略の影響
を強く受けていると言われている。また、「三戦」も同様に物理的な衝突
を避けながら軍事目標を達成する戦略である。2003年12月に改定された
「人民解放軍政治工作条例」において輿論（世論）戦、心理戦、法律戦を
実施し、ユーラシアにおける影響力の及ぶ範囲を拡大することを目的とし
ている。基本的には「戦わずして勝つ」「三戦」を構成する心理戦は、相
手の戦意を挫き、能力を弱化して敵を抑止する。輿論（世論）戦は、対象
国だけでなく中国国内の世論を味方に付けるために新聞、雑誌、書籍、ラ
ジオ、テレビ、インターネット空間、電子メールなどあらゆるメディアを
活用する戦略であり、諸国の言論空間に入り込み、対中宥和的な言説を拡
散するものである。昨今注目されている「シャープパワー」とも共通性が

ある[22]。法律戦は、自軍の武力行使と作成行動の合法性を確保し、敵の違法性を主張する。この戦略は国際法の遵守という消極的な法律戦ではなく、独自の国際法解釈、特定の地域において自ら先例をつくることでその後の有利な展開を獲得する積極的な法律戦である。「三戦」は、それぞれ独立した戦略ではなく、三つの戦域が複合的に同時進行する。中国が現在展開している「一帯一路」、「A2AD 戦略」、そして、東シナ海での人民解放軍の活動をサポートしていると言えるだろう。米国の影響力の希薄になった、または、希薄になりつつある地域において中国的な統治システムに普遍性を持たせるために経済面だけでなく軍事面においても「三戦」は導入されてきたのである。

おわりに

　中ロ両国を中心としたユーラシアの再統合の初期段階において主権の維持とその相互認証という国家存亡の共通課題を見出すことは困難なことではなかった。それゆえに、ユーラシアの大国であるロシアと中国の提供する地域主義である SCO が対テロ、対組織犯罪、対反政府勢力に対抗する地域的公共財を共有してきたのである。中国、ロシア、そしてユーラシア諸国にとって非伝統的安全保障における脅威の拡大は、ユーラシア諸国が国内に抱える反政府勢力への対応は共通の課題となった[23]。

　本章では、第一にユーラシア地域において秩序を構成する上でロシアと中国が和解をすることは前提条件であったことを、SCO がつくられる過程を概観することで明らかにした。その過程においてロシアと中国をはじめとするユーラシア諸国にとっての共通の脅威とは国家ではなく、テロリズム、分離主義、組織犯罪などの非伝統的脅威に変化をしていた。ロシアと中国を含めてユーラシア諸国は国境を容易に越えて自国に入ってくる非伝統的脅威に一国で対抗する術を持たない。同時に、ロシアと中国にとってもユーラシアの不安定化は自国の安全保障に直接的に影響を及ぼすので

ある。

　第二に非民主主義的地域機構（NDROs）による地域的な経済面、安全保障面への国際公共財の提供を考察した。ユーラシアにはウェストファリア的国際観では理解することのできない階層的な国際秩序が存在する。パワーシフトとグローバルシフト下にある現在の国際秩序において欧米の価値観はユーラシア諸国には届き難い。なぜならば、すでに米国のプレゼンスはユーラシアでは失われつつあるからである。そのために、非民主主義的でまたは権威主義的なユーラシアの地域大国の提供する安全保障に関わるSCOやCSTOのような地域主義に域内諸国が参加をするのである。

　第三にロシアや中国の提示するガバナンスのモデルの特徴は、社会の監視と抑圧をサイバー空間を活用して実現する権威主義的な統治と言える。ユーラシア諸国にとっての最も重要な安全保障問題は政権の維持であり、そのための監視と抑圧はその他のユーラシア諸国にとって選択肢となるだろう。また、ロシアや中国の圏域の維持、そして、境界に展開する米国の戦力投射をどのように新たな戦争形態（NGW）を活用して封じ込めるかということも新たな戦争の領域の拡大と言える。

〔註〕

1　Norman D. Palmer, *The New Regionalism in Asia and the Pacific,* (Lexington, MA: Lexington Books, 1991), pp.45-46.

2　湯浅剛（2015）『現代中央アジアの国際政治──ロシア・米欧・中国の介入と新独立国の自立』明石書店、225頁.

3　島村智子「上海協力機構（SCO）創設の経緯と課題」国立国会図書館調査及び立法考査局『レファレンス　第56巻第12号』（2006年）49頁.

4　CIS憲章によれば、安全保障のみを扱う軍事同盟ではないが、社会経済面における協力は進展しているとは言えない。

5　Stephen Aris, *Eurasian Regionalism: The Shanghai Cooperation Organization,* (London: Palgrave Macmillan, 2011),p.100.

6　中島隆晴「タジキスタン：全方位外交の継続・強まる権威主義」（2003）木村汎・石井明編『中央アジアの行方──米ロ中の綱引き』勉誠出版、237頁.

7　中島、前掲書、238頁.

8　Kent E. Calder（2008）, *Embattled Garrisons: Comparative Base Politics and American Globalism*, (New York: Princeton University Press, 2008).
（ケント・カルダー（武井揚一訳）（2008）『米軍再編の政治学』日本経済新聞出版社、35頁.）

9　カルダー、前掲書、110頁. 発展途上国への駐留は、米国にとって人的経済的な負担のみならず、時には敵対する地域にも大規模な部隊を駐留させるリスクを負うことになった。

10　Buzan and Waever, *Regions and Powers: The Structure of International Security*, (New York: Cambridge University Press, 2003), p.27.

11　湯浅『現代中央アジアの国際政治』255頁.

12　Anastassia V. Obydenkova and Alexander Libman, *Authoritarian Regionalism in the World of International Organizations – Global Perspectives & The Eurasian Enigma*, (Oxford University Press: UK,2019), p.3.

13　「中国貿易、WTO加盟20年で9倍　国有企業は改革進まず」『日本経済新聞』（2021年11月6日）.
https://www.nikkei.com/article/DGXZQOGM048UH0U1A101C2000000/（2021年12月12日閲覧）

14　宇山智彦「進化する権威主義──なぜ民主主義は劣化してきたのか」『世界2019年4月号』89頁.

15　Mrian Elder, "Russia Adopts Stringent Internet Controls Amid Censorship Concerns", *Guardian*,（July11 2012）. https://www.theguardian.com/world/2012/jul/11/russia-internet-censorship（2021年12月12日閲覧）

16　アーロン・L・フリードバーグ（佐橋亮・玉置敦彦監訳）（2018）『権威主義諸国の挑戦──中国、ロシアとリベラルな国際秩序への挑戦』笹川平和財団.
https://www.spf.org/global-data/The_Authoritarian_Challenge_jp.pdf（2021年9月10日閲覧）

17　伊藤亜聖（2020）『デジタル化する新興国──先進国を超えるか、監視社会の到来か』中公新書、172-175頁.

18　Valery Gerasimov, "The Value of Science Is in the Foresight: New Challenges Demand Rethinking the Forms and Methods of Carrying out Combat Operations", *Military Review*,（January-February 2016), p.24. https://www.armyupress.army.mil/portals/7/military-review/archives/english/militaryreview_20160228_art008.pdf（2020年11月11日閲覧）

19　佐々木孝博「ロシアが推し進める「ハイブリッド戦」とのその狙い」安全保障懇話会『安全保障を考える　第780号』（2020年5月1日）6-7頁. http://www.anpokon.or.jp/pdf/kaishi_780.pdf（2021年10月5日閲覧）

20　渡部悦和（2018）『中国人民解放軍の全貌──習近平 野望実現の切り札』扶桑社新書、55-56頁.

21　重岡康弘「中国の三戦：東シナ海を中心に」安全保障懇話会『安全保障を考える　第761号』（2018年10月1日）2頁. http://www.anpokon.or.jp/pdf/kaishi_761.pdf（2021年10月5日閲覧）

22　阿南友亮・佐橋亮・小泉悠「習・プーチンが狙う新たな国際秩序とは」『中央公論2018年7月号』28頁.

23　Pavel Koshkin, "Will Central Asia Become a Field of Rivalry or Cooperation?", *Russia Direct*, Nov 3, 2016, accessed Nov. 11, 2016. http://www.russia-direct.org/analysis/will-central-asia-become-field-rivalry-or-cooperation（2021年10月5日閲覧）

第2章　全領域戦と中国のサイバー安全保障

渡部 悦和

キーワード　サイバー安全保障、中国共産党の存続、国家ぐるみ、戦略支援部隊、全領域戦

はじめに

　筆者は、2020年7月に『現代戦争論　超「超限戦」[1]』を上梓した。同書において、中国の軍人ふたりが書いた『超限戦[2]』を紹介するとともに、『超限戦』に代わる現代戦の在り方を筆者の造語である「全領域戦（All-Domain Warfare）」として提示した。「全領域戦」は、ロシアがクリミア併合の際に採用したいわゆる「ハイブリッド戦（中国では混合戦と呼ばれている）」を一歩進め、あらゆる手段を使い、あらゆる領域を使った「戦い（Warfare）」である。そして、全領域戦の中で平時から恒常的に実施されているのがサイバー戦（Cyber Warfare）である。本稿では、現代戦の本質である「全領域戦」という大きな視点で、「中国のサイバー安全保障」を紹介したいと思う。

　我が国においては、サイバー空間に関連する諸問題を議論する際に、「サイバー戦」という言葉を使用せず、「サイバーセキュリティ（Cyber Security）」という用語を多用しているが、これは問題だと思う。我が国のサイバーセキュリティ戦略には「脅威に対する事前の防御」「サイバー犯罪への対策」の項目はあるが、あまりにも受動的で不完全だ。中国は、「軍事作戦を行う戦場としてのサイバー空間」「サイバー空間の戦いにおいて優越を確保する」「優越を確保するために、サイバー防御のみならずサイバー攻撃も行う」という考えを明確に持っている。つまり、我が国は軍事的視点をあまりにも軽視している。

　筆者は、サイバー空間に関連する諸問題を議論する際に、「サイバーセキュリティ」に代えて「サイバー安全保障」という用語を使用している。

「セキュリティ」という用語は、狭く解釈すれば「保全」や「保護」という意味であるが、広義に捉えれば「安全保障」のことだ。サイバーセキュリティを議論する場合は、国際標準である「サイバー空間における安全保障」と捉え、議論していく必要がある。

　習近平国家主席は、サイバー空間を重要な安全保障上の領域と認識し、「中国はサイバー強国を目指す」と宣言している。サイバー強国になるという中国の意図は、2015年に発表された「中国軍事戦略[3]」と、2016年の正式な「国家サイバー安全保障戦略（国家网络空间安全战略[4]）」に色濃く反映されている。

　中国にとって、サイバー空間は、相手が持っている最先端技術や極秘情報を窃取し、他国のインフラに悪影響を与え、情報戦を行う戦場なのだ。中国に比し、我が国では「サイバーセキュリティ」に関する認識が甘すぎる。私は、サイバー空間をめぐる諸問題を安全保障の観点で議論したい。

　中国は、情報通信技術（ICT）などのサイバー関連技術の世界的リーダーになるために、2030年までのコアな技術の自国開発を目指している。現在は米国などの諸外国の技術や製品に依存していて、その中核的なサイバー関連技術は米国に比べて劣ったままである。

　しかしながら、中国は、米国に次ぐ第2位グループの一国として評価されるサイバー大国である[5]。中国はまた、世界で最も広範なサイバー対応の国内監視および検閲システムを確立するとともに、人民解放軍（以下、解放軍）は世界に類を見ない戦略支援部隊（SSF：Strategic Support Force）を新編し、情報戦、宇宙戦、サイバー戦、電磁波戦を総合的に遂行する体制を確立している。中国のサイバー安全保障における解放軍の存在を無視するわけにはいかない理由がここにある。

　なお、本稿においては、サイバー空間において軍事組織と非軍事組織が行う活動を「サイバー戦（Cyber Warfare）」、軍事組織が行う活動を「サイバー作戦（Cyber Operation）」と両者を区別して記述している。

1　中国が考える全領域戦

(1) 超限戦

　中国のサイバー安全保障を理解するためには、『超限戦』に触れざるを得ない。『超限戦』は、解放軍の公式文書ではないが、解放軍の公式の戦略や作戦を深く理解するためには不可欠な文書である。『超限戦』に記述されている、「目的達成のためなら手段を選ばない……制限を加えず、あらゆる可能な手段を採用して目的を達成することは、戦争にも該当する。マキャベリの思想は、最も明快な「超限思想」の起源だろう[6]」という文章は、『超限戦』の本質を見事に表現している。

　習近平主席のスローガンは「中華民族の偉大な復興」であるが、これは中華民族が1840年のアヘン戦争以前（つまり列強の植民地になる以前）にそうであった世界一の大国の地位に復帰することだ。つまり、彼の野望は、米国を追い抜き世界一の大国として世界の覇権を握ることだ。

　習主席は、「中華民族の偉大な復興」を実現するために、海洋強国の夢、航空強国の夢、宇宙強国の夢、サイバー強国の夢、AI強国の夢、技術大国の夢など多くの夢を実現すると主張している。つまり、列挙したそれぞれの分野で世界一になるということだ。これらすべての領域で世界一になるという夢は、全領域戦（All-Domain Warfare）に勝利するということである。

(2) サイバー安全保障と全領域戦

　「あらゆる可能な手段」を使うということは、「あらゆる領域」を使うということだ。領域は「戦う空間」のことであり、「戦場」と言い換えることもできる。従来から重視されてきた領域である陸・海・空・宇宙の領域は「自然に存在する目に見える領域」であり理解しやすい。しかし、サイバー領域、電磁波領域、情報領域、認知領域は「目に見えない領域」だけに理解が難しいが、非常に重要な領域である。例えば、認知領域は人間の認知機能に関係し、サイバー領域や情報領域とも深い関連があり、最近特

に注目されている[7]。

　以上のような領域に加え、技術・政治・外交・経済・文化・宗教・メディア・歴史などの多数の領域も注目されている。なお、各領域はそれぞれが独立して存在するものではなく、相互に重複する部分がある絡み合った複雑な空間を形成している。ちなみに、サイバー領域は情報領域や認知領域と密接不可分な関係があり、その領域は重なり合っている。

　各々の領域を戦場とする戦い（warfare）は、陸戦、海戦、空戦、宇宙戦、サイバー戦、電磁波戦[8]などと記述される。また、情報領域での戦いは「情報戦（Information Warfare）」だが、中国ではその中に政治戦、影響工作（Influence Operation）、心理戦などが内包されている。認知領域での戦いは（認知において人間の脳をコントロールする意味で）「制脳戦」や「認知戦（Cognitive Warfare）」と呼ばれ、AI 同士の戦いは「アルゴリズム戦」だ。そのほかにも金融戦、貿易戦、外交戦、文化戦、宗教戦、メディア戦、歴史戦、技術戦など多数の戦いが考えられる。全領域戦は、これらすべての戦いを総称した用語だ。

　全領域戦は、戦いの目的に応じて、各種領域における戦いを組み合わせた形で行う。つまり、目標を達成するために、あらゆる軍事的手段や非軍事的手段、目に見える手段と目に見えない手段を組み合わせた戦いだ。

　解放軍にとって、情報戦が現代戦の最も基本となる戦いである。中国は情報戦を広い概念で捉えていて、解放軍の軍事作戦に寄与する情報活動のみならず、2016年の米国大統領選挙以来有名になった影響工作、政治戦、心理戦、謀略戦、大外宣戦などをすべて含むものだと理解すべきである。情報戦を基本として、宇宙戦、サイバー戦、電磁波戦、影響工作などが多用される。

2　中国のサイバー安全保障の特徴

　中国はサイバー領域における諸問題を、政治、経済、軍事の三本柱の視

点から認識し解決しようとしている。つまり、筆者が主張する「軍事も含めたサイバー安全保障」の観点に中国は立っている。

以下、中国のサイバー安全保障の特徴を、2016年12月に公表された『国家サイバー安全保障戦略(国家网络空间安全战略)』を参考にして説明する。

- 中国のサイバー安全保障戦略は、経済、政治、軍事の三つの主要な要素で構成されている。つまり、サイバー安全保障は、経済の成長と安定の維持、情報統制やプロパガンダを通じて、国内の不安定要因を処理することによる共産党統治の存続、解放軍の現代化と将来戦への備えを重視している。
- 独特な点は、中国のサイバー安全保障の重要な目的を「中国共産党の存続」にしている点である。共産党の存続を脅かす要因を徹底的に見つけ出し、排除することを重視している。中国のサイバー安全保障を考察する際にこの点は重要である。中国のサイバー安全保障には「内部の安全」と「外部の安全」という二つの区分があり、民主主義国家では考えられないくらいに「内部の安全」が重視されている。
- もう一つの重要な特徴は、サイバー空間を「国家主権のための新領域」と規定し、サイバー空間における主権 (サイバー主権) の尊重と保護を強く主張している点だ。

『国家サイバー安全保障戦略』では、「サイバー空間は、陸、海、空、宇宙と同等に重要な人間活動の新しい領域になった。国家主権はサイバー空間に拡大する。つまり、サイバー空間の主権は国家主権の重要な構成要素になった」と記述している。

中国はこのサイバー主権の考え方に則り、国家レベルでサイバー空間の統制を強化し、中国の伝統的な軍事戦略である「積極防御 (Active Defense)」をサイバー空間の統制に適用している。例えば、サイバー空間を監視し、外部からの攻撃に対して防御的サイバー戦を担うシステムである「金盾工程」（グレート・ファイアーウォール）を構築している。他方、攻撃的サイバー戦を担うシステムはグレート・キャノン (大砲) と呼ばれている。

中国国内のネット網に入ってくる者をグレート・ファイアーウォールで

識別・選別し、悪意ある侵入者だと判断すれば中国のインターネットへのアクセスを拒否する。さらにグレート・キャノンを使って、悪意のある侵入者に対し、自動的に報復するシステムを国家レベルで構築している[9]。このような国は中国以外に存在しない。

・中国ではサイバー空間と情報空間が密接不可分な関係にある。西側が使う「サイバーセキュリティ」は、中国ではネットワーク空間（网络空间）と情報空間（信息空间）を合わせた空間のセキュリティ（安全）と解釈されるべきだ。

情報安全は、「情報コンテンツの安全」を重視するとともに、国家主権を脅かす情報発信等に対する対策も含んでいる。また、「ネットワーク安全」は、より具体的なデジタル情報ネットワークの防護を指す場合に用いられており、西側のサイバーセキュリティと近い意味で使われている[10]。

・中国のサイバー戦は、「国家ぐるみ」で行われている。最高レベルの政治指導組織である「国家安全委員会（中国版 NSC として 2014 年 1 月設立）」とその隷下の「中央ネットワーク安全・情報化指導小組（中央网络安全和信息化领导小组）」、指導小組の隷下の「国家インターネット情報局[11]（国家互联网信息办公室、CAC）」が重要な組織である。

サイバー戦の実働組織としては、解放軍（特に戦略支援部隊）、軍以外の政府機関［工業情報化部（MIIT）、国家安全部（MSS）、公安部（MPS）］、企業、個人のハッカーなどすべてがサイバー戦に関与する。特に解放軍はサイバー戦の主役の役割を果たしている。

上記の組織の中で CAC は最近特に注目されている。CAC は、サイバー空間のセキュリティとインターネットコンテンツの規制を担当しており、主要な機能は、オンラインコンテンツ管理の指示、調整、監督、オンラインニュースに関連するビジネスの管理承認業務の処理である。つまり、CAC は、インターネットコンテンツ提供部門の法執行機関である。

中国政府は最近、米国などに上場する企業の監視を強めると同時に、海外への上場規制を強化する意向を明らかにしたが、この取り組みで CAC が主導的な役割を担っている。

　CACが影響力を強める背景には、配車サービス大手「ディディ（滴滴出行）」の米上場に際し、CACは滴滴にセキュリティ上の問題があると警鐘を鳴らした事実がある。CACの影響力の強化は、規制当局間の連携不足を解消する狙いがある。CACは将来的に、中国の安全保障上の脅威となるような海外上場計画を阻止することも考えられる。このことは、習氏が民間セクター、特に大量に貴重なデータを保有するハイテク企業に対する支配を一段と強めようとしていることの表れでもある。

- 中国の『国家サイバー安全保障戦略』には、「相手の意思決定の方向に影響を与えたり制御したりするために情報を使用すること」という表現が入っている。つまり、影響工作や認知戦が入っている。
- 美辞麗句の裏で、国家主体によるサイバー攻撃を世界規模で行っている。

中国は『国家サイバー安全保障戦略』において、サイバー空間の平和利用を主張し、「サイバー空間の平和的利用は、人類の共通の利益である。すべての国は、力を使用しない、または使用すると脅迫しないという国連憲章の原則を遵守すべきである。国家安全保障を他国のネットワークや情報システムを管理する口実として使用し、他国からデータを収集して盗むことはもちろん、他国の安全を犠牲にしていわゆる絶対的な安全を求めることには反対である」「いかなる国も、サイバー覇権に関与したり、ダブルスタンダードを支持したり、ネットワークを使用して他国の内政に干渉したり、他国の国家安全保障を危険にさらすオンライン活動に従事したり、黙認したり、支援したりしてはいけない」と強調している。

　しかし、中国は2000年代初頭から、サイバー空間を利用した知的財産の窃取、政治的影響力の発揮、国家間のスパイ活動の実施、将来の軍事衝突に備えた諸準備を行ってきた。例えば、サイバーセキュリティ企業の米マンディアント（Mandiant：現在はファイアアイ社の一部門）は2013年2月、米国企業や組織を狙った数年間にわたるサイバー攻撃に解放軍が関与しているとする詳細な報告書を発表した[12]。報告書では、高度で執拗な攻撃（APT攻撃[13]）を仕掛けてサイバースパイ活動を展開している犯行グループ

を「APT1」と呼び、APT1は解放軍の第61398部隊と関連性があると結論づけている。マンディアントによると、APT1は2006年以降、世界の141以上の企業や組織から大量の機密データを盗んでいた。そのうち115件は米国で、日本も1件含まれている。

3　中国のサイバー安全保障の変遷

(1) サイバー戦略の変遷

　サイバー空間の安全保障に関する中国の対応は、米国からの政治的、経済的、軍事的影響を受けてきた。例えば、1999年のコソボと2003年のイラクでの米軍作戦におけるサイバー作戦は中国に影響を与えた。それまで中国のサイバー安全保障の主な関心は国内であり、インターネットを介した西洋のリベラルな考え方の流入を防ぐことだった。中国は2003年以降、国連で「サイバー主権」の原則を提唱してきたが、サイバー空間を領土と同じようにコントロールしようとした。そのため、中国がインターネットベースの内部監視と検閲のプログラムである「グレート・ファイアーウォール」の構築を開始したのも2003年であった。これに関連して、2009年以降、中国は国内の検閲法に抵触するという理由で、米国のSNSプラットフォーム（Facebook、Twitter、YouTubeなど）を排除する取り組みを始めた。

　中国のサイバー能力を強化することを目的とした10年間の努力が2013年まで続けられたが、中国共産党の指導者たちは、2013年の米国のエドワード・スノーデンによる米国のサイバー戦に関する実態の暴露に衝撃を受けた。スノーデンの証言は、米国のサイバー戦能力の高さに比較して、中国のサイバー能力、特にサイバー防御能力の脆弱性を認識させることになった。[14]　その結果、習近平主席は2014年、中国をサイバー大国にすることを目的として、インターネット関連の組織改革と新しい法律の制定や規制を矢継ぎ早に行った。これには、サイバー政策を担当する主要な共産党

の機関の再編（国家安全委員会の設立など）、およびそれに付随する新しい政府機関である「国家インターネット情報局（CAC）」の設立が含まれる。そして、民間部門においても多数のサイバー関連の戦略と対策が続いた。中国の最初の『国家サイバー安全保障戦略』は 2016 年に発表され、2017 年に最初の「ネットワークセキュリティ法（中華人民共和国网络安全法）」によってサポートされた。この「ネットワークセキュリティ法」は、オンライン詐欺やその他の行為の定義と罰則を明確にし、ネットワーク運営者の責任を明確にし、違法な情報の取り扱いについて捜査機関の活動への協力などを義務づけている。以上の努力の結果、2020 年までに、国内のサイバー犯罪の発生率の低下が報告されるなど、これらの政策措置の多くが実を結び始めた。

　サイバー業界関連では、2015 年に発表された「中国製造 2025」戦略が特に重要だ。中国の最大のサイバーリスクは、中核のインターネット技術を外国ベンダーに依存していることである。中国製造 2025 の目標は、外国に依存しているコアインターネット技術の 70％を 2025 年までに国内で開発・製造することだ。そして、一帯一路構想（BRI：Belt and Road Initiative）がこれを補完することになった。この BRI では、デジタルシルクロード（DSR: Digital Silk Road）構想が重要で、発展途上国の市場を中国の技術が席巻するように計画されている。

　しかし、中国サイバー戦略の推進は、中国内部の障害と外部の障害によって妨げられてきた。内部の障害は、中国の教育システムと訓練機関におけるサイバーセキュリティ・スキルが低いことだ。外部の障害は、米中技術覇権争いに伴う米国のハイテク技術や製品の中国への輸出禁止特に半導体技術のファーウェイ（華為技術）への販売禁止、中国企業の米国ハイテク企業への投資規制、中国のスパイ活動への摘発強化などの一連の経済安全保障上の措置である。

　米国の半導体技術やソフトに頼れなくなった中国は、中国製造 2025 に基づく独自技術の開発や製品の製造の取り組みを加速させているが、米国の制裁の影響は大きかった。特にファーウェイが受けたダメージは甚大

だった。しかし、巨大な国内市場を徹底的に活用するとともに（中国には世界の推定45億人のインターネットユーザーのうち10億人がいる）、中国の技術や製品をDSR構想によりBRI沿線諸国などへの販売に努めている。

　2000年代初頭以来の中国のサイバー戦略のもう1つの重要な側面は、海外でサイバー戦を実行することだった。これには、商業的知的財産と個人データの両方を取得するように計画された産業スパイ活動が含まれている。中国はまた、攻撃的なサイバー作戦（典型例は台湾の選挙への介入）を積極的に行っているが、相手のエスカレーションを引き起こさないように注意を払っている。

　サイバー機能の軍事利用に関する中国の戦略と教義は2000年代初頭に遡り、2004年は「情報化された条件下での局地戦争の勝利」に焦点を当てていた。この戦略は、軍事活動のあらゆる側面に情報技術を組み込むことを想定していた。情報ドメインは、単独のドメインではなく、陸、空、海、宇宙などのドメインと密接に関連したドメインである。2005年までに、中国の軍事教義を再定義し、情報システムの保護および破壊は解放軍にとって「戦争の手段」になると述べている。中国の軍事教義が「サイバー作戦」を情報戦の構成要素とみていることは重要である。解放軍は、紛争環境下で、情報戦により敵に対して「情報優越」を獲得することを重視している。

　これは、米国がイラクの指揮統制システムを破壊することによって第一次湾岸戦争（1990-91）でイラクを打ち負かしたという中国の認識による。中国はこの戦いを「システム対システムの戦い」と呼んでいる。中国の軍事科学アカデミーの『軍事戦略』（2013年版[16]）で記述されている、「先制」はまた、中国の軍事思考の長年の基本的なものであり、「情報戦」においてさらに顕著になっている。自分の指揮統制システムを麻痺させる攻撃に対する脆弱性は、先制攻撃に重きを置く理由になっている。例えば、2015年に発表された、中国初の国防白書『中国軍事戦略』では、「情報はあらゆる紛争において主導的な役割を果たす」と述べている。そして、「効果的なサイバー戦のカギは機先を制することであり、先制攻撃としてのサイ

バー攻撃も辞さない」という積極攻撃の考えに変化している。

　さらに、軍事戦略の変更の加速が、新しい技術の出現とあいまって、軍事作戦、情報収集および意思決定における AI の使用による「智能化戦」の可能性に言及している。

　そのような教義上の声明で予見される改革を実行するには長い時間がかかる。2049年までに「世界クラスの軍隊」を持つという願望の一環として、中国は2035年までの組織改革のスケジュールを設定した。これには、サイバー領域でドクトリンを実現する可能性のある部隊構造の変更が含まれる。中国はサイバー空間における情報優越の確保の戦略を追求しているが、その目標が達成される前に、解放軍の変革は不可避である。

(2) 中国国内のサイバーセキュリティの強化

　情報セキュリティは1990年代から中国政府の優先事項だったが、その間、サイバー空間における政治的に危険な情報を排除するという「コンテンツセキュリティ」に焦点が当てられてきた。コンテンツを流す物理的なネットワークではなく、コンテンツを重視することは中国の情報セキュリティの特質だ。この中国当局の傾向は、西側の国家安全保障の概念よりも広範でイデオロギー的な特徴を反映している。中国の指導者たちは、共産党一党制独裁体制は常に脅威にさらされていると考えている。コンテンツのセキュリティに焦点が当てられているため、他の形態のネットワーク中心の（サイバー）セキュリティを推進する取り組みが弱くなっている可能性がある。

　一連のスノーデンのリークは、ネットワークセキュリティに対する中国のアプローチに大きな変化をもたらした。また、既述のように2013年2月、米国へのサイバー攻撃に解放軍が関与しているとするマンディアントの詳細な報告書が公表され、世界中に衝撃が走った。

　国家コンピュータ・ネットワーク危機対応技術チーム（CNCERT：National Computer Network Emergency Response Technical Team）による2017年のレポート[17]では、外国からの攻撃（高度な持続的脅威）が頻繁に発生し、それが

「通常」になり、国家のセキュリティを直接脅かしていると記述している。報告書は、データへの深刻な損害と詐欺行為の蔓延に言及し、産業用制御システムに対する攻撃の数が増加しており、多くの重要な安全事故が発生していると指摘した。CAC が発表したレポートでは、2020年9月に、個人のサイバーセキュリティが特に改善されたと述べている。一方、オンライン詐欺の分野では、国全体のサイバーセキュリティ状況は悪化している。攻撃を受ける Web サイトの数が大幅に増加し、その一部は「バックドア」に感染している。高リスクシステムは前年の2倍以上になった。

　2014年以降の膨大な数の新しい制度、法律、規制の導入は、中国がサイバーレジリエンスと緊急時対策を構築する初期段階にあることを示唆している。政府、産業界、学界は、2016年に設立された中国サイバーセキュリティ協会を通じて制度化された交流を開始した。この協会は、3つのセクターを共通の目標に沿って調整している。また、2016年、中国政府は国家サイバー標準委員会、国家情報セキュリティ標準化技術委員会（NISSTC）の大幅な改革を発表した。NISSTC は、政府全体、数百の中国企業、および少数の外国企業からの代表者で構成されている。NISSTC は、2018年までに、重要な情報インフラの保護、製品レビュー、その他の分野をカバーする300を超える新しいサイバーセキュリティ標準を公開した。[18]

　重要な情報インフラのセキュリティを強化するために、中国は「サイバーセキュリティレビュー措置」を発表した。2020年に、インフラの運営者が使用する製品とサービスの基礎となるサプライチェーンの信頼性とセキュリティのレビューを管理する一連のルールの概要を示した。政府はまた、2020年7月にデータセキュリティ法の草案と個人情報の草案を発表した。2020年10月の保護法は、個人データのセキュリティに関連する最初の包括的な法律を表している。

　中国の国内サイバーセキュリティ業界は米国の業界よりもはるかに小規模だ。中国サイバーセキュリティ協会によると、2019年の総収益は

520.9億人民元（80.9億米ドル）であり、これは世界のサイバーセキュリティ業界の 7 ％未満に相当する。

　中国の大手サイバーセキュリティ企業の収益は米国よりもはるかに低く、中国企業は 175 か国中 27 位であった。短期から中期的にサイバーセキュリティを改善する能力は、十分に発展したサイバーセキュリティ技術の設計と開発を支援する企業、研究者、投資家から構成されるサイバー産業複合体の欠如によって制約されている。中国のサイバーセキュリティの研究と教育はまだ基本的なレベルにあり、この分野には世界クラスの大学がない。

(3)　サイバー空間の国際ガバナンスにおける中国の野望

　中国は 2002 年以来、国連、国際電気通信連合（ITU）などの場で、サイバー空間の新しい国際ガバナンスと行動規範の確立に取り組んできたが、中国はサイバー空間の規範設定において米国主導の西側諸国との戦いにおいて劣勢であった。

　しかし、中国は国連政府専門家グループ（GGE）のプロセスがその目的に適していないという見解を取り、西側の影響力を薄め、すべての国家が参加可能なオープンエンドワーキンググループ（OEWG）の推進を主導した。OEWG は 2018 年に設立され、1 年後に運用を開始した。[19]

　2017 年 3 月、中国外務省と CAC は、「サイバー空間における国際協力戦略」で中国のビジョンを発表し、「基本的なインターネットリソースの既存のグローバルガバナンスシステムは、大多数の国の思いと利益をほとんど反映していない」と批判した。この文書の中心は「サイバー主権」の主張であった。中国政府はまだこの用語を明確に定義していないが、「国家が自国の国境内のネットワークとコンテンツを管理する必要がある」という考えである。また、2020 年 9 月に中国は、米国のクリーンネットワークプログラムに反対して、中国政府でのハイレベル国際シンポジウムで「グローバル・データセキュリティ・イニシアチブ」を提案するなど積極的に動いた。データセキュリティに対する「包括的かつ客観的な」アプ

ローチを提唱することに加えてこのイニシアチブは、中国のサイバー主権の概念に沿って、他国の「主権、管轄権、セキュリティ管理権」の尊重も要求している。

中国政府は、中国国内で活動する外国企業に対して、機密性の高い知的財産とソースコードを検証・テストするという名目で引き渡しを要求するとともに、国内サーバーへのデータの保存を強制する国家安全保障法 (2015年) やサイバーセキュリティ法 (2017) を可決した。2019年の国家暗号化法などの他の法律は、情報技術の管理に関して中国の国家安全保障上の利益をさらに主張している。このような規制は、知的財産の盗難の明らかなリスクを示す。

中国は、意思決定能力の強化を目的として、国連インターネット・ガバナンス・フォーラム (IGF) などの国際機関の改革を推進している。中国政府は、サイバー空間における国連の規則制定を、「比較的制限のない情報の流れ」という西側の考えではなく、「国家主導のサイバーガバナンスを具体化するもの」と見なしている。[20] 中国のサイバー・ガバナンス・モデルは、他の国家でも採用されている。例えば、ベトナムやロシアなどの権威主義国家は、インターネット規制に関して著しく類似した法律を可決した。

中国政府は、デジタル監視技術の輸出により他の国々の抑圧的な政治体制を支援している。例えば、ファーウェイ はジンバブエの治安部隊と協力して音声および顔認識システムによるデジタル監視社会の構築を支援している。現在、このシステムをその他の国々にも輸出している。

中国は、BRI の有望な分野であるデジタルシルクロードを通じてサイバー分野での能力を高めている。DSR は、中国のデジタル製品とサービスが支配するグローバルなデジタルサプライチェーンを構築し、中国のインフラ、技術基準、法律で支配しようとしている。このイニシアチブはまだ初期段階だが、着実に影響力を拡大している。

中国のファーウェイなどの通信会社はすでに多くの国々で通信インフラの中核となる製品とサービスを提供している。中国の IT 企業は、補助

金や R&D への資金提供という形で国の大きな支援を受けており、特に
ファーウェイは、欧米の企業と並んで 5G 技術の世界的トップ企業だ。中
国企業が世界中のネットワークに 5G 技術を提供することは、米国などの
激しい抵抗に直面している。西側諸国の政治エリートは、中国の技術や製
品がそれを導入した国々の安全保障に大きな影響を及ぼすことを懸念して
いる。

　中国は現在、モノのインターネット（IoT）、インターネットプロトコル
バージョン 6（IPv6）、5G などの新興技術のグローバル標準設定を狙って
いる。また、中国は国際標準化機構、国際電気委員会、ITU などの国際
標準設定機関で重要な位置を占めている。

　ただし、欧米および関連国は、世界をリードする企業を通じて、この分
野で引き続き強い影響力を発揮している。

4　解放軍の戦略支援部隊

　図表 1 は解放軍の組織図を表している。解放軍を表現する語句として、
「軍委管総、戦区主戦、軍種主建」がキーワードだ。つまり、「中央軍
事委員会がすべてを管理し（軍委管総）、五つの戦区が作戦を実施し（戦区主
戦）、軍種である陸・海・空・ロケット軍は各々の指揮下部隊の戦力開発
（部隊の編成装備、訓練など）を担当する（軍種主建）」という意味だ。

　2015 年 12 月 31 日の軍改革に関する発表は、図表 1 に示す軍種レベルの
変更に関するものであり、陸軍司令部、ロケット軍、戦略支援部隊、統合
兵站支援部隊が新設された。

　新たに新設された戦略支援部隊は要注目であり、現代戦に不可欠な情報
戦、宇宙戦、サイバー戦、電子戦を担当する部隊である。統合兵站支援部
隊と同様に独立した職種であり、陸・海・空軍・ロケット軍と同列の軍種
ではなく、中央軍事委員会の直轄で戦区（Theater Command）を支援する部
隊である。

図表 1　軍改革後の人民解放軍の組織図

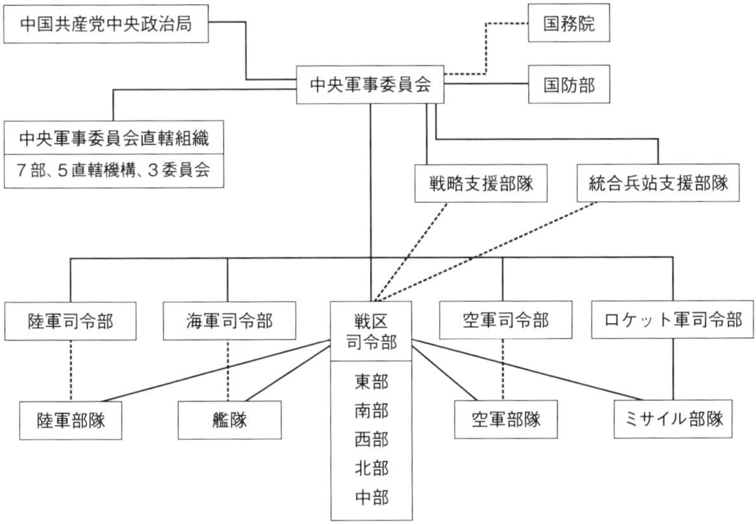

出典：『中国人民解放軍の全貌』扶桑社新書

　戦略支援部隊は、ゼロから編成された部隊ではなく、解放軍の既存の部隊を集めて再編成された部隊だ。戦略支援部隊は、軍事の最高意思決定機関である中央軍事委員会に直接報告する直轄部隊だ。

　戦略支援部隊の新編により、宇宙戦、サイバー戦、電子戦における偵察機能と攻撃機能を一つの指揮の下に置くことが可能になった。これは従来の偵察部門と攻撃実施部門の深刻な対立を解消することになり、解放軍の平時における円滑な作戦準備と有事の作戦遂行を可能にするであろう。

　戦略支援部隊は、二つの同格の半独立部門、つまり宇宙戦を担当し宇宙関連部隊を指揮する「宇宙システム部（航天系統部）」と情報戦を担当しサイバー部隊を指揮する「ネットワークシステム部（網絡系統部）」を指揮下におく（図表2参照）。なお、図表2は、各部の任務を表しているが、対宇宙と戦略情報は両部でオーバーラップする任務である。

(1) 宇宙システム部 (SSD: Space System Department)

　中国の宇宙開発と宇宙戦で不可欠な組織は解放軍の「戦略支援部隊」と、その指揮下にある宇宙システム部 (SSD) だ。戦略的支援部隊の新編で実現した情報戦、宇宙戦、サイバー戦、電磁波戦の統合は、宇宙の領域においても解放軍の能力を大幅に改善する可能性がある。

　解放軍の再編成の結果、SSD は宇宙戦の中核組織として、宇宙での攻撃と防衛を含む解放軍の宇宙戦を担当するようになった。つまり、SSD は、衛星打ち上げ (作戦上即応性の高い移動式の発射装置の打ち上げを含む)、宇宙遠隔計測 (テレメトリ)[21]・追跡・制御、戦略情報支援、対宇宙 (英語では「カウンター・スペース」と表現され、敵の衛星などの破壊や機能妨害を意味する) など、解放軍の宇宙作戦のほぼすべての機能を統制している。

(2) ネットワークシステム部 (NSD: Network System Department)

　ネットワークシステム部 (NSD) は、コンピュータ・ネットワークの開発、サイバー監視、ネットワーク攻撃、ネットワーク防衛任務の遂行について、中国のサイバー部隊を監督する。

　また、NSD は、宇宙システム部を補完する役割も有していて、対宇宙

図表2　戦略支援部隊の任務編成

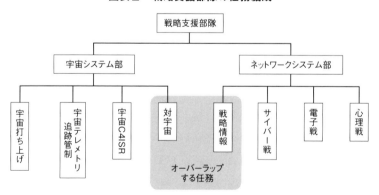

出典：China's Strategic Support Force: A Force for a New Era

ミッションの「中心」でもある。NSDは、サイバー戦や電磁波戦対策、宇宙監視、技術偵察（相手の技術情報を入手する偵察）を含む解放軍のノンキネティック（非物理的）な対宇宙ミッションを担当している。つまり、NSDは、宇宙戦とサイバー戦において宇宙システム部と密接な関係がある。

　戦略支援部隊は、情報を戦争における戦略的資源として捉える中国の軍事思想の進化を体現しているが、情報システムへの依存から生じる軍隊の能力強化と脆弱性増大の両方に対し果たすべき役割を認識している。

　戦略支援部隊は、情報戦に関する複数の任務を統合部隊に付与し、サイバースパイ活動とサイバー攻撃を統合する。さらに情報戦の計画と戦力開発を統合し、情報作戦の指揮と統制の責任も統合することにより、情報作戦の遂行能力を向上させている。

(3) NSDが担当するサイバー戦

　戦略支援部隊のサイバー任務は、戦略支援部隊のサイバー作戦部隊の司令部であるNSDに与えられている。NSDの指揮下部隊は「サイバー部隊（网军）」または「サイバー空間作戦部隊（网络空间作战部队）」と呼ばれる。NSDとその下部組織は、サイバー戦、電子戦、潜在的には三戦を含む任務を担当し、より広範な情報戦を遂行している。

　NSDは、旧総参謀部第3部の名前変更、組織再編、グレードアップにより編成されたもので、旧総参謀部第3部の司令部門、所在地、内部部局中心の構造を維持している。例えば、NSDは「戦略支援部隊第3部」と称され、以前の名称を反映している。

　中国の戦略的サイバースパイ部隊の大半は、NSDに大量に移されている（図表3参照）。

　連合参謀部のサイバー任務は、主に12局の技術偵察局が担当し、サイバースパイ活動と信号情報活動を担当している。例えば、上海所在の第2局には北米を担当する有名な61398部隊が存在する。2006年以降北米で大量の機密データを窃取するなどの高度で執拗なサイバー攻撃を行っているAPT 1[22]は61398部隊である。米司法省は2014年5月、この報告書で

図表3　人民解放軍の軍事情報システム

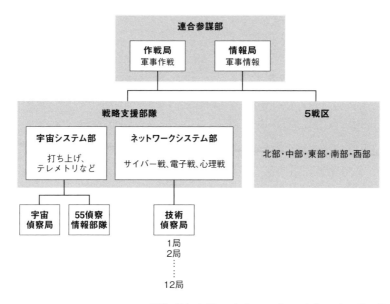

出典：China's Strategic Support Force: A Force for a New Era

言及されていた中国解放軍61398部隊の5人を刑事訴追している。

　また、青島所在で日本と韓国を担当する第4局には61419部隊が存在する。61419部隊は日本の企業などをハッキングする集団「ティック（Tick）」である可能性が高い。ティックは、過去10年以上にわたり三菱電機などの日本企業をターゲットに大量の個人情報や企業機密を窃取している。

　その他、北京所在でロシアを担当する第5局、武漢所在で台湾や南アジアを担当する第6局、上海所在で宇宙衛星の通信情報を傍受する第12局がある。

　一方、解放軍のコンピュータ・ネットワーク防護の主要な責任は、連合参謀部情報通信局（JSD-ICB）の情報支援基地にあり、戦略支援部隊の中に統合されていない。

(4) 戦略支援部隊と他のサイバー関係機関との関係

◎国家安全部（MSS: Ministry of State Security）

　中国は、独自の政治システムとインテリジェンス（諜報）機関を保有している。諜報機関の優先事項には、中国共産党の統治の存続、公序良俗の維持、経済諜報、科学技術諜報、軍事諜報および秘密工作（政治的影響工作を含む）が含まれる。これらのインテリジェンスの目標は、競合する官僚機構によって追求される。国家安全部、公安部、戦略支援部隊などのスタンドアロンの専用インテリジェンスおよびセキュリティ機関だ。しかし、西側諸国のインテリジェンス機関とは異なり、これらの機関はすべて、内部セキュリティを提供する上で重要な役割を担っている。

　中国のサイバー任務を担当する無数の機関のうち、国家安全部は解放軍と共に、スパイ活動と攻撃的活動の両方を含むサイバー作戦を主に担当している。

　なお、国家安全部は、約3万人の要員を擁する国務院に所属する政府機関で、情報機関、公安・警察機関で、1983年7月に新設された。

◎国家安全部と「APT10」

　米国は2018年12月、中国国家安全部が関与するハッキング集団「APT10」が少なくとも12か国に対して知的財産などを目標とするサイバー攻撃を実施したと発表した。米国は、「APT10」が、各国政府機関に対するサイバー攻撃を行ったほか、米企業から防衛や宇宙、航空、資源開発などの情報を盗んだと指摘した。

　なお、我が国においても、「APT10」による民間企業、学術機関などを対象とした長期にわたる広範な攻撃が確認されている。

　2014年の「マンディアント」報告書、2015年の「サイバー知的財産権窃盗に関するオバマ・習合意」、「戦略支援部隊の創設」は、解放軍と国家安全部の組織間の責任分担の調整を促した。その結果、国家安全部は、外国諜報活動、政治的反対意見への対処、経済スパイ活動に重点を置くようになり、解放軍は軍事情報と戦争遂行に重点を置くようになった。この広範な責任分担は、綿密な調整を必要とせず、彼らの任務を混乱させず、目

標を設定するという目的に貢献した。

◎戦略支援部隊と解放軍や民間のネットワーク防護との関係

　解放軍は現代的なサイバー作戦を確実に実施する能力に関して重大な課題に直面している。一つには、圧倒的にスパイ活動および攻撃に力を入れている戦略支援部隊のサイバー作戦を、解放軍のネットワーク防護任務とどのように統合するのかという問題である。解放軍のネットワーク防護の主要な責任は、「連合参謀部情報通信局（JSD-ICB）」の情報支援基地にある。つまり、戦略支援部隊ではなく JSD-ICB にネットワーク防護の任務を付与しているのだ。

　戦略支援部隊がどのように JSD-ICB と協力して解放軍ネットワークをサイバー脅威から防護するのか、また、戦略支援部隊のより広範な宇宙情報支援ミッションと、JSD-ICB の大規模な軍に対するサービス提供とどのように統合するのかは不明である。

　さらに、民間の重要なネットワークのサイバー防衛に対する戦略支援部隊の責任についても不明である。

　戦略支援部隊の初期の記述では、「国の財政と国民生活の安全を守る」ために、戦略支援部隊が「重要な役割」を果たしていることを広く示唆していた。

　「国家サイバー防護」任務を担当する既存の部隊が存在しないことを考えると、戦略支援部隊がこの能力をゼロから構築する必要があることを示唆している。2018年末の時点では、こうした部隊が創設された形跡はなく、解放軍のどの部隊が国、地域、または地方のサイバー防護に責任を負うのかは不明である。

　また、戦略支援部隊のサイバー防護の任務が、中国の重要な情報インフラの安全と防衛を担当する「公安部（MPS：Ministry of Public Security）」やCAC との対立をどのように調整しているのかも不明である。重要なインフラの防護と安全保障に対する責任の重複は、国家のサイバー安全保障において米国と共通の問題である。

　最後に、サイバー空間における武力行使のドクトリンも整備されていな

いか、少なくとも公開されていない。また、平時と戦時の目標設定、平時と戦時の区分が必ずしも明確でない状況における解放軍のサイバー作戦を遂行する能力についても課題がある。

5　宇宙戦におけるサイバー空間の利用

(1) 米国を凌駕する宇宙強国を目指す中国

　宇宙空間は今や、現代戦において最も重要なドメインの一つであり、大国が制宙権（宇宙の支配権）を確保しようとして争う舞台となっている。中国は、米国を凌駕する宇宙強国を目指している。宇宙で米国を駆逐するという野心的な計画の一環として、米国とその同盟国の衛星を標的とする一連の攻撃能力を備えた兵器の発展・配備を進めている。[24]

　米国家情報長官の報告書「米情報機関の年次脅威評価」[25]は、ロシアの宇宙能力にも触れているが、中国を米国の技術競争力に対する「最大の脅威」だと結論づけている。同報告書によると、「解放軍は、宇宙における米国の能力と同等かそれ以上の能力を獲得し、宇宙での米国のリーダーシップに起因する軍事的、経済的利益を奪い取ろうとしており、対宇宙作戦（宇宙における攻撃作戦）は、解放軍による潜在的な軍事作戦として不可欠なものとなっている」としている。

　同報告書によると、中国政府は米国の軍事および経済における宇宙への依存を脆弱性と見なしており、すでに低軌道衛星の破壊を目的とした地上配備の対衛星ミサイルと対衛星レーザーを保有しているという。また、中国とロシアは宇宙における軍事分野の訓練を継続しており、両国とも新たな破壊的および非破壊的衛星攻撃兵器を配備しているという。例えば、中国の戦略支援部隊は、2019年に低軌道衛星を標的とした地上発射の対衛星ミサイルの訓練を開始した。そして、解放軍はこれらの兵器の使用に関するドクトリンも発展しており、紛争の初期に米国の宇宙システムに対する攻撃を行う可能性がある。

　米国の情報機関は、中国が2022年から2024年の間に低軌道で運用可能な宇宙ステーションを設置し、そこにロボット研究ステーションを設置し、その後「断続的に有人飛行するための」基地建設を目的とした月面探査ミッションを継続すると予測している。

　アブリル・ヘインズ米国家情報長官は、「中国は、宇宙での主導権を達成することに焦点を当てており、我々の主導権に対抗するために、この分野でさまざまな努力をしてきたことは間違いない」と議会で証言している。

　なお、中国が米国の最先端の宇宙技術を窃取することを防止するため、1990年代半ばにNASAと米国の宇宙関連企業は事実上、中国と仕事をすることを禁じられた。議会の調査により、中国は米国の通信衛星からハードウェアを盗み出しており、それによって中国のミサイルの能力が向上した疑いがあるとされたからだ（当時は米国の部品を使用した衛星を中国のロケットに積み込むことができた）。そして2011年、この禁止措置は法制化され、NASAの科学者が中国政府とかかわりのある中国人と共同作業をすることを禁じた。

(2) 宇宙における宇宙戦とサイバー戦の連携

　現代戦における中国の最優先事項は、「情報領域における優越の獲得」であり、宇宙、サイバー空間、電磁波領域などを組み合わせて支配権を確保することである。

　中国は、宇宙とサイバー空間を「支配するドメイン、敵を拒否するドメイン」と見なし、商業的な民間の資産を含む宇宙ベースの資産に対するサイバー攻撃または電磁波攻撃を平素から行っているが、特に紛争初期には多用するであろう。つまり、中国は、相手の人工衛星などを破壊またはその機能発揮を妨害し、自らは宇宙を完全に利用する能力を保持しようとしている。中国が米国と同等に戦う唯一の方法は、米国の人工衛星などの宇宙資産を危険にさらすことだと確信しているからだ。

　軍事科学アカデミーの『軍事戦略』(2013年版)によると、宇宙システム

は「攻撃が容易で防御が困難」なものであり、「敵の宇宙システムの重要な結節点 (ノード)」は特に価値のある攻撃目標になる。また、指揮統制システムは「重要な」攻撃目標であり、宇宙情報システムは「最重要なターゲット」であると主張している。

『軍事戦略』は、宇宙での抑止の目標を達成するためには、「宇宙能力を発展し、非対称の運用姿勢を示し、必要に応じて宇宙の先制攻撃を実施することが必要」だと主張している。米中の宇宙戦にエスカレーションする危険性がここにある。

また、『軍事戦略』は、敵が宇宙での衝突を意識的にエスカレートするのを防ぐために、警告と罰を伴う限定的な宇宙戦を行うことを推奨している。つまり、解放軍は宇宙に存在する人工衛星などが作り出すサイバー空間を利用し、宇宙戦の一環としてのサイバー攻撃を行う。なぜなら、キネティックな打撃よりもエスカレートする可能性が少ないため、サイバー攻撃がより魅力的だからだ。現に中国は、2007年以来少なくとも4回、米国の宇宙システムに対するサイバー攻撃を実施したかその関与が疑われている。[27]

6　認知戦と影響工作 (Influence Operation)

情報戦のルーツは紀元前5世紀の孫子『兵法』や古代ギリシャの戦争にまで遡ることができる。現在、世界共通の情報戦に関する定義はない。本稿では、情報戦を「政治戦、影響工作、情報・偵察・監視、心理戦など情報が関与するすべての戦い」と定義する。以上列挙した戦いは、独立したものではなく、お互いに重複分野を含む密接な関係にある。

情報戦は、国家目標を達成する活動を情報の観点で表現した戦いのことだ。情報はすべての領域で利用され、その意味で情報戦はすべての領域で行われる。情報戦の中でも最近特に注目されているのが影響工作である。影響工作では、偽情報 (disinformation)、悪意のある事実 (malinformation) を

大規模に拡散することにより、人間の認知領域に影響を及ぼし、人間の言動をコントロールし、目的を達成する。

　影響工作と深い関係にあるのが以下に説明する認知戦や制脳戦である。

（1）認知戦（制脳戦）

　米空軍参謀総長のデービッド・ゴールドファイン大将（当時）は2018年、「我々は消耗戦から認知戦（Cognitive Warfare）へと移行しつつある」と述べ、神経科学者のジェームズ・ジョルダーノは、「人間の頭脳は21世紀の戦場」だと表現している。認知領域は最近、新たな領域として注目されているが、「ヒューマン領域」という表現もある。いずれにしろ人間の脳が焦点になる。

　中国では、「制脳権」という概念が提案されている。「精神にはファイアウォールがない」という考えの基に、兵器ではなく人間の精神そのものへの攻撃が議論されているが、人工知能や人間の脳（ブレイン）、精神（マインド）、神経（ニューロ）を支配する戦いが「制脳戦」であるという。中国の「制脳戦」とゴールドファイン大将の「認知戦」はほとんど同じ概念だと思われる。

　中国では、認知領域を「感知、理解、信念、価値観といった意識が構成するバーチャルな空間」と定義し、物理領域と情報領域に並ぶ三大作戦領域と捉えているという。[28]そして、昔は物理領域が主たる作戦空間であったが、情報通信技術などの発展とともに、作戦空間はサイバー、情報、頭脳などの領域へと拡大した結果、現代の戦争は物理領域、情報領域、認知領域からなる「全領域」で行われるようになった。なかでも認知領域は、物理領域と情報領域だけでは対処できない人の精神や心理、イデオロギーや宗教・信仰、民族のアイデンティティーといった認知に関係する新たな問題に対処する必要性から、陸上、海上、航空、宇宙、サイバー空間、電磁波領域に続く第7の領域になったという。

　認知戦における認知の操縦とは、意識の操縦であり、他人の心理と精神に影響を及ぼすことにより、他人の行為をコントロールすることである。

対象は、個人、集団、国家だ。その意味で、影響工作、認知戦、制脳戦は重なり合う部分が多い。

(2) 影響工作

　情報の85%はサイバー空間を利用して伝達・蓄積・分析・使用される。情報戦の中で最近最もホットな分野は、サイバー空間、特にSNSを悪用した影響工作だ。影響工作では、偽情報などを大規模に拡散することにより、影響を与えたいターゲットの脳などの認知領域に影響を及ぼし、その人の言動を思い通りにコントロールする。その具体的な例として、2020年米大統領選挙を利用した影響工作について、国家情報会議（NIC）の報告書「2020米大統領選挙に対する外国の脅威」[29]は、以下のような結論を出している。

・外国関係者が投票プロセスの技術的側面に関与し変更しようとした兆候はない。選挙プロセスをサイバー攻撃などにより大規模に操作することは困難であった。

・ロシア関連では、ロシア政府組織が、プーチン大統領の承認に基づき、ジョー・バイデン候補と民主党を中傷し、トランプ前大統領を支持した。

ロシア政府とその代理人は、米国の選挙プロセスに対する国民の信頼を損ない、米国の社会的政治的分断を悪化させる作戦を行った。

ロシア政府とその代理人は、一貫した方法で米国民の認識に影響を与えるように働いた。

バイデン大統領に関する誤解を招く根拠のない主張を含む影響力のあるナラティブ（物語）を拡散した。

2016年の米大統領選挙とは異なり、選挙インフラにアクセスしようとするロシアの大規模なサイバー攻撃は見られなかった。

・中国関連では、中国当局は、米大統領選挙の結果を変えようとする影響工作を検討したが実施しなかった。中国当局は、米国との関係の安定を求め、中国が干渉するリスクを冒すのが有利であるとは考えな

かった。対象を絞った経済対策とロビー活動などの伝統的な手段が、中国にとって好ましい米国の対中政策を形成すると評価した。

　以上のような国家情報会議の結論で、中国が2020年の米大統領選挙に積極的な影響工作を実施しなかったとする結論は意外かもしれない。その理由は、トランプ前大統領自身が「選挙で大規模な不正があり、私の勝利が奪われた」という偽情報を流したために、それを信じるトランプ支持者たちがさまざまな陰謀論を信じ、影響工作の中心人物になったからだ。中国がわざわざ影響工作を行うまでもなかったのではないかと筆者は思っている。

おわりに

　本稿においては、中国のサイバー安全保障について、ハイブリッド戦の発展型である「全領域戦」というより大きな枠組みの中で論じてきた。この試みは、「サイバーセキュリティ」という用語を多用し、サイバー問題の軍事的側面をあまり重視しない我が国の風潮に対する筆者のささやかな抵抗である。

　中国は力を信奉する国であり、共産党一党独裁による富国強軍をスローガンに、「中華民族の偉大な復興」（つまり世界一になること）を2049年までに達成すると宣言している国である。そのような中国のサイバー安全保障は特殊であり、その最大の目的は共産党一党独裁の維持である。共産党の存続にとってリスクになる要素を徹底的に排除しようとしている。そのリスクには内なるリスクと外なるリスクがあり、そのリスクをありとあらゆる手段を使って排除しようとしているが、その手段としてサイバー安全保障は重要であり、その中核にある組織が人民解放軍の戦略支援部隊である。戦略支援部隊を排除して中国のサイバー安全保障を語ることはできない。

　中国のサイバースパイ活動による最先端技術や国家や企業の機密の窃

取、サイバー攻撃によるインフラの混乱・破壊、サイバー空間と情報空間を形成する SNS などを利用した偽情報の流布による影響工作や認知戦などが我が国にとって大きな脅威になっている。

　中国のアグレッシブなサイバー戦をはじめとする全領域戦への対処は急務になっているが、全領域戦は我が国をはじめとする民主主義陣営の弱点を衝く戦い方であり、国家の総力をあげた対応が必要である。しかし、国家の総力を結集した対応は、特に我が国にとって最大の弱点であり、その是正のためには憲法改正を含む特段の努力が必要である。その努力を怠ると、我が国は間違いなく中国の格好の標的であり続けるであろう。

〔註〕

1　渡部悦和・佐々木孝博(2020)『現代戦争論――超「超限戦」』ワニブックスPLUS新書.

2　喬良・王湘穂(2020)『超限戦――21世紀の「新しい戦争」』角川新書.

3　「新時代的中国国防」『新華社』(2019年7月24日). http://www.xinhuanet.com/politics/2019-07/24/c_1124792450.htm(2021年9月20日閲覧)

4　「国家网络空间安全战略」『中华人民共和国国家互联网信息办公室（CAC）』(2016年12月27日). http://www.cac.gov.cn/2016-12/27/c_1120195926.htm(2021年9月20日閲覧)

5　The International Institute for Strategic Studies, "CYBER CAPABILITIES AND NATIONAL POWER: A Net Assessment",（June 2021）.

6　喬・王『超限戦』、252頁.

7　August Cole, Herve Le Guyader, "COGNITIVE A 6TH DOMAIN OF OPERATIONS", NATO OTAN.

8　電磁波戦の主体は電子戦であり、そのほかには大気圏などでの核爆発によるEMP（電磁パルス）攻撃がある。EMP攻撃により相手のC4ISRシステムなどの破壊または機能低下を目的とする。

9　University of Toronto The Citizen Lab, "China's Great Cannon",（April 2015）. https://citizenlab.org/2015/04/chinas-great-cannon/（2021年9月20日閲覧）

10　Amy Chang, "Warring State: China's Cybersecurity Strategy", CNAS, p.19. https://www.cnas.org/publications/reports/warring-state-chinascybersecurity-strategy(2021年9月20日閲覧)

11　国家インターネット情報局は、国家互联网信息办公室の和訳であり、英訳では「SIIO：State Internet Information Office」になる。しかし、中国の公式HP

では「CAC: Cyberspace Administration of China」と表現されている。

12　Mandiant, "APT1　Exposing One of China's Cyber Espionage Units". https://www.fireeye.com/content/dam/fireeye-www/services/pdfs/mandiant-apt1-report.pdf（2021年9月20日閲覧）

13　APT は Advanced Persistent Threat の略で持続的標的型攻撃のこと。ファイアアイ社によると中国がらみの APT として APT1から APT41まで多数のグループが列挙されている。

14　The International Institute for Strategic Studies, "CYBER CAPABILITIES AND NATIONAL POWER: A Net Assessment",（June 2021）. https://www.iiss.org/blogs/research-paper/2021/06/cyber-capabilitiesnational-power）（2021年9月20日閲覧）

15　同上

16　軍事科学院軍事戦略研究部（2013）『戦略学（2013版）』軍事科学出版社、188-197頁.

17　"CNCERT/CC Annual Report 2017", National Computer Network Emergency Response Technical Team/Coordination Center of China – People's Republic of China. https://www.cert.org.cn:8443/publish/english/upload/File/CNCERT%20Annual%20Report%202017(1).pdf（2021 年 9 月 20日閲覧）

18　The International Institute for Strategic Studies, "CYBER CAPABILITIES AND NATIONAL POWER: A Net Assessment".

19　同上

20　同上

21　「テレメトリ」とはテレメーター（遠隔計測装置）を使って、遠隔地の測定結果をコントロールセンターに送信すること。

22　APT は Advanced Persistent Threat の略で持続的標的型攻撃のこと。ファイアアイ社によると中国がらみの APT として APT1から APT41まで多数のグループが列挙されている。

23　The International Institute for Strategic Studies, "CYBER CAPABILITIES AND NATIONAL POWER: A Net Assessment",（June 2021）.

24　US-China Economic and Security Commission, "2019 Report to Congress of the US-China Economic and Security Commission", pp.359-400.

25　"Annual Threat Assessment of the US Intelligence Community", Office of the Director of National Intelligence,（April 9 2021）.

26　軍事科学院軍事戦略研究部『戦略学（2013版）』P179-184頁.

27　US-China Economic and Security Commission, "2019 Report to Congress of the US-China Economic and Security Commission", pp.359-400.

28　飯田将史「中国が目指す認知領域における戦いの姿」防衛研究所『NIDS コメンタリー　第177号』（2121年6月）.

29　National Intelligence Council, "Foreign Threats to the 2020 US Federal Elections".

第3章　ロシアにおけるサイバー空間の安全保障と「ハイブリッド戦」

佐々木 孝博

キーワード　ロシア、サイバーセキュリティ、ハイブリッド戦、情報安全保障、影響工作

はじめに

　近年、「情報戦」「サイバー戦」及び「影響工作[1] (Influence Operation)」などの観点から、安全保障の専門家間で、ロシアのいわゆる「ハイブリッド戦[2]」を取り上げる機会が多くなってきている。この戦い方は、ヴァレリー・ゲラシモフ (Валерий Васильевич Герасимов) ロシア軍参謀総長が2013年に発表した論文「先見の明における軍事学の価値[3]」(正確にはゲラシモフが同年1月の軍事学アカデミー総会で発表した講話録の内容で、ゲラシモフ・ドクトリンとも呼ばれる) で、軍のトップにある者として初めて文書として取り上げたものであり、その後、「国家安全保障戦略」や「軍事ドクトリン」の改訂にも強く影響を及ぼしたという経緯がある。

　そのような情勢の下、2021年7月にロシアはその「国家安全保障戦略」を改訂した。2015年制定の旧戦略は、2014年に生起したウクライナ危機 (クリミア併合) の情勢を経て、現実にそぐわなくなった事項を修正するために改訂されたとみられるが、今回の改定は国家安全保障上の大きな事象や前触れもなく改訂されたものであった。しかし、その全文を精査すると、近年の情報安全保障を非常に重視する姿勢を読み取ることができ、その分野に関する修正の要があり改訂されたものと推察される。

　本書の主題である「グローバルシフトと広がる戦争の領域」にマッチした改訂でもあり、本稿ではそこに主眼をおきロシアのサイバー空間における安全保障といわゆる「ハイブリッド戦」について論述していくこととす

る。

　したがって、まず、2021年7月に改訂された「国家安全保障戦略」を読み解くことにより、ロシアの情報安全保障戦略（サイバー空間における安全保障戦略）がどのように形成されているのかを考察していく。

　次にその基盤となっている「新たな世代の戦い（ハイブリッド戦）」という戦い方を生み出していった背景・経緯について考察し、その戦い方の根幹となっている文書「ゲラシモフ論文（ドクトリン）」の記述から、ロシアの考える「ハイブリッド戦」の詳細とその行間に見え隠れする狙いというものを明らかにしていく。

　さらに、この戦い方が、紛争・戦争の段階においてどのように位置づけられているのか、特に、核戦略（核兵器の使用）との関係はどのように整理されているのかについても考察していく。そして、この戦い方における制約・制限といったことも明らかにしていきたい。

　最後に、このような安全保障に関する研究は、学術的な見地からの研究と実証に基づくフィールドワークの融合が重要となってくることから、ロシアの狙いや真意を学術的見地から明らかにした上で、その脅威にどのように対応していけばいいのかについても、学術的な研究を一部超える側面はあるが政策提言にまで踏み込み考察していきたい。

1　ロシアの情報安全保障戦略（サイバー空間の安全保障戦略）

(1)「国家安全保障戦略」の改訂

　ロシアにおいて情報安全保障戦略、いわゆるサイバー戦略を規定する公文書はいくつかある。その最上位に位置づけられているのが「国家安全保障戦略」である。同戦略では軍事安全保障に留まらず、「ロシア連邦の国益」「戦略的な国家優先事項」「国家安全保障における目的」及び「長期的なロシア連邦の持続可能な発展を定義する戦略計画」などが定められている。

　そして、この「国家安全保障戦略」を包括的な戦略文書として、情報空間（いわゆるサイバー空間）における安全保障は「情報安全保障ドクトリン」が、軍事安全保障分野におけるサイバー戦に関する規定は「軍事ドクトリン」が定められている。

　さらに、国防省が独自に定めた戦略として「情報空間におけるロシア連邦軍の活動に関するコンセプト」という文書もある。軍の作戦・運用方針が具体的に対外公表されることは非常に珍しく、この文書はロシア軍のサイバー戦略を理解する上で貴重な文書とも言える。

　これらの文書は、ロシアのおかれた国際情勢や安全保障観の変化に基づき、概ね５年から10年のスパンで更新されている。その改訂の背景で、近年で顕著なのは2014年に生起したウクライナ危機（クリミア併合）を巡る情勢である。ウクライナ危機では、非軍事及び軍事のあらゆる手段が利用され、あらゆる領域を使い、制限や制約を問わずに国家目標を達成するいわゆる「ハイブリッド戦」が行われた。この紛争を実行する以前にこれらの戦い方を戦略として体系的に公文書によって定めていなかったこともあり、ウクライナ危機を実行に移した後、同年（2014年）末には「軍事ドクトリン」を改訂し、翌2015年末にはその上位文書である「国家安全保障戦略」を、さらに、2016年には「情報安全保障ドクトリン」を次々と改訂していった。

　戦略というものは、本来、包括的な方針を規定するために最上位の文書が最初に制定され、その包括的な内容を受けて具体的に活動すべき分野を定める下位文書が上位文書を具現化する形で定められるものである。ウクライナ危機を巡る2014年から2016年の間は、公文書の上位・下位の位置づけは関係なく、次々と戦略を改訂していった状況であった。これには様々な理由が推察できるが、戦略として明確に定めていない戦い方を、実際に「ウクライナ危機（クリミア併合）」として実践してしまったため、早急に改訂する必要があり、それが可能な「軍事ドクトリン」の改訂を優先したとの見方が妥当であろう。つまり、国家のあらゆる部門、組織の検討の上で制定される「国家安全保障戦略」の改訂には時間がかかるとの見積も

りがなされ、軍事・治安組織のみの検討により制定が可能な「軍事ドクトリン」の改訂を優先し、すでに実行してしまった戦いを戦略として後追いで定めたというのが事実であると考えられる。

そのような中、2021年7月2日、ロシアは「国家安全保障戦略」を前触れもなく改訂した。この理由は、「ウクライナ危機」を巡る前回の改訂ほど明らかではないが、内容を精査すると、その理由を推察することができる。それは、新しい「国家安全保障戦略」において、「情報安全保障（サイバー空間の安全保障）」を一つの項目として新たに付加しており、この分野での安全保障の細部について新たに定める必要性が生じ改訂したのではないかということである。そこで次項以降に、情報安全保障を視点に、この新しい「国家安全保障戦略」を読み解いていきたい。

(2)「国家安全保障戦略」の構成

「国家安全保障戦略」の構成は、大きく次の章立てになっている。

第1章は「一般条項」で、この戦略を制定した背景、この戦略の目的及び法的根拠、そして、関連する用語の定義などが記載されている。この章の内容は、新旧の戦略でほとんど変化はない。

第2章は「現代社会におけるロシア：傾向と機会」の項目である。ここでは、ロシアを巡る安全保障環境、ロシアが考えている国際情勢認識及び脅威認識が記載されている（細部の脅威認識は、第4章「国家安全保障の確保」で具体的な方針とともに述べている項目もある）。

この章は旧戦略と比較すると、いくつかの点で変化が認められる。旧戦略では「多極化世界が形成されつつあり、その中でロシアの地位を高める基盤がある」としていた国際情勢認識から、新戦略では、「新たな世界的・地域的なリーダーの地位が強化されたことで、世界秩序の構造が変化し、世界秩序の新たな構造、規則、原則が形成されている」とし、米中を中心とした新たな国際環境が構築されたとの認識を暗に打ち出している。

第3章は「ロシアの国益と戦略的な国家優先事項」である。この章では、国益とそれを達成するための、国家としての優先事項を列挙してい

る。

　新旧の戦略を比較すると、国益そのものの項目には変化はないが、列挙する順番には変化があった。旧戦略では、「国防に関する事項」が最上位に掲げられていたが、新戦略では、最上位に「ロシア国民の保護、人間の潜在能力の開発、国民生活の質の向上」いわゆる「人間の安全保障」を掲げ、第二に「ロシアの憲法制度、主権、独立、領土の保護及び国防の強化」を掲げた。

　また、「戦略的な国家優先事項」にも変化があった。それは国益と同様に「ロシア国民の保護と人間の潜在能力の開発」を第一に掲げ、国防その他の事項に優先させたことと、新たな優先事項として「情報安全保障」の項目を設けたことである。

　第4章は「国家安全保障の確保」である。この章では、前章で掲げた「戦略的な国家優先事項」を各々小項目として掲げ、具体的な方針を示している。この章での新旧戦略の大きな変化は、「情報安全保障（サイバー空間の安全保障)」の項目を新たに設け、多くの頁を費やし、重視していることである。

　第5章では、「本戦略実施のための組織的枠組み及びメカニズム」を定めている。この章は、戦略を実施するための国家としての体制・省庁間の役割などの組織論が述べられている。新旧戦略のこの内容には変化はなかった。

　また、旧戦略では、第6章に、目標とする国内総生産（GDP）の数値や主要な経済指標を「国家安全保障に関する主要な指標」として示していたが、新戦略ではこの章は削除された。様々な目標とする指標は年々刻一刻と変化するもので、中・長期的な「国家安全保障戦略」に記載するのは不適当との判断がなされたものと推察される。

（3）新「国家安全保障戦略」における国際情勢認識及び脅威認識

　本項では、本戦略第2章で規定される「現代社会におけるロシア：傾向と機会」の項目について、詳細に考察していきたい。

第一に指摘したいのは、旧戦略では、ロシアにとっての最大の脅威は米国を含めた北大西洋条約機構（NATO）であると明確に定めていたが、新戦略でも引き続きそれは継承しているということだ。第4章「国家安全保障の確保」の「国防」に関する規定の中でも、「ロシア国境付近におけるNATOの軍事インフラの構築、諜報活動の強化、ロシアに対する大規模な軍事編成と核兵器の使用は、ロシアに対する軍事的危険と軍事的脅威の増大に寄与している（35項）」と記述していることから、引き続き西側諸国への脅威認識を持ち続けていることが分かる。続く36項でも「(米国による中距離核戦力（INF）全廃条約の破棄を受け) 米国の中・短距離ミサイルの欧州及びアジア太平洋地域への配備計画は、戦略的安定と国際安全保障への脅威になっている」と苦言を呈し、米国による核の脅威の増大を訴えている。ちなみに米国INFのアジア太平洋地域への配備に言及したのは今回の改訂が初めてである。

　そして、第二に特に指摘したいのは、本稿での主題「情報安全保障（サイバー空間の安全保障）」についてである。新戦略全般にわたり「情報安全保障」に関する記述が非常に多い。第2章でも数カ所にわたり、その規定がなされている。同章17項では、「一部の国の行動（筆者注：米国及び西側諸国を念頭）は、ロシアの伝統的な同盟国との関係を破壊するために、独立国家共同体（CIS）の崩壊プロセスを扇動することを目的としている」とし、西側諸国による（とロシアは考えている）SNSの扇動などの情報戦・サイバー戦により、CISにおける親ロシア政権が次々と倒れていった「カラー革命」の事案を非常に重大な脅威と規定したことである。

　また、同章18項には、このような規定もある。「(筆者注：西側諸国を念頭に) ロシアを孤立させたいという願望と、国際政治における二重基準の使用は、欧州を含むすべての国家の平等かつ不可分の安全保障、紛争解決、テロリズム・過激主義・麻薬密売・組織犯罪及び感染症の蔓延との戦い、国際的な情報安全保障の確保、環境問題への対処、情報安全保障分野における国際協力の強化など、国際社会にとって重要な分野における多国間協力の有効性を妨げている」との規定である。西側諸国を念頭に、あらゆる分

野においてロシアを孤立化させようとの動きを脅威として認識しているということである。特に、情報安全保障分野（サイバー空間の安全保障分野）においてそれは顕著であるとしている点が特徴的である。

　さらに、同章19項では「ロシアに対する敵対的なイメージを形成するための情報キャンペーンが行われ、国際社会からロシアは国際的な義務に違反して、コンピュータ攻撃を行い、外国の内政に干渉していると不合理に非難されている」ということも脅威として取り上げている。すなわち、ロシアは敵対国から情報操作などの情報戦を挑まれそれが脅威だと認識しており、逆に、そのような行為を実施している攻撃主体であると非難されていることに強い不満を持っているということである。この背景には、2016年の米大統領選にロシアが介入したと非難されていることに強い不満があるものと推察される。

　加えて、同章20項では「非友好的な国が（筆者注：米国をはじめとする西側諸国を念頭）ロシアの国内的な統一を破壊し、抗議行動を扇動して過激化させ、過激なグループを支援し、ロシア社会を分断させようとしている。ロシアの長期的な不安定さを誘発させるために、益々間接的な方策が使われている」としている。ロシアの周辺国で生起した「カラー革命」の脅威がロシアへの直接的な喫緊の脅威と規定するとともに、ロシアの敵国が実施しているのであれば、反対に、そのような行為をロシアが敵国に対して行えば、非常に効果的に国益を追求できると認識していることも戦略の行間から読み取ることができる。

　総じてみれば、旧戦略で規定していた安全保障観及び脅威認識を一歩進め、特に情報空間（サイバー空間）における安全保障を重視した改訂であると言えるだろう。

(4)「国家安全保障戦略」における情報安全保障施策（サイバー施策）

　前述のとおり、戦略の第3章には「ロシアの国益と戦略的な国家優先事項」が規定されている。ここでは、「ロシアの国益」の第四番目に「安全な情報空間の発展、破壊的な情報や心理的な影響からロシア社会を保護す

ること」を掲げていること、及び「戦略的な国家優先事項」の第四番目に
「情報安全保障」を規定していることを指摘したい。

　特に、「戦略的な国家優先事項」の「情報安全保障」の項目を詳しく見
ていきたい。

　本戦略第3章52項では「ロシアの社会的・政治的状況を不安定にさせ
るために、テロ行為の実行に必要な恣意的な虚偽の情報が、主として若者
をターゲットにインターネットにより流布されている」と指摘している。

　また、同章53項では、「多国籍企業（筆者注：米国のGAFA[6]などの大手IT企業
を念頭）がインターネットにおける独占的な地位を強化し、情報資源をコ
ントロールしたいという願望は、そのような企業が法的な理由もなく国際
法の規範に反して検閲を行い、インターネットを遮断することも行ってい
る。政治的理由から、歴史的事実やロシアや世界で起こっている出来事
についての歪んだ見方をロシアのインターネットユーザーに押し付けてい
る」ともしている。

　52項及び53項を通じて、ロシアが重要と捉えているのは、ロシアは敵
対国より、国家の弱体化を企図して、インターネットにより偽情報（ディ
スインフォメーション）が流布されているとし、さらに、インターネットを
自在に操れる米国の多国籍企業がそれに加担しており、それに対抗するこ
とがロシアの国益擁護のための優先事項であるとしているということであ
る。

　それらに根本的に対処し、情報空間における安全保障を確保するため
に、同章57項において16の方針を示している。この中でいくつかの重要
な項目を指摘したい。

　まず、57項（5）で「ロシアの統一通信網、インターネットセグメン
ト、その他の重要な情報通信インフラの保護と持続可能性の向上、及びそ
れらの機能に対する外国の支配の防止」を掲げている。つまり、究極的に
ロシアは、米国が開発し、米国に有利な形で運用される現存のインター
ネットから脱却し、ロシア独自の統一通信網、ロシアがコントロールでき
るインターネットセグメント、それに利用される通信機器の国産化を目指

しているということである。それによって、外国からの干渉を防止したいと考えているということだ。

57項（10）に「情報対決の力と手段の開発」を掲げている点も特徴的である。情報対決の力とは、一義的にはカウンターインテリジェンス能力を示すと考えられる。しかし、サイバー空間というものは攻防一体の領域であり、敵の持つ攻撃能力が分からなければ防御手段は採れないし、そもそも専守防衛の思想では100%防護することは不可能で、同空間における優越を確保することはできない。ロシアが情報対決の力として攻勢的なサイバー攻撃能力を考慮していたとしても軍事の常識からすれば妥当であるいうことだ。

さらに57項（11）及び（15）において「外国の特殊部隊（軍事組織）や宣伝機構がロシアの情報インフラを利用することへの対抗」「ロシアの国内政策及び外交政策に関する信頼できる情報をロシア国内及び国際的な民衆に伝達すること」について言及していることも指摘したい。すなわち、外国の情報機関などがロシア国内で影響工作活動を行いロシア国内が不安定化することを恐れており、それに対抗することが国益に叶うとしているということである。

加えて、57項（14）で「情報通信技術の利用における安全保障の国際的な法的枠組みを確立し、情報安全保障の分野におけるロシアとパートナー国との協力を強化する」ことも掲げている。このことは、情報空間に関する施策に関してロシアと考え方の近い中国などとの協力を推し進め、情報空間におけるインターネット主権などの国家管理を強めるための国際枠組みの制定に力を入れたいとの姿勢がにじみ出ているということだ。

全般的に見て、ロシアによる情報空間における安全保障戦略は、ロシアが同空間においてどのような脅威を受けていて、どのような対処をしたいかということが明確に定められていると言える。さらにその戦略の行間を読み込むと、ロシアが受けている情報空間における脅威はロシアの敵対国にとっても同様な脅威と位置づけることもでき、情報空間における優越の確保を重視する国家戦略においては、相手方に対する攻勢的な活動も考慮

しているということである。

2　ロシアによる「ハイブリッド戦」

　前節においては、ロシアによって発表された最新の「国家安全保障戦略」から、ロシアの情報空間における安全保障戦略がいかなるものなのかを考察してきたが、そこで重視されていたのは、物理的な軍事力よりも情報空間を使った安全保障施策であり、それに多くの頁を割き、その脅威認識、対処方針などを定めていたことであった。このような考え方が初めて文書として明らかとなったのは、冒頭に述べたように、ロシア軍のトップであるゲラシモフ参謀総長の戦略論文である。この文書では、新「国家安全保障戦略」で掲げたように、国家間紛争の解決には非軍事手段が重要であり、非軍事手段と軍事手段の割合は4：1で圧倒的に非軍事手段の占める割合が高いとしている。その非軍事手段の中でも、特に、情報空間における安全保障を重視している姿勢を強く打ち出している。このような戦い方は、すでにウクライナ危機や米国大統領選挙への介入事例でも実践に移されており、西側諸国では、あらゆる手段を利用し、あらゆる領域で活動することから「ハイブリッド戦」と呼称している。

　本節では、そのいわゆる「ハイブリッド戦」について、その戦い方が取り入れられた経緯及びその概要について考察していきたい。

(1) ロシアによる「ハイブリッド戦」制定の経緯[7]

　1999年に、中国人民解放軍の喬良大佐及び王湘穂大佐が共著で「超限戦」[8]という戦略論文を発表した。その内容は「超限戦」の名のとおり、「21世紀の戦争は、あらゆる限度を超えた紛争であり、あらゆる手段が軍事兵器になり、あらゆる場所で軍事紛争が生起する」といったことであった。すなわち、軍事・非軍事手段、正規・非正規組織、作戦領域などを問わず、あらゆる制限や制約を超えて、あらゆる手段を用いて国家目標

を達成するとの戦略である。

　ロシアは、この「超限戦」の内容を深く研究し、自国の戦略策定の参考にしたのではないかと見られている。前述のゲラシモフ参謀総長の戦略論文では「21世紀においては、平和と戦争の間が曖昧な状態になっている。戦争はもはや宣言するものではなく、我々軍人に馴染んだ形式の枠外で始まり進行するものである（筆者注：情報空間における国家転覆活動の脅威を念頭においての発言）。（中略）もちろん、『アラブの春』は戦争ではなく、我々軍人が研究しなくてもよいと言うのは簡単である。しかしながら、これが21世紀の典型的な戦争ではないだろうか」と冒頭で述べており、まさに「超限戦」で記述された内容を問題意識として持っていたと言えるだろう。

（2）ゲラシモフ論文が掲げる「ハイブリッド戦」

　ここまで度々触れてきたゲラシモフ論文について、ここで改めて詳細に考察したい。

　ゲラシモフ論文の大前提となっているのは「アラブの春」及び「カラー革命」の事案である。両事案に共通している事項は、SNSやメディアなどが活用され、正確な情報や偽情報が入り乱れて拡散された結果、世論操作などの影響工作が実施されたこと、さらに、それによって、国家が分断され、激しい内戦や武力紛争が生起し、政権を転覆させることも可能であったことである。このことは、前述のとおり、後に「国家安全保障戦略」で脅威認識として明確に示されることとなった。

　そして、ゲラシモフ論文では、国家間で紛争が起こった場合の非軍事手段の役割について、図を用いて解説している。ゲラシモフが引用した概念図を筆者の解釈の下に再構成したものを図表1に示す。

　この図で掲げた国家間紛争とは、大前提が「アラブの春」や「カラー革命」を念頭においた戦い方であること、及び図表のタイトルに示されたとおり「（国際間）紛争」という用語を用い、「戦争」という用語を使用していないことから、低烈度な武力紛争を念頭においているものと考えられる。すなわち、この戦い方の主眼は、一義的には「軍事ドクトリン」が規定す

る二国間が全面的な戦争状態（局地戦争以上[14]）に至る前の段階の「管理され
た低烈度紛争（武力紛争）」を戦うための指針を定めたものと言える。

図表1　国際間紛争の解決における非軍事手段の役割

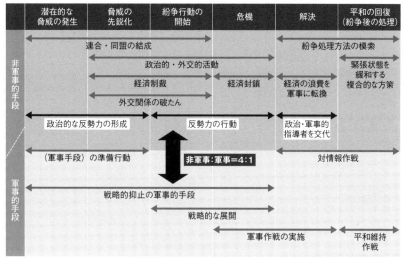

出典：図表は「Герасимов, "Ценность науки в предвидении - Новые
вызовы требуют переосмыслить формы и способы ведения боевых
действий"」から引用し、筆者の解釈により再構成した

　ゲラシモフは、また、この図を説明する前文において、「将来の軍事紛
争においては[15]、旧来の軍事兵器よりも非軍事兵器による攻撃のほうがより
効果的であり、非軍事手段と軍事手段の比率は4：1で圧倒的に非軍事手
段の比率が高い」とも強調している。

　国際間紛争では、まず「潜在的な脅威が発生」し、その「脅威が先鋭
化」し、「紛争行動が開始」され、「危機」の状態を迎え、その後「解決」
に向かい、「平和の回復（紛争後の処理）」に移行するという六つの段階を踏
むとしている。各々の段階において、外交施策では「連合・同盟の形成」
や「政治的・外交活動」により紛争予防が図られるとともに「外交関係
の破たん」をちらつかせ脅しをかけること（または実際に破たんさせるこ

と）、経済施策では「経済制裁」や「経済封鎖」などが実施される。

　このような段階の中で特に指摘したいのが、情報施策・サイバー施策に属する「政治的な反勢力の形成」「反勢力の行動」及び「政治・軍事指導者を交代させる」といった項目である。これらの項目は、前項で考察した「国家安全保障戦略」で定義されていた情報戦（特に世論工作などによる影響工

図表2　軍事紛争における性質の変化

軍事力の使用 （伝統的な枠組みと手段）	軍事力と政治・外交・経済その他の非軍事的手段を 非複合的に使用（新たな枠組みと手段）
●戦略展開後の軍事行動の開始	●平時における軍事行動の開始
●基本的に地上軍（陸軍）で形成される大規模部隊による前線での戦闘	●軍種間部隊（統合部隊）による高軌道で非接触の軍事行動
●敵兵員及び装備の撃滅、領土を奪取する目的とともに防御線や地域の継続的な占拠	●国家の核心的な重要施設（軍事施設、重要インフラなど）の破壊による、軍事・経済の潜在力の低下
	●高精密兵器の大量使用、特殊部隊の大量使用、ロボットシステムや新しい物理学原理に基づくシステムの利用、軍事民間会社の軍事行動への参加
●敵の撃滅、経済的潜在力の破壊及び領土の占拠	●敵領域における全縦深での部隊の同時行動
●陸、海、空における軍事行動の実施	●すべての物理的環境（領域）及び情報空間における同時軍事戦闘
	●非対称戦・非接触戦の使用
●指揮統制組織の階層による厳格な部隊の指揮統制	●統一情報空間における部隊の指揮統制

出典：図表は「Герасимов, "Ценность науки в предвидении - Новые вызовы требуют переосмыслить формы и способы ведения боевых действий"」から引用、訳文は筆者による

作）で実施する事項を具体的に明示しているということである。

　また、ゲラシモフは非軍事手段だけでは収まらずに、軍事力の行使を要する事態に至った場合にも、従来とはまったく戦い方の性質が変わったということを指摘し、「軍事紛争における性質の変化」という図を示して説明を加えている（図表2参照）。

　軍事紛争というものは、伝統的な枠組みと手段を使った「軍事力の使用」を中心とした戦い方から、新たな枠組みと手段を使った「軍事力と政治・外交・経済その他の非軍事手段を複合的に使用」する戦い方へと変化したと定義した。

具体的には、「部隊を戦略展開した後に軍事行動を開始する」という旧来の戦い方は、「平時・有事の曖昧な状態において軍事行動を開始する」という戦い方に変化していったとした。その他にも「地上軍（陸軍）を中心とした大部隊による最前線における実戦闘」を重視することから「陸・海・空・統合部隊による軍事行動」を重視する戦いに、「領土の奪取」や「敵兵力の撃滅」を目的とする戦い方は「国家の核心的に重要な施設を破壊し、軍事・経済の潜在力を低下させる」戦いへと変化したとした。

　さらに、「陸・海・空の領域において軍事行動を実施する」という戦い方は、「敵領域における全縦深での部隊行動」及び「すべての物理的な領域（筆者注：陸・海・空・宇宙領域）及び情報空間（サイバー空間）における軍事行動」へと変化していったとした。いわゆる、米軍の行っている「全領域作戦（オール・ドメイン・オペレーション）」や中国の「超限戦」の戦いへと変化していったことを指摘したものである。

　加えて、旧来の戦い方では言及してこなかった「高精密兵器の大量使用、特殊部隊の使用、ロボットシステムや新しい物理学原理（筆者注：量子コンピューティングなど）に基づくシステムの利用、民間軍事会社の軍事行動への参加」や「非対称戦、非接触戦の重要性」などにも言及している。

　総じて言えば、あらゆる手段を融合し、あらゆる領域において、あらゆる制限・制約を超えて国家目標を達成するという真に中国の「超限戦」に類似した戦い方を提言したということである。

3　「ハイブリッド戦」と核戦略[16]

　前述のとおり、ゲラシモフが示したいわゆる「ハイブリッド戦」は低烈度な国家間紛争を対象としている。しかしながら、ロシアは従来から「軍事ドクトリン」において、紛争・戦争のレベルを「武力紛争」「局地戦争」「地域戦争」及び「大規模戦争」の四つの段階に区分しており、低烈度の国家間紛争（武力紛争）が紛争レベルでは解決できずに、「局地戦争」

以上の戦争状態にエスカレートした場合には、「戦略核の抑止下における『局地戦争戦略』、『地域戦争戦略』及び『大規模戦争戦略』」に移行するとしている。

　一方でロシアは、これらの紛争・戦争の段階とは直接リンクせず、核兵器の使用規定というものを定めている。その条件の第一は、「ロシア及び同盟国に対し、核兵器その他の大量破壊兵器が使用された場合」である。第二は、「通常兵器がロシアに対し使用された侵略に対して、国家存亡の危機に立たされた場合の対抗手段として核兵器を使用する権利を保有する」ということである[17]。すなわち、通常戦力での戦いにおいても国家存亡の危機に立たされたと大統領が判断した場合は、戦術核を使用し、それを補完する場合もあり得るということである。さらにエスカレートする場合は、戦略核の使用も辞さないとの強い対応による抑止戦略も採用しているということだ。

　さらに、2020年6月に、これらの以前から判明していた条件に新たに二つの条件が加わったことが分かった。第三の条件は、「ロシア及び同盟国を攻撃する弾道ミサイルの発射に関して信頼のおける情報を得たとき」であり、第四の条件は、「機能不全に陥ると核戦力の報復活動に障害をもたらす死活的に重要なロシア政府施設または軍事施設に対して敵が干渉を行ったとき」である[18]（図表3参照）。

　第三の条件は、弾道ミサイルが撃たれることが確実な状況下では先手を打って攻撃する警戒下発射（筆者注：我が国において議論されている敵基地攻撃の要件と類似した考え方）を念頭に入れていると見られる。第四の条件では、報復攻撃に不可欠な核兵器システムにサイバー攻撃による干渉が与えられた場合も、核を使用する可能性があることを明確に宣言したということである。

　これを裏付ける例として、ウクライナ危機（クリミア併合）時にロシアは核兵器の準備をしていたことがある。クリミア併合の1年後、プーチン大統領はウクライナ紛争を総括した席上で、「クリミア紛争時、核兵器の使用を準備していた」と明言した[19]。これは、政治的なブラフとしての発言とも受け取れるが、核兵器の使用条件を鑑みると、ロシアが紛争・戦争の段

図表3　ロシアの核兵器使用規定

	核兵器使用規定における条件	解釈
以前から明確な条件	①ロシア及び同盟国に対して敵が核兵器または大量破壊兵器を使用したとき	➡サイバー戦とは関係ない核対核または大量破壊兵器
	②通常兵器を用いたロシアへの侵略によって国家存亡の危機に立たされたとき	➡サイバー攻撃でもこの解釈は可能
新たに明らかになった条件	③ロシア及び同盟国を攻撃する弾道ミサイルの発射に関しての信頼のおける情報を得たとき	➡警戒下発射を念頭か？
	④機能不全に陥ると核戦力の報復活動に障害をもたらす死活的に重要ロシア政府施設または軍事施設に対して敵が干渉を行ったとき	➡サイバー攻撃を念頭か？

出典：Администрация Президента Российской Федерации, "Об основах национальной политики Российской Федерации в области ядерного сдерживания"（2020 年 6 月）より筆者作成

階にかかわらず、国家存亡の危機に直面したと判断した場合には、核兵器の使用も辞さないとの強い戦略を保持している証左と受け取ることが妥当であろう。

　ただし、ここでクリミア併合などの「低烈度の国家間紛争（武力紛争）」の段階においても国家存亡の危機という状態が生起し得るのかとの疑問が生じてくる。この疑問は西側諸国の基準（常識）に基づいた疑問であり、ロシアの考え方との間には違いがあることに起因している。つまり、東京大学先端科学技術研究センターの小泉悠氏が主張する「小規模な紛争をエスカレーション・ラダー[20]によって抑止するのではなく、その紛争規模に応じて戦術核を使用するというロシア独自のエスカレーションの概念で直接抑止するという考え方[21]」がロシアの核戦略の根底にあるということである。

　この考え方を具現化するために、ロシア当局が、核兵器使用規定を紛争・戦争の段階には言及せず、前述の四つの条件を規定し、大統領が判断すれば、「弾道ミサイルの発射の恐れ」や「サイバー攻撃などによりロシアの核兵器が無力化される場合」などを含め、どのような情勢であろうと「国家存亡の危機」との理由で戦術核兵器を使用できるようにしたと考え

られる。そうなると、今後、ロシアが低烈度紛争で重視するサイバー攻撃
が仮にロシアに対して行われた場合、ロシアは容易に核兵器を使用する可
能性があることを西側諸国は認識しなければならないということである。

4　ロシアによる「ハイブリッド戦」の評価[22]

(1)「ハイブリッド戦」の制約

　度々触れてきたように、ロシアが推し進めるいわゆる「ハイブリッド
戦」の主眼は「低烈度な国家間紛争（武力紛争）」であり、その対象は主と
して「旧ソ連諸国（CIS諸国）」と考えられる。2014年のウクライナ危機に
代表されるような国土を接するCIS諸国に対しては、いわゆる「ハイブ
リッド戦」という戦い方は、非軍事・軍事のあらゆる手段を活用し有効に
機能することが証明されたと言えるだろう。

　一方、2016年に生起した米国大統領選への関与事例では、「ハイブリッ
ド戦」のうち、影響工作を中心とした情報戦やサイバー戦のみが行われ
た。

　SNSによる情報拡散を巧みに利用し、米国の世論を操作することによ
り、ロシアにとって都合の悪い候補者（ロシアに強硬な施策を掲げていたクリント
ン候補）にダメージを与えることには成功した。また、人種問題、銃問題、
LGBT問題などにおいて米国世論を分断させるとともに、選挙結果や政
権に対する信頼度を低下させ、米国の国力そのものを低下させることにも
成功したと言える。

　その後、仮に、軍事紛争にまで踏み込む必要性があったとしても、米国
のような大国や遠隔の諸国などに対しては、影響工作や情報戦に始まり、
要すれば物理的な軍事力行使まで行うというフルスペックな「ハイブリッ
ド戦」を適用することは困難であったであろう。軍事装備や兵員を遠方
に展開するには今のロシアの軍事力では制約があるということだ。この点
が、ロシアの「ハイブリッド戦」の制約、言い換えれば、ロシアの軍事戦

略そのものの限界とも言えるところであろう。

(2) 言語による制約

　ロシアによる影響工作・サイバー戦においては、言語的な特性があることも確認されている。2016年の米大統領選への介入が疑われているIRA（インターネット・リサーチ・エージェンシー[23]）が行った作戦には、複数の言語が使用されていた。ところが、その57％はロシア語、36％が英語であったことが分かっている[24]。

　つまり、ロシア語圏や英語圏以外の国家に対しては、ロシアによる影響工作は効果的に実施できないのではないかということだ。ロシア語圏、英語圏以外の言語圏においては、小規模な事例はあるものの大規模な影響工作事例は確認されていないことからこのような疑問が生じている。この要因には言語特性以外の要件も考えられるため、引き続き注視していかなければならないだろう。

　しかしながら、仮に、影響工作に言語的な制約があったとしても、近年、言語領域における人工知能（AI）の技術が革新的に向上している状況から、この制約は早期に解消してしまうだろうということは付言しておきたい。

　ちなみに我が国におけるロシアからの影響工作に関する攻撃事例は、複数確認されているものの欧米ほど多くはない。この要因には、現段階において、ロシアが我が国に対して影響工作を行うインセンティブがないか、あるいはその程度が低い、費用対効果に見合わないなどということがあるのかもしれない。

　一方で、日ロの平和条約交渉（北方領土交渉を含む）が本格化した場合に、ロシアにとって有利な形での平和条約を締結するために影響工作をはじめとする情報戦を行ってくる可能性がある。すなわち、領土問題を先送りにし、平和条約を締結して戦争状態を国際法的に終結させ、経済協力を日本側から引き出すために、我が国の世論に対して影響工作を実施する可能性があるということだ。この背景には、そもそもロシアには「固有の領土」

という概念はなく、領土は戦争によって変化するという考え方を持っているということがある。そのため1956年の日ソ共同宣言には、「平和条約締結後に二島を引き渡す」と謳われている。ロシア側に返還という考えはまったくないということで、それに基づいて日ロの二国間問題を解決したいとしていることにある。

5　ロシアによる「ハイブリッド戦」に対する抑止と対処[25]

　これまで述べてきたように、ロシアが近年推し進めている「ハイブリッド戦」において、「情報戦・サイバー戦」や「影響工作」を中心とした非軍事手段に注力していることは明らかである。ロシアのこのようなハイブリッドな脅威に対処する上で、この「影響工作」の脅威への対策を確立していくことが重要である。
　そこで本節においては、その脅威にどのように対応していけばいいのかについて、一部政策提言に踏み込み考察していきたい。

(1)「ハイブリッドな抑止」概念
　軍事・安全保障の分野において、紛争・戦争への対応を考える場合、抑止と対処を念頭に置かなければならない。
　その中でまず、抑止を考察するときに取り上げなくてはならないのが「懲罰的抑止」と「拒否的抑止」ということである。改めてその定義を述べると、「懲罰的抑止」とは「攻撃を上回る報復能力を相手側に認識させ、相手に攻撃を断念させる」ことをいう。これは、言い換えると、相手側に「もし攻撃をしかけてきたらその何倍もの反撃を受けてしまうぞ」と脅しをかけ攻撃を思いとどまらせるということである。
　また、「拒否的抑止」とは「相手の目的達成を拒否する能力を整えることで、相手に行動を思いとどまらせること」をいう。拒否的抑止の代表的な例には「弾道ミサイル防衛」がある。仮に弾道ミサイルによって攻撃し

たとしても、弾道ミサイル防衛システムによって撃ち落とされてしまい無駄であると相手方に思い込ませて攻撃を断念させるということである。

これらの抑止概念は、物理的な攻撃兵器を対象とした場合には、一定程度効果が期待できる。しかしながら、サイバー攻撃やそれを活用した影響工作に対しては、従来から用いられてきたこれらの抑止概念が適用できるのかは疑問である。

そもそも、これらの従来からの抑止理論が機能する大前提として、攻撃側を特定できていなければならない。サイバー攻撃やサイバー空間を利用した影響工作では、攻撃源を特定することは非常に難しい。

ネットワークやシステム上の証跡から、どのコンピュータやシステムから攻撃がなされたかまでは特定することが可能な場合もある。しかしながら、そのシステムが乗っ取られている場合や踏み台にされている場合は、真の攻撃者を特定することはできない。

また、仮に攻撃の実行者や組織が特定できたとしても、それと国家の関与を結び付け、特定することは困難である。攻撃の対象が分からなければ、従来の抑止理論を適用することは難しいだろう。

さらに、伝統的な「懲罰的抑止」を適用するには、相手側がサイバー攻撃を行った際、反撃のためにさらに強大なサイバー攻撃能力を保有する必要もあるだろう。

すなわち、サイバー攻撃や情報空間での攻撃に対しては、特効薬的な対処法はないということで、一義的にはこれらの複数の抑止手段を融合して対処していく必要があるだろう。

そして新たな抑止の概念として、相手側が情報空間を使った攻撃を実施してきた際に、間髪入れずこれに対して対等の手段ではなく（サイバー攻撃に対してサイバー攻撃で対抗するということではなく）別の手段により多大なコストや痛みを攻撃側に課すことで、最終的に相手側に目的達成を断念させるという抑止の概念を取り上げたい。懲罰的抑止とまではいかないが、非軍事・軍事のあらゆる他の手段によって攻撃側にコストや痛みを課すことで攻撃活動を思いとどまらせるという考え方である。[26]

　換言すれば、あらゆる手段を融合させ、特に情報戦、影響工作を重視する「ハイブリッド戦」を推し進めるロシアに対しては、伝統的な抑止手段及びここで掲げた新たな抑止の考え方を融合させた「ハイブリッドな抑止」を実施する必要があるということだ。「ハイブリッドな脅威」には「ハイブリッドな抑止」で対抗すると言えるのかもしれない。

　具体的には、経済制裁、社会的な関係の遮断、金融の遮断、貿易の遮断、エネルギーの遮断などの報復（当然、懲罰的抑止にも一部該当する通常戦力による攻撃、サイバー報復攻撃や攻撃側に対する影響工作による反撃なども含む）が可能であり、[27]さらに、同盟国を巻き込み多国間で対処できれば、その効果を高めることができるだろう。

　また、このような対応は攻撃側に知らしめないと抑止効果がないので、国家のサイバー戦略等において「このようなサイバー攻撃や影響工作を受けた場合、このような報復措置をとる」などと具体的に明示する必要があるだろう。さらに、これらの別手段による報復が確実に運用、実行できるように、法制度を整える必要性も生じてくるだろう。

(2) その他の具体的な対処施策

　サイバー攻撃やそれを活用した影響工作が行われたとしても、任務を継続することができれば、相手側には攻撃を思いとどまらせる抑止効果が期待できる。

　任務の継続のみならず攻撃を受けても、全く動じないシステムを保有できれば、脅威そのものを無力化、または低下させることも可能となるであろう。

　ただし被害を最小限にするという分野は、何らかの被害を伴わない限り当てはまらない事項であり、情報操作、誘導工作、世論分断などの影響工作などのサイバー攻撃では該当しない。影響工作でのこの分野で対処できることは、任務継続のためのファクトチェックが最良の方策であろう。

　一方でファクトチェックは意味がないとの見方もある。それは、偽情報（ディスインフォメーション）が流布された場合、民衆に広まる速度が想像以上

に速いためだ。

　一度偽情報が広まると、人間というものは第一印象を重視する心理的側面があるため、のちにそれが偽りの情報だと分かったとしても第一印象で植え付けられた人間の脳内での感覚というものはなかなか訂正できないということである。[28]

　しかしながら、ファクトチェックの有効性や意義については、米国においても強調されている。2019年9月に、国防省、中央情報局（CIA）、連邦捜査局（FBI）などの政府高官が参加しワシントンDCで開催された国際会議でも最重要な議題として取り上げられていた。[29]

　さらに対応が難しいのは、「戦略的な情報リーク」により影響工作がなされた場合である。「戦略的な情報リーク」とは、サイバー攻撃などで搾取してきた事実の情報を情報操作や相手方にダメージを与えるためにリークするという手法である。つまり、そこで使われる情報そのものは事実であるので、ファクトチェック組織が行う事実関係の監視活動とは全く別の対応をしなくてはならないということだ。

　このような攻撃活動に対する効果的な対処というものはなかなか考え難い。そのため、日頃から、「戦略的な情報リーク」の元となる重要な情報がサイバー攻撃などによって漏えいしないように、最大限の努力を傾注していくことで対処していくことが必要となってくるだろう。つまり、盗まれた情報が流布され、悪用されないように、そのトリガーを与えないようにすることが必要であるということだ。

　加えて、個人のリテラシーの向上という努力もしなければならない。「情報源は一次情報であるのか否か」、「複数の情報源により情報の信頼度を確認しているか」、「正しい情報であってもそれが世論操作のために悪用されていないか」などを、特にSNSのみならず従来の新聞、テレビ、ラジオ等で確認することは重要である。従来のメディアでは公開される内容は、何らかのチェックを経た上で公開されるため、SNSよりは信頼度が高いということだ。

おわりに

　ロシアの情報空間（サイバー空間）における安全保障がどのように考えられているのかを明らかにするために、2021年7月に新たに制定された「国家安全保障戦略」を中心に考察してきた。

　近年のロシアは、国家安全保障上の重要な要件として「情報安全保障（サイバー空間の安全保障）」を考えており、ロシアにとってのこの分野における喫緊な課題や脅威は、西側諸国によるロシア国内への影響工作により国家の分断や弱体化を図る行動だと位置づけていることである。それへの対処が最優先課題であり、そのためにはロシア独自のインターネットやドメインの確立を目指していることも明らかとなった。また、その戦略の行間から、ロシアが受けていると認識する脅威は、相手国にとっても脅威と位置づけることができ、情報空間（サイバー空間）での優越を確保するためには、攻勢的な活動も辞さないとの戦略を保持しているものとも見積もられる。

　そして、そのような戦略を保持する背景となっているのが、2013年にゲラシモフ参謀総長により発表されたいわゆる「ハイブリッド戦」という戦い方である。「ハイブリッド戦」では、新たな世代における国益を確保するための戦い方を行っている。その戦いにおいて重視されるのは非軍事手段であり、非軍事手段と軍事手段の割合は4：1で圧倒的に非軍事手段の占める割合が大きいとしている。

　ここで特に重要視されるのが「サイバー攻撃や影響工作を中核とした情報戦」であり、影響工作での戦いは陸・海・空・宇宙の「実体領域」、サイバー空間を主とする「デジタル領域」及び米軍が提起する「電磁波領域」に引き続く、第七の領域「認知領域」での戦いとも言えるだろう。

　ロシアは多彩な手段、手法、種類により、情報戦を実施してきており、まさに「ハイブリッドな情報戦」を実施していると言っても過言ではない。ここで特徴的なのは、従来から行っているプロパガンダ活動に加え、情報空間（サイバー空間）を利用したプロパガンダに焦点が移ったというこ

とである。

　すなわち、SNS の登場により情報拡散は非常に容易になり、それを実施する主体（国家、組織、個人）も秘匿できるということである。ロシアはこれらの特徴を最大限に利用し、以前より格段に進化した情報戦も実施してきている。

　このようなロシアのハイブリッドな脅威に対抗するためには、新しい概念による抑止と対処が必要となってくる。すなわち、懲罰的抑止とまではいかないが、攻撃側が影響工作などの情報戦をしかけてきた場合、あらゆる手段でもって攻撃側にコストや痛みを課し、攻撃を断念させるという考え方である。これと伝統的な抑止理論を組み合わせて対処していくことが重要であるということだ。

〔註〕

1　2016年の米国大統領選挙の際にロシアが米国の民主主義に打撃を与え、特定の候補の当選のために行った作戦が影響工作の一例。外交・軍事・経済・サイバー戦などの多様な手法を用いて、他国の世論形成や政策決定に影響を与える作戦のこと。訳文は定まっておらず、「影響作戦」、「影響行使」、「影響力作戦」などの用語も使われるが、本論では「影響工作」を使用する。

2　ロシアは自らの戦略を「ハイブリッド戦」と呼称したことはなく、西側諸国が、ロシアの近年の行動を解釈して名付けた名称である。

3　Герасимов, Валерий Васильевич, "Ценность науки в предвидении – Новые вызовы требуют переосмыслить формы и способы ведения боевых действий",（26 февраля 2013）. https://www.vpk-news.ru/articles/14632（2021年9月30日閲覧）。原題の直訳は「先見の明における科学の価値」であるが、ここで言う「科学」とは、本文によると、自然科学を意味するのではなく「軍事科学（兵学）」を意味している。ただし、日本語では「政治学」と表現する学問をロシア語では「政治科学」と表現している関係上、齟齬を起こさないように、本稿においては「軍事科学」を示す「科学」の訳語を「軍事学」とする。

4　Совет Безопасности Российской Федерации, "Стратегия национальной безопасности Российской Федерации". http://www.scrf.gov.ru/security/docs/document133/（2021年9月30日閲覧）

5　「情報空間」及び「サイバー空間」という2つの用語について、プーチン大統領が2012年に発表した安全保障論文においては「情報戦空間（サイバー戦空間）」と括弧書きを使用し、領域を示す用語として使用した場合は、ほぼ同義に扱って

いる。したがって、本書では「情報」及び「サイバー」の用語は、文脈に応じ、適宜併記または読み替えて使用する。

6　「GAFA」とは Google、Amazon、Facebook、Apple の米国の大手 IT 企業の頭文字を並べたもの。

7　この項、拙稿「ロシアが推し進める『ハイブリッド戦』の概要とその狙い」安全保障懇話会『安全保障を考える　令和2年5月号』（2020年5月）を基に加筆、修正した。

8　喬良・王湘穂（2020）『超限戦──21世紀の「新しい戦争」』角川新書．

9　渡部悦和（2018）『中国人民解放軍の全貌』扶桑社新書、55-56頁．

10　「アラブの春」とは、2010年から2012年にかけてアラブ世界において発生した、前例にない大規模反政府デモを主とした騒乱の総称のこと。2010年12月18日に始まったチュニジアのジャスミン革命から、アラブ世界に波及した。また、SNS を使った現政権に対する抗議やデモ活動により世論が動かされたことに起因する情報戦が行われたことに特徴があった。

11　Герасимов, Валерий Васильевич, "Ценность науки в предвидении – Новые вызовы требуют переосмыслить формы и способы ведения боевых действий".

12　この項、拙稿「情報大国ロシアのサイバー戦(3)」立花書房『治安フォーラム令和3年8月号』（2021年8月）を基に加筆、修正した。

13　「カラー革命」（または「花の革命」）とは、2000年頃から、中・東欧や中央アジアの旧共産圏諸国で民主化を掲げて起こった一連の政権交代を指す。これらの政権交代劇では、政権交代を目指す勢力が、特定の色や花を象徴として採用したため、一連の政権交代は「カラー革命」と呼ばれている。

14　ロシアは従来から「軍事ドクトリン」において、紛争・戦争の段階を烈度の低い順に「武力紛争」「局地戦争」「地域戦争」及び「大規模戦争」の4つに区分している。

15　「軍事ドクトリン」の規定によれば、「軍事紛争」とは、国家間または国内の対立を、軍事力を使用して解決することの総称のことで、前述の4つの戦争・紛争の段階の総称を示す。

16　この項、拙稿「ロシアが恐れるサイバー空間の脅威と核の脅威」安全保障懇話会『安全保障を考える　令和3年3月号』（2021年3月）を基に加筆、修正した。

17　核兵器の使用規定については、2020年6月に改めてロシア政府から発表があった。詳細は、時事通信「弾道ミサイル情報で攻撃──軍縮協議にらみ使用条件公表」（2020年6月2日）参照。

18　Администрация Президента Российской Федерации, "Об основах национа льной политики Российской Федерации в области ядерного сдерживания", Указ Президента РФ от 2 июня 2020 г. №355. http://static.kremlin.ru/media/events/files/ru/IluTKhAiabLzOBjlfBSvu4q3bcl7AXd7.pdf （2021年9月30日閲覧）

19　ロイター通信「プーチン露大統領、クリミア併合で『核兵器を準備していた』」『ロイター通信HP』（2015年3月16日）. https://jp.reuters.com/article/

ptinidJPKBN0MC03220150316（2021年9月30日閲覧）
20　「エスカレーション・ラダー」とは冷戦期に核戦略理論が発展する過程で「最終的な核戦争へのエスカレーションをいかにして防止するのか」という文脈を通じて認識されるようになった概念である。
21　秋山信将・杉雄・泉悠ほか（2019）『「核の忘却」の終わり』勁草書房．
22　この項、拙稿「ロシアが推し進める『ハイブリッド戦』の概要とその狙い」安全保障懇話会『安全保障を考える　令和2年5月号』（2020年5月）を基に加筆、修正した。
23　「インターネット・リサーチ・エージェンシー（IRA：Internet Research Agency）」とは、ロシア政府に近いとされる企業であり、人海戦術によってSNSを用いた世論操作を行った「トロール工場」としても知られる。
24　University of Oxford, "The IRA, Social Media and Political Polarization in the United States, 2012-2018",（December22 2018）. https://comprop.oii.ox.ac.uk/wp-content/uploads/sites/93/2018/12/The-IRA-Social-Media-and-Political-Polarization.pdf（2021年9月30日閲覧）における引用元のツイッターに関するデータによれば、57%がロシア語、36%が英語、残りの数%がそれ以外の複数の言語であったことが判明している。
25　この項、拙著（2021）『近未来戦の核心サイバー戦——情報大国ロシアの全貌』育鵬社．を基に加筆、修正した。
26　松村五郎「ハイブリッド脅威の行使をどう抑止するか」安全保障懇話会『安全保障を考える　令和3年5月号』（2021年5月）．
27　我が国が韓国に対し実施した輸出管理規制の厳格化もこの範疇にあると考えられる。
28　Vosoughi Soroush, Roy Deb, and Aral Sinan, "The spread of true and false news online", Science, Vol 359, Issue 6380,（March9 2018）. https://science.sciencemag.org/content/359/6380/1146（2021年9月30日閲覧）
29　AFCEA（Armed Forces Communication and Electronic Association）主催の「Intelligence and National Security Summit」会議のこと。

〔参考文献〕
（日本語文献）
秋山信将・高橋杉雄・小泉悠ほか（2019）『「核の忘却」の終わり』勁草書房．
喬良・王湘穂（2020）『超限戦——21世紀の「新しい戦争」』角川新書．
佐々木孝博「ロシアが推し進める『ハイブリッド戦』の概要とその狙い」安全保障懇話会『安全保障を考える　令和2年5月号』（2020年5月）．
——「ロシアが恐れるサイバー空間の脅威と核の脅威」安全保障懇話会『安全保障を考える　令和3年3月号』（2021年3月）．
——「情報大国ロシアのサイバー戦（3）」立花書房『治安フォーラム　令和3年8月号』（2021年7月）．
——（2021）『近未来戦の核心サイバー戦——情報大国ロシアの全貌』育鵬社、208-225頁．

松村五郎「ハイブリッド脅威の行使をどう抑止するか」安全保障懇話会『安全保障を
　　考える　令和3年5月号』(2021年5月).
渡部悦和(2018)『中国人民解放軍の全貌』扶桑社新書、55-56頁 .

(ロシア語文献)

Администрация Президента Российской Федерации,"Об основах
　　национальнойполитики Российской Федерации в области ядерного
　　сдерживания", Указ Президента РФ от 2 июня 2020 г. №355. http://
　　static.kremlin.ru/media/events/files/ru/IluTKhAiabLzOBjlfBSvu4q3bcl7A
　　Xd7.pdf (2021年9月30日閲覧)
Герасимов, Валерий Васильевич, "Ценность науки в предвидении - Новые
　　вызовы требуют переосмыслить формы и способы ведения боевых
　　действий",(26 февраля 2013). https://www.vpk-news.ru/articles/14632
　　(2021年9月30日閲覧)
Совет Безопасности Российской Федерации, "Стратегия национальной
　　безопасности Российской Федерации". http://www.scrf.gov.ru/security/
　　docs/document133/ (2021年9月30日閲覧)

(英語文献)

University of Oxford, "The IRA, Social Media and Political Polarization in the
　　United States, 2012-2018",(December22 2018). https://comprop.oii.
　　ox.ac.uk/wp-content/uploads/sites/93/2018/12/The-IRA-Social-Media-
　　and-Political-Polarization.pdf (2021年9月30日閲覧)
Vosoughi Soroush, Roy Deb, and Aral Sinan, "The spread of true and false
　　news online", *Science*, Vol 359, Issue 6380, (March9 2018). https://
　　science.sciencemag.org/content/359/6380/1146 (2021年9月30日閲覧)

第 3 部

新たな競争のフロンティア

第1章　AIの軍事利用に関する課題と脅威

パーヴェル・カラセフ

（久保谷 政義訳）

キーワード　AIの軍事利用、AIの国際的規制、自律型致死兵器システム（LAWS）、
AIによる兵器管理、AI戦略

はじめに

　科学技術上の進歩と軍事戦略の発展は、同時並行的に進行してきた。
ここ数十年、軍事・安全保障部門においては、新技術の積極的開発がみら
れる。そして、この分野では、多数の研究が現在進行中である。AI（人工
知能：artificial intelligence）とその特定分野への応用は、技術革新と研究開発
における最重要領域の一つとしてみなされるようになった。世界中の先
進国が、AIの研究と利用の分野において主導的地位を得ることを目標と
して掲げるようになっており、近い将来もそうした状況は続くであろう。
そうした研究の成果は、民間部門と軍事部門の双方の領域で活用される
であろう。同時に、多くの科学者と市民運動家たちが、AIの軍事利用は
危険を伴うもので、国家はそうした取り組みから手を引くべきだと論じて
いる。特に議論となっているのは、自律型致死兵器システム（LAWS: lethal
autonomous weapon systems）の利用である。

　AIの軍事利用と脅威を特定するには、いくつかのレベルごとの考察が
必要となるだろう。一つ目のレベルはいわずもがな技術面である。二つ目
のレベルは適用面であり、LAWS使用の可能性によってもたらされる課
題と挑戦である。三つ目のレベルは政治であり、AIの軍事利用に伴う国
際安全保障における潜在的な脅威とAIの国際的規制への挑戦である。

1　技術面

(1) AI 開発に関わる課題

　現在、「人工知能」について、広く受容された普遍的な定義は存在しないが、AI には"強い"AI と"弱い"AI があるという二つの大分類が専門家の間で用いられている。現時点では、"強い"AI を制作しようという試みは、理論研究や実験の段階にあるにすぎない。ロシア科学アカデミーの研究者イーゴリ・カリャーエフ[1]によると、「強い AI の創造とは、人間の脳の類似物をコンピュータ上に再現しようとすることであり、従来のコンピュータ技術の延長線上にはない」という[2]。AI 技術を実用化しようとしたものは、これまでのところはその全ての事例において、"弱い"AI もしくは"特化型"AI を実現したものであり、独自に目標設定をする機構や、自らが犯した間違いを"認識"できるような防御機構を有するものではない。こうした弱い AI の機能の内実は、例えば画像認識、音声認識、合成といった厳密な定義が与えられたタスクを処理するための思考パターンや、エキスパートシステムの所産を模倣するプロセスなのである。

　AI 技術（基本原理の形成は 20 世紀にまで遡る）が再び脚光を浴びるようになったのは、実用化のための新しいツールである、深層ニューラルネットワーク（deep neural networks）が登場したことに端を発する[3]。最も一般的な捉え方では、人工ニューラルネットワークとは、生体ニューラルネットワークの機能原理をコンピュータ・システムに適用したものである。そのニューラルネットワークには、情報の入力層（input layer）と、隠れ層（hidden processing layer）、そして、作業の結果を提示する出力層（output layer）が存在する。ニューラルネットワークの大きな特徴は、複数の隠れ層を用いることである。ニューラルネットワークのトレーニング（訓練）には様々な手法が用いられるが、結局のところは、機械学習の専門家によって用意されて入力されるラベル・データを処理する作業であると要約できる。例えば、画像認識のためのニューラルネットワークであれば、トレーニング・セットは"対象物"と"非対象物"というラベルを有するという具合であ

る。

　このようなネットワークを構築しうる能力に大きな影響を与える要因を考えてみよう。弱い AI の場合（成果物を生み出すスピードとそのクオリティ）は、AI システムを準備したりトレーニングしたりする高度専門職人材を確保することができるか、トレーニングのために用いる大量のデータ蓄積ができるか、あるいは、パフォーマンスの高いコンピュータが利用できるかといったことにかかっている。これらの要因を考慮に入れると、AI 技術が抱える課題のいくつかが明らかになる。第一に、「包括的」なトレーニングを行うためのサンプル・データを生成することは困難であり、したがってそのようなトレーニングを実施することも困難である。第二に、良質なデータを得ることにも障害が存在する。"不良"データは学習プロセスを阻害するのみならず、ある一連の入力データが与えられると異常な反応を引き起こすような"認知的バックドア"を AI に作り出しかねない。第三に、AI システムはコンピュータのハードウェアおよびソフトウェアの中核を成すものであるので、悪意的なサイバー行為に対して脆弱である。AI のアルゴリズムのフローを悪用しようとする行為は、質的な意味で全く新しい認知的脅威といえるが、これを排除できるようにはなっていない。また、サイバー攻撃が侵入の手段として用いられた後、AI に入力するために特別に用意された情報に影響を及ぼすといった複合的脅威に晒される危険性も予見できるわけだが、そうした脅威に晒された場合は、AI からの出力情報の信頼性が揺らぐことになる。

(2) サイバー空間における AI の安全確保

　したがって、AI システムのサイバー・セキュリティを確保するためには、"従来型"のサイバー脅威からの保護のために設計された既存の手法や手段では不十分である。"認知作用に対する兵器"の能力と限界を理解し、それに対抗する保護の手法や手段を開発する必要がある。当然ながら、サイバー攻撃に対するセキュリティ・レベルは、次のような要因によって左右される。すなわち、人々がどのような商品を利用しているか、

ソフトウェアのように外挿されるものとしては何が利用されているか、公衆情報ネットワークへの接続はどのような形になっているか、人々のコンピュータ・リテラシーや"サイバー衛生"（cyber hygiene）意識のレベルはどの程度かに左右される。情報提供者やスパイが外から送り込まれたり、あるいは元々内部にいる者が外部からの働きかけを受けて情報提供者やスパイとなったりする（一般に言う"内通者"（insider））と、ICT システムの機能に関する情報が外部に漏洩したり、ICT システムに悪意を持ったソフトウェアが設置されたりしてしまうが、こうした内通者は排除しきれない。さらに、軍事部門のネットワークやシステムは、民間部門と同程度の脆弱性を内包するものであるようだ。一般に公表されている情報にのみを参照した場合でも、2012年から2017年にかけてアメリカ軍が装備として調達したプログラムについて調査を行ったところ、その殆どに深刻なサイバー上の脆弱性が内包されていたことが明らかにされている。

　ここで問題を整理してみると、学習プロセスに悪影響を及ぼしうる"不良"データの除去は、"弱い"AI の制作において最重要課題の一つであるということを強調しておくべきであろう。画像認識システムで行われた実験では、処理した画像の変化を検知する設定によって、出力情報に大きな変化が生じることが明らかになっている。深層ニューラルネットワークのトレーニングの場合は、専門家たちは、現実世界のデータと比較してアルゴリズムの所産である出力情報がどの程度異なっているのかを示すものとして、"損失関数"（loss function）を使用する。そして、トレーニングに使用されるデータが増えるほど、システムの適合性が高まるという関係性が存在するとされている。だが、無限の量の情報を処理することはできないので、AI があらゆる状況下で適合的な出力を生み出しうるのかをチェックすることは不可能である。これは、軍事利用においては重大な障壁になりうる。

　AI の軍事利用に関わるもう一つの障壁は、均衡性（proportionality）、人道性（humanity）、差別性（discrimination）といった国際人道法（IHL）に関わる基本原理が特定の AI に組み込むことができたのか否かを検証（規制に

関する国際的合意の進展がみられた場合には、これにコントロールが加わる）することが困難であるという点である。この問題は、“ブラックボックス”効果という、深層ニューラルネットワークの挙動の特徴に由来するものである。だからこそ、なぜ AI が特定の意思決定を行ったのかの理由をシステム・オペレーターが理解できるようにするための補助メカニズムの創造ということが、近年の AI 研究の中では顕著に発展しつつあるのである。このようなプロジェクトの例としては、アメリカ国防高等研究計画局（DARPA）の“説明可能な AI”（Explainable Artificial Intelligence）の研究が挙げられる[6]。機械学習の手法を発展させ、学習の効率性を高いレベルで実現すると同時に、よりよい説明が可能となるモデルの創造を目的としている。そして、次世代の AI を効果的に管理することも、その目的となっている。

　以上を要約すると、AI 技術に関わる課題や脅威は、以下のように指摘することができる。

- ・既存の技術では、真の意味で思考ができる AI の開発は不可能であり、高度に特化されたタスクの処理を模倣することができるだけである。AI は、処理の統制に特別な条件を加えていくトレーニングの段階において、非常に脆弱である。
- ・完全なトレーニングを実施したり、いかなる状況下でも正常な挙動をすることを保証したりすることは不可能である。
- ・AI 内部でなされた特定の挙動を決定づけた要因が何かを検証することは不可能である。
- ・AI は、サイバー上の悪影響や認知作用の影響に左右されやすい。

2　適用面

(1) AI を適用するためのシナリオ

　AI の軍事利用のシナリオとしては、二つに大別できる。一つ目は、AI そのものが定められた基準に基づいて決定を下すというものである。二つ

目は、AI が情報を処理してオペレーターに引き渡し、オペレーターが決定を下すというものである。

　AI の要素を取り入れた戦闘システムの重大な特徴は、自律性の程度にある。すなわち、特定の基準に基づいて独自に決定を成すことができる能力である。これには、何らかの機能の知性化といったものから、意思決定における独立性まで、様々なものが含まれる。アメリカでは、戦闘システムの自律性について、以下の3点の基準を設けている。

　　・自律型兵器システム：兵器システムは、動作開始後に、人間のオペレーターが介在することなく、標的を選別し、標的に対して何らかの行動をとる。

　　・人間監視式自律型兵器システム：人間のオペレーターがシステムに介入したりシステムの行動を終了させたりすることができるように設計されている自律型兵器システム。受容しがたいほどの損害が生じる前であっても、兵器システムにエラーがあった場合には、人間のオペレーターがシステムに介入できるようになっている。

　　・準自律型兵器システム：兵器システムは、動作開始後に、個々の標的や特定の標的群のみに対して行動を起こすようになっており、その標的は人間のオペレーターが選択する。[7]

　言うまでもなく、自律性が高まるほど、その長所も短所も増幅される。例えば、高度な知性を持つ戦闘システムの自律性を高めれば、人間のオペレーターが有する身体的制約（反応速度や、処理できる情報量の限界、ストレス状況下での倦怠感や判断能力の低下）に起因するエラーの発生確率を低くすることができるだろう。だが、他方で、異なる種類のエラーが発生するリスクが上昇する。それらのエラーは、AI によるデータの収集・認知・処理に起因するものである。AI の軍事利用のシナリオを描く際には、これらのリスクを考慮すべきである。

（2）AI の利用と倫理的課題

　すでに AI の軍事利用のシナリオは徐々に描かれつつあるのだが、AI

を用いた戦闘が効果的なものなのか否かの評価は、未だなされていない。まず、様々な種類の無人航空機 (UAV) や、ロボット地上車両 (robotic ground vehicles)、人間の活動が困難な状況下での活動のために設計された装置 (サイバー攻撃を実行するために設計された自律型システムもこれに含まれる) などの自律型致死兵器の使用と創造というのは、このようなシナリオの一つとして挙げられる[8]。それらの使用は、自律型致死兵器システムやその他の知的システムによってなされる行動に対する責任についてどのように判断するのかという課題や、国際人道法の観点が実装されていることをどのように検証するのかという課題を提起する。将来的には、悪意的なシステムの乗っ取りが生じる危険性については、特に、国際人道法の規定に従わない主体 (テロリストや反乱軍など) が相手である場合は大きな問題となる。現段階では、AI が外部からの乗っ取りの試みを検知できるのかどうかや、そうした試みに対する防衛手段を導入できるのかどうかといったことは、課題として残っている。加えて、AI の軍事利用によって引き起こされる紛争の非人間化は、非常に重大な課題である。この点は専門家たちによって繰り返し指摘されている。特に、2010年から国連の超法規的処刑に関する特別報告者 (Special Rapporteur on Extrajudicial, Summary or Arbitrary Executions) を務めるフィリップ・アルソンの次の発言は興味深い。「……オペレーターは戦場から数千マイル離れた場所にいて、オペレーションは全てコンピュータ画面と遠隔音声装置で実行されるから、“プレイステーション”のゲーム上で殺人をするのと同じような心理状況となってしまう。戦闘に伴うリスクや戦闘の厳しさに晒されていないドローンのオペレーターたちに、国際人道法を尊重し、法令遵守のための適切な措置を取ることを徹底させるよう、国家は訓練プログラムを確立しなければならない」[9]。

　この命題については、より明確に議論しているデミーなどの研究がある。それによると、「……認知的不協和音が、オペレーターたちの戦闘を正当な形で実行しようといった意識を弱めるだろう。オペレーターたちは戦争を「現実」あるいは深刻なものとして捉えず、ビデオゲームとして捉える……」[10]という。現時点でも、何が起きているのかを見ているだけのオ

ペレーターの問題が提起されているのであるが、それでは、将来的な自律型兵器の発展に伴って何が起きるのだろうか。オペレーターがすることは攻撃命令を発するだけで、その攻撃による犠牲者を目撃することすらしなくなるようになったら、どうなるのだろうか。意思決定プロセスの中で必ず人間が介在するようにするという単純な条件を設けるだけでは、この問題を解決するには甚だ不十分といえる（特に、致死兵器の使用の決定に関しては）。

　AI の軍事利用に関する別の課題は、戦略的抑止力を確保するためのシステムの知性化である。これまでのところ、AI 技術の利用を通じて戦略的核戦力の情報システムや統制システムの効率性に進展を示した国家は存在しない。したがって、知性化や自動化が戦略的安定性のレベルに及ぼす影響は、仮定の上でしか評価できない。それを承知の上で議論すると、まず、AI 技術は意思決定に要する時間の短縮に役立つと期待できる。自動化された知性的システムは、短時間のうちに人間のオペレーターでは処理しきれないほどの大量の情報を処理することができ、行動に関する最適な選択肢を提示することができる。警報即発射（launch-on-warning）戦略の枠組みにおいては、仮定の攻撃に対する状況認識の向上や、ミサイル攻撃の早期警戒システム（EWS）による検知を通じたデータ分析の質の向上は、戦略的安定性を強化する上で役立つ。なぜなら、誤ったリアクションをとってしまうリスクを減じることになるからである。また、状況認識の向上によって、かつては攻略不可能と考えられてきた標的を攻略する機会が増大しうる可能性があり、そうなると、核兵器を相手国に先んじて使用することのインセンティブが高まることになる。[11] 逆に、防衛側のミサイル防衛の効率性を向上させるために AI を利用すれば、報復するための兵器の残存可能性が高まることになる。他方、侵略国側のミサイル防衛システムの効率性の向上は、敵国からの報復攻撃によるダメージを減少させることになりうる。そして、最も重要なことは、指揮統制の複合システム（いわゆる「終末兵器（dead hand）」システム）が高い自律性を持つことで、AI の技術上のエラーに起因する全面核戦争や地球規模の災厄を引き起こす脅威が生じることである。技術上のエラーというものはいかなる場合でも生じうる

可能性があるものであって、いかなる種類の技術であっても免れることができないことを忘れてはならない。

　以上をまとめると、AIの利用に関わる課題や脅威は、以下のように指摘することができる。

- ・一般的な課題として、個々のAIの自律性をどの程度まで高いものにするか、そしてどの程度まで安全なものにするかの選択に関する問題が挙げられる。
- ・AIの挙動の中で生じるエラーを同定し分類することも課題となる。こうしたエラーは、自律型の場合とオペレーターとAIが協働する場合のいずれでも起こりうる。
- ・自律性の高さは、戦闘の非人間化の問題をより厄介なものにするだろう。
- ・戦略的抑止力の確保のためにシステムの自動化をはかることは、戦略的安定性の全体を揺るがすような予見不可能な変化をもたらしうるものであり、結果として、国際社会の平和と安全保障に対する深刻な脅威になりうる。したがって、この点に関しては、特別な配慮と研究が求められる。

3　政策面

(1) 政策面における展望

　AI戦略を概観すると、20以上の国や組織が何らかの形でAI政策を採用している[12]。それらの国や組織では、AI技術の開発とその適用がきわめて重要視されている。また、AIの軍事利用の問題について言えば、アメリカ、中国、ロシアの3カ国の動向が大きな関心事となっている[13]。

　アメリカは数年前からこの領域に関与するようになっており、2016年には報告書『AIの未来に向けた準備』（"Preparing for the Future of Artificial Intelligence"）を発行している。現在では、関連する政策群がすでに実行に

移され、進化を続けている。この報告書によれば、「AIの研究開発のリーダーとして、アメリカは、政府間の対話や協働を通じて世界的な研究連携を進めていく際に重要な役割を担い続けていくことができる」という[14]。2018年には「国防総省AI戦略」が策定されているが、そこではセキュリティを確保していくべきことと、アメリカの競争力を向上させるべきことが指摘されていた。そして、「安全保障分野にAIが導入され研究と普及が進んでいく中で世界をリードしていく主導的地位」を確立しなければならないとされている[15]。しかし、最も注目すべきものは、『2019年度ジョン・マケイン会計年度国防授権法』(John McCain National Defense Authorization Act for Fiscal Year 2019) 第1051項を遂行する中で2018年に発行されたAIに関する国家安全保障会議の文書だといえる[16]。2019年11月には、委員会の中間報告が公表され、「アメリカの軍事的優位を脅かすもの」として、AIの利用に伴う脅威が挙げられた。現在、アメリカはAI分野でリーダーシップをとることに関心を寄せており、他国が先んじてAI技術を発展させることがアメリカの軍事的優位を脅かすことを憂慮している。

　ロシアや中国においては、こうした戦略は公表されてはいない。しかし、入手可能な情報から判断すると、ロシアと中国はAIの軍事利用に大きな関心を寄せている。ロシアにおいては、AI技術は第4次産業革命の主力の一つとみられており、同時に、AI技術は安全保障の確保と国益の保護の観点からも検証されている。AI技術は、公共部門や研究・生産に従事する組織、そして民間部門において実際に導入されている。

(2) ロシアにおけるAIの進展状況
　この領域における国内技術の発展の方向性は、2019年10月に公表された『AI開発に関する2020年代国家戦略』に定義されている。そこではAIの軍事利用の問題については、直接的な言及はなく、この領域において絶対的なリーダーシップを握ろうという意図を表明したものはなかったものの、「ロシアはAI技術の開発と利用において国際社会での主要なリーダーの一角を占めうるだけの十分なポテンシャルを有している」と表明さ

れている。この戦略は、「ロシア連邦デジタル経済」という国家プログラ
ムの中の連邦プロジェクト「AI」の枠組みや、その他の様々な国家プロ
グラムや国家プロジェクト、あるいは「ロードマップ」を通じて適用さ
れ、達成することが謳われている。

　「ロシア連邦デジタル経済」プログラムは2017年に承認されたもの
で、そこでは法規制、教育・訓練、サイバー・セキュリティ、研究開発
力の形成、ITインフラの形成という五つの領域が定義されている。ロシ
ア政府は30億ルーブルを超える予算を「情報インフラ」や「研究開発力
と技術的基礎の形成」、「情報セキュリティ」の領域に優先的に配分して
いる。こうした予算は、「情報社会 (2011-2020)」や「経済発展と革新的経
済」、「交通システムの発展」、「2013年から2025年における電子産業・無
線電気通信産業の発展」といった国家プログラムを通じて提供されてい
る。

　AI開発に関する国家戦略を推進するため、ロシア経済発展省はその他
の関連省庁と協働して、連邦プロジェクト「AI」を確実なものとするよ
うにしている。2021年から2024年における連邦プロジェクトの財政出動
は315億ルーブルにも達しており、そのうち246億ルーブルは連邦政府
の予算、69億ルーブルはその他の財政手段によって賄われる。公共部門
におけるAIの利用に対する追加的財政措置としては、省庁のデジタル化
のために配分された公的資金が使われると考えられる。連邦プロジェクト
「AI」の目標は、主として国内のAI技術に立脚した、質的にみて新し
いレベルの業務効率化を実現できるような製品やサービスを、企業や国民
が利用できる環境を整備することにある。この連邦プロジェクトは、以下
の領域において実施される。

・研究開発の支援
・AI技術に関する新規起業や先駆的利用への支援を通じた、ソフト
　ウェア開発への支援
・AIの領域における包括的な法規制のシステムの創出への支援
・データの利用可能性と質を向上させることへの支援

・ハードウェアの利用可能性を向上させることへの支援
・ロシア市場で AI 技術に精通した人材が確保できるようにすることへの支援
・AI 利用が可能な領域についての国民の意識を喚起することへの支援
　ロシア連邦において、AI 技術の利用が重視されている領域は、経済・社会開発である。また、情報空間が大衆レベルで発展していく状況下で、AI 技術は地政学的影響力の手段にもなってきている。

(3) 競争から対立へ

　アメリカやその友好国をはじめ、多くの国々が、自国の利益を追求するために、AI システムの創出や AI 利用の規制のための機関を設立する動きを加速させている。他方で、自動化されたシステムの機能性・信頼性・安全性を査定する際に、客観的な基準の代わりに曖昧で主観的な評価が用いられるリスクが存在しているが、そうした主観的評価の下では、政治・経済の分野におけるご都合主義のために新技術が利用されかねないものである。

　非営利組織アルゴリズム・ウォッチによると、現在、世界には AI 倫理に関して170を超える異なる文書が存在しており、その数は増え続けているという。[20] 省庁や公共団体、研究機関、民間企業は、AI の創出と利用に関する倫理基準を発展させようとしており、最近、AI 分野における一つの倫理規定がロシアで発表された。[21] 国家や公共部門、民間部門、研究機関が参画することで、この規定は発展し、ゆくゆくは連邦プロジェクト「AI」や AI 開発に関する2020年代国家戦略の一部となるだろう。この文書は、AI 技術の創出（設計、構築、試作）と利用に関するあらゆる段階における倫理的側面を管理し規定するための一般的な倫理的原理や倫理的規定を定めたものではあるが、他方で、軍事目的での AI 利用に適用されるものではないという点が特に強調されているものでもある。

　ロシア連邦安全保障会議のオレグ・カラモフ副議長は、議会での演説「デジタル時代における戦略的リーダーシップと AI 技術」の中で、AI

分野が「科学技術の競争のみならず、軍事的・政治的な衝突といったことに密接に関連するようになることは避けられない」と述べた。そして、彼は、「こうした状況はロシア連邦の国家安全保障に対する脅威となり、適切に対処する必要性を認める」とも語った[22]。彼によると、不公正や競争や、先端技術へのアクセスに関する不平等や条件、他国の市場におけるAI技術の利用への制限について、ロシアは反対しているという。また、全ての関連省庁と民間団体は、以下の領域において一致協力して努力していくことが戦略的に重要だという。

- AIの発展に関する国際基準やその他の文書に、ロシアの技術的解決法を盛り込むこと
- 国内におけるAI技術の開発の促進と、世界市場におけるAI製品の促進
- AI分野における専門家の養成に対する国家的支援の提供

　現在そして将来においてこれらの課題を解決するには、ロシア連邦の国家安全保障上の利益やデジタル主権を守ることが必要条件となる。ロシア国防省は「国防と国家安全保障のためのAI技術」と題した省庁横断的な会議を毎年開催しており、高度に自動化された軍事システムの開発におけるAI技術の実用化の枠組みを構築しようとしている[23]。2020年12月、ウラジミール・プーチン大統領はロシアの兵器システムにAIを導入することの重要性について語った。すなわち、こうした兵器は部隊や編隊の戦闘力を飛躍的に高めるものであり、近い将来には戦闘の結果を左右するものになるであろうというのである[24]。

　中国は2017年に長期戦略を策定した際にAI分野のリーダーシップに言及している。2020年、2025年、2030年の3段階に分けて、それまでに達成すべきことが示されている。それによると、「2030年までには、中国が世界一のAI開発拠点となることで、AIの理論・技術・適用において中国は世界を牽引するような段階に到達しているべきである」とされている[25]。AIの軍事利用については、次世代のAI技術を、指揮・意思決定・軍事分析・防衛装備などの分野を支援するために活用すべきとしている。

（4）AIをめぐる競争

　軍事部門でのAIの開発と適用においてリーダーシップをとろうとする試みを複数の国が表明することによって、軍事対立は新たな局面へと移行し、国家間の競争が激化する可能性がある。これは国際安全保障にとっての重大な課題であり、一部の国はすでにそのことを認識している。例えば、フランス国防省のAIタスク・フォースによって示された「国防を支援するAI」という文書では、AIの開発能力別に国家を分類した上で、「アメリカと中国という二つの超大国が他国を圧倒しており、この2カ国は膨大な量のデータをコントロールし、世界規模の強力なインテグレーター群に支えられたビジネス生態系が形成されると指摘している。そして、この2カ国はその科学技術上のリソースと財務上のリソースを活用できる立場にあり、それが優位性をさらに増進させることになっている」と述べている。[26]

　国連貿易開発会議のデジタル経済報告2021では、アメリカと中国は世界の大規模データ・センターの半数を占めており、5Gの適用においては世界で最も高い比率となっている。過去5年間におけるAIの新規起業への投資の94%、世界トップクラスのAI研究者の70%を占めているという。そして、アップルやマイクロソフト、アマゾン、アルファベット（グーグル）、フェイスブック、テンセント、アリババといった、世界のデジタル・プラットフォームの巨大資本の約90%がこれら2カ国に集中している。[27]これらの企業は、世界中に手を延ばし、莫大な富を生み出し、市場と技術の両面で大きな力を有するデジタル企業へと進化し、いまやユーザーに関する大量のデータを統制するようになっている。生データは、分析・処理されることで価値を生み出し、商業目的で利用できる有意な情報となったり、社会問題を解決するために有意な情報となったりする。世界的なデジタル・プラットフォームに対して、発展途上国は生データを提供するだけの存在になってしまうおそれがあり、発展途上国は、それらの提供したデータから得られた知見や分析結果に対して金を払わされることになるかもしれない。ヴァルダイ国際討論クラブの報告書「デジタル化され

る現実政治：21世紀の主権、同盟、非同盟」の著者たちも、「過去の帝国主義的勢力が植民地を天然資源の調達先とみなしたように、現代の「デジタル植民地」はビッグデータの調達先となり、それは新しい石油となる。（中略）能力を持たざる国々はビッグデータを価値ある資源とはみなさないので、産業化の段階を抜かして一気に封建時代からデジタル時代へと飛び越えられるような魅力的な提案を先進国から持ちかけられれば、そうした国々はビッグデータを差し出すだろう。（中略）途上国が先進国の先端企業が作った基準を受け入れた後には、途上国はデジタル上の搾取や経済的搾取を受ける対象に成り下がってしまう」というように、同様の議論を展開している[28]。

　EU委員会域内市場総局のティエリー・ブルトンは、「アメリカと中国によって引き起こされた『技術戦争』に直面する中、今こそヨーロッパは次の20年間において主権の基礎となるものを構築しなければならない」と語っている[29]。2020年2月にはEU委員会のAI白書が公表されたが[30]、そこには「データエコノミーとその応用に関する技術革新の分野で世界の牽引役となる」というEUの野望が述べられていた。この目標を達成するには、「卓越性のエコシステム」（ecosystem of excellence）が求められると同時に、公共部門と民間部門の協働も重要であるが、この公民協働については、年間200億ユーロにも上る投資が予定されている。2021年4月には、デジタル・ヨーロッパ・プログラムが採択され[31]、EUの技術革新力を向上させることや、世界のその他の地域で開発されたシステムやソリューションへの依存から脱却することをねらいとしている。このプログラムでは、2021年から2027年の間に、75億ユーロを超える予算が投入される計画で、スーパーコンピューター、AI、サイバー・セキュリティ、先端デジタル技術、経済・社会におけるデジタル技術の普及の確保という五つの主要領域におけるプロジェクトを促進することとなっている。2020年12月に採択されたデジタル時代における「EUサイバー・セキュリティ戦略」という枠組みの中では[32]、国防力の構築についても計画されている。AIや暗号化、量子コンピュータといった先端技術の開発と利用について

は、特段の注意が払われている。常設軍事協力枠組み（PESCO）や欧州開発基金を通じて、サイバー防衛の分野において加盟国間が協働することの重要性が主張されている。

(5) AI 規制への課題

　軍拡競争の際には相手国を挑発するような行為が発生する危険性があるが、それに加えて、軍事部門における AI の利用を規制するための国際法上の枠組みが存在すると認識されていないことは、非常に危険な状態といわなければならない。国連の自律型致死兵器システムに関する新興技術についての政府専門家会合（GGE）が出した指針は、そうしたメカニズムに最も近いものであると考えられる[33]。そこで示された指針は各国の合意に基づいて形成されたものではあるが、政府専門家会合の内部作業を概観すると、国家間でアプローチの違いが際立っていることが分かる。ある国々が自律型致死兵器システムの使用を禁止することを最終目標に掲げる一方で、別の一部の国々はこの領域に何らかの規制を設けることを標榜しているのである。アメリカ、ロシア、中国がこの政府専門家会合の活動とそこで策定された指針を高く評価していることから、事態を楽観視する者もいる。これらの国々は互いに接点を持とうとしており、将来的には AI の軍事利用の領域における「交通ルール」を規定するような基本的合意がなされる可能性はある。2019年春には、国連の政府間会合の開催に先んじる形で、アメリカとロシアが互いに合意した内容が文書で公表された。次頁図表１は、これら２カ国の文書を対照・比較したものである。

　このように、特定の課題に対するアプローチに共通性がみられるというのは、好ましいことといえる。しかし、表の項目１をみると、両国は新たな合意を締結する必要性があるとはみなしていないことが分かる。さらに、ロシアの立場は、「自律型致死兵器システムに関わる問題は、既存の国際法の適正な適用を通じて議論することができる」としている。

　中国の立場は、より異なっている。2019年秋の通常兵器のコントロー

図表1　自律型致死兵器システムの使用の規制に関する米ロ両国の立場の比較

	アメリカ	ロシア
	（Implementing International Humanitarian Law in the Use of Autonomy in Weapon Systems）註34	（Potential opportunities and limitations of military uses of lethal autonomous weapons systems）註35
1	「(a) 既存の国際人道法には、判別・比例性・予防措置といった条件が規定されており、自律型致死兵器システムの使用を統制するための包括的な枠組みが備わっている」	P.4「6. 国際人道法を含む既存の国際法には、高度な自律性を持った兵器システムに完全に適用しうる重要な制約が複数含まれており、これらの兵器の性質に焦点を合わせる形で改正するといった特段の措置を講ずる必要はない」既存の国際法には、比例性・区別・予防措置という基本原則のみならず、自律型致死兵器システムを使用すべきか否かという決定や、使用するとしたらどのように使用するかという決定をどのようになすべきかということも含まれている。
2	「(b) 法的観点からの兵器のレビューを含む、レビューとテストに関する内部手続きは、国際人道法を適用する際に必要不可欠である」	P.5「8. 1949年ジュネーブ条約に関する1977年の第一追加議定書第36条は、将来に自律型致死兵器システムが軍事利用された際には、規制の補足的手段となる」註36
3	「(c) 自律型致死兵器システムの領域における新興技術の導入は、国際人道法の適用を促進するものである。とりわけ、民間人の死傷者のリスクを低減させ、暴力事件を引き起こしうるインシデントの調査や報告を容易にさせ、集団的行動を実行する能力を向上させ、不発弾に関する情報を自動生成するのに役立つ」	P.4「2. このようなシステムは、オペレーターのエラーに起因する兵器の使用の際の負の効果をかなりの程度まで低減させうる。こうしたオペレーターのエラーの原因としては、心理状況や身体状況に加え、国際人道法の文脈の中での倫理的・宗教的・道徳的なスタンスが挙げられる。高度に自動化された技術の使用は、軍事上の標的に向けて兵器を誘導する際の正確性を高めるものであり、意図せずに民間人を攻撃してしまったり民間人を標的に選択してしまったりする確率は低い」

出所：筆者作成

ルをテーマとした国連の第一委員会でなされた声明において、「中国は、自律型致死兵器システムによって引き起こされる人道的・法的・倫理的な問題を非常に重要視しており、自律型致死兵器システムに関するより掘り下げた議論を「特定通常兵器使用禁止制限条約」（CCW）の枠組みの中で行うことを支持する。自律型致死兵器システムは、現存しない未来兵器の概念ではあるが、機械が自動的に殺人を実行することがないようにするためには、完全な自律型致死兵器システムに対して、国際的な法的拘束力のある制度を実現する必要があると確信する。まず、全ての関係者間で、まずは自律型致死兵器システムの定義と範囲の問題について合意に至るべきである」と述べた[37]。

　以上を要約すると、いわゆる"ソフト・ロー（soft law）"が自律型致死兵器システム（および、間接的にAIを伴うシステム）の規制の領域で形成されつつある。前述の法的拘束力のない指針と、その後の動向の中でなされた合意が運用されていけば、そうしたものが形成されることになる。他方で、政府専門家会合の最終目標については、国によって見方が異なっている。すでに述べたように、中国は新たな法的メカニズムの創設を望んでいるが、ロシアとアメリカは、自律型致死兵器システムの規制には既存の国際人道法で十分に対応できるとみなしている。今後、必要となるのは、「これらの兵器システムに既存の国際法の制限や国際人道法の規定を適用するため」の様式の明確化である。こうしたことを考慮すると、近い将来に自律型致死兵器システムの分野で多国間の特別な国際法のメカニズムが進展していく見込みは高いとはいえない。そのような合意がなされれば、自律型致死兵器の使用に関する重大な問題の幾つかは解決しうる。特に、国際人道法の原則を遵守しているか否かを監視するといった問題は、解決が可能であろう。このような合意は、近い将来に2国間において実現する可能性を想定することができる。具体的には、アメリカとロシアの2国間においては、この問題に関するビジョンが信頼できるもので、これら2カ国で実現する可能性が想定できる。とはいえ、互いがその必要性についての相互認識を有するに至らなければ、こうしたことが実現することはないだろう。

おわりに

　世界の多くの先進国が AI 領域の研究を活発に行っており、この分野における新技術の開発はすでに軍事部門と民間部門の双方に適用されるようになっている。将来的には、AI は我々の社会生活の全ての領域で広範に適用されていくだろうし、それは経済発展や社会福祉の増進にも寄与することになるだろう。他方で、技術面、軍事利用面、そして国際政治において、AI は新たな課題や脅威を呼び起こすこととなる。

　既存の技術では、真の意味で"考える"AI を創造することはできず、高度に専門化されたタスクを解決するプロセスを模倣することができるのみである。また、現状の AI は、あらゆる環境下で正常な機能を果たすという保証はなく、どのような環境下でなら正常に機能するのかを検証する作業は複雑かつ困難である。加えて、軍事上の諜報システムはコンピュータのハードウェアとソフトウェアの双方に関係しているため、仮想敵が使用するであろうサイバー空間上の脅威や認知的な脅威に対して脆弱性を有する。

　AI の軍事利用に関する深刻な問題は、安全な使用が保証できるタスクというものがどの部分までなのかを判別することである。戦略的抑止力に資する兵器システムの自律性は、全体的な戦略的安定性の予見可能性に影響を及ぼしうるものであり、この点は特に慎重な考慮や研究が求められる。適用面におけるもう一つの問題は、自律型致死兵器システムを使用した場合には紛争が非人間化されることであり、自律性が高まるほど、問題も深刻化すると考えられる。

　政策面では、AI の開発と実用化における国家間の主導権争いには軍事部門も含まれており、そのため軍拡競争が引き起こされ、国際安全保障が揺るがされることとなっている。軍事部門における AI の使用を規制する国際的な枠組みがないことが、問題を深刻化させている。また、自律型致死兵器システム関連の新興技術に関する国連の政府専門家会合の枠組みにおいて、懸案となっている問題へのアプローチについて一部の主要国の間

では共通性があることが明らかになっており、それが将来的には規制に関する2国間合意へと発展する可能性がある。一般的に言うと、先進国は軍事部門でのAIの使用に前向きであるが、これらの技術に関する新たな課題と脅威を十分に認識・理解するべきである。さもなければ、先端技術が完全に成熟したものとなる前に使用されることとなり、国際安全保障は予測不可能となったり、脅威にさらされたりすることになるだろう。

〔註〕

1　ロシア連邦における科学技術の振興に関する会議では、デジタル化・知的生産技術・ロボットシステム・設計上の新素材と新手法・ビッグデータを活用するシステムの開発・機械学習・AIがテーマとなっている。彼はその会議の議長である。

2　Kalyaev, I., 'Iskusstvennyj intellekt: kamo gryadeshi?' [Artificial Intelligence: Whither goest thou?], *Ekonomicheskie strategii*, 2019, no.5, p.11 [in Russian].

3　Vizil'ter, Y., 'Sil'nyj iskusstvennyj intellekt – naslednik chelovechestva. CHast' 2', *Portal "Scientific Russia"*, (Feb 1 2020). https://scientificrussia.ru/articles/silnyj-iskusstvennyj-intellekt-naslednik-chelovechestva-chast-2 [in Russian] (2022年3月11日閲覧)

4　US Government Accountability Office (GAO), 'Weapon Systems Cybersecurity – DOD Just Beginning to Grapple with Scale of Vulnerabilities', Report to Congressional Requesters, (Oct 2018). https://www.gao.gov/assets/700/694913.pdf (2022年3月11日閲覧)

5　以下を参照のこと。
Heaven, D., 'Why deep-learning AIs are so easy to fool', *Nature,* (Oct 9 2019). https://www.nature.com/articles/d41586-019-03013-5 (2022年3月11日閲覧)
Nguyen, A., Yosinski, J., and Clune, J., 'Deep Neural Networks are Easily Fooled: High Confidence Predictions for Unrecognizable Images', *Computer Vision and Pattern Recognition* (CVPR '15), IEEE, (2015). https://arxiv.org/pdf/1412.1897.pdf (2022年3月11日閲覧)
Matsakis, L., 'Researchers Fooled a Google AI Into Thinking a Rifle Was a Helicopter', *Wired*, (Dec20 2017). https://www.wired.com/story/researcher-fooled-a-google-ai-into-thinking-a-rifle-was-a-helicopter/ (2022年3月11日閲覧)

6　Turek, M., 'Explainable Artificial Intelligence (XAI)', DARPA. https://www.darpa.mil/program/explainable-artificial-intelligence (2022年3月11日閲覧)

7 Department of Defense Directive 3000.09, Incorporating Change 1, 'Autonomy in Weapons Systems', 21 Nov. 2012, US Department of Defense,（May 8 2017）, pp.13–14. https://fas.org/irp/doddir/dod/d3000_09.pdf（2022年3月11日閲覧）

8 Kaloudi, N., and Li, J., 'The AI-Based Cyber Threat Landscape: A Survey', *ACM Comput. Surv.* 53, 1, Article 20,（Feb 2020）. https://dl.acm.org/doi/fullHtml/10.1145/3372823（2022年3月11日閲覧）

9 UN General Assembly. Report of the Special Rapporteur on extrajudicial, summary or arbitrary executions, Philip Alston,（May28 2010）, document A/HRC/14/24/Add.6, p.25. https://documents-dds-ny.un.org/doc/UNDOC/GEN/G10/137/53/pdf/G1013753.pdf（2022年3月11日閲覧）

10 Timothy J. Demy, George R. Lucas Jr., Bradley J. Strawser, Military *Ethics and Emerging Technologies*, Routledge,（2016）, p.115.

11 National Security Commission on Artificial Intelligence, *Interim Report*,（2019）, p.11. https://drive.google.com/file/d/153OrxnuGEjsUvlxWsFYauslwNeCEkvUb/view（2022年3月11日閲覧）
この問題について概観するために、上掲の参考文献も参照せよ。

12 2 Dutton, T., 'An Overview of National AI Strategies', *Medium*,（Jun28 2018）. https://medium.com/politics-ai/an-overview-of-national-ai-strategies-2a70ec6edfd（2022年3月11日閲覧）

13 Franke, U. E., 'Not smart enough: the poverty of European military thinking on artificial intelligence', *European Council on Foreign Relations*,（Dec 2019）, p.2. https://www.ecfr.eu/page/-/Ulrike_Franke_not_smart_enough_AI.pdf（2022年3月11日閲覧）

14 Executive Office of the President National Science and Technology Council Committee on Technology, *Preparing for the Future of Artificial Intelligence* (National Science and Technology Council Committee on Technology: Washington, DC,（Oct 2016）, p.35. https://obamawhitehouse.archives.gov/sites/default/files/whitehouse_files/microsites/ostp/NSTC/preparing_for_the_future_of_ai.pdf（2022年3月11日閲覧）

15 US Department of Defense, 'Summary of the 2018 Department Of Defense Artificial Intelligence Strategy: Harnessing AI to Advance Our Security and Prosperity',（2018）, p.17. https://media.defense.gov/2019/Feb/12/2002088963/-1/-1/1/SUMMARY-OF-DOD-AI-STRATEGY.PDF（2022年3月11日閲覧）

16 115th Congress (2017-2018), 'H.R.5515 - John S. McCain National Defense Authorization Act for Fiscal Year 2019',（Aug13 2018）, Sec. 1051, p.328. https://www.congress.gov/115/plaws/publ232/PLAW-115publ232.pdf（2022年3月11日閲覧）

17 Official Internet Portal of Legal Information, Decree of the President of the Russian Federation No. 490,（Oct10 2019）, *On the Development of*

Artificial Intelligence in the Russian Federation, para.13. http:// publication. pravo.gov.ru/Document/View/0001201910110003 [in Russian]（2022年3月 11日閲覧）

18　Government of the Russian Federation, Enactment No. 1632-r. of（July28 2017）, The program "Digital Economy of the Russian Federation". http:// static.government.ru/media/files/9gFM4FHj4PsB79I5v7yLVuPgu4bvR 7M0.pdf [in Russian]（2022年3月11日閲覧）

19　Government of the Russian Federation, Enactment No. 528-r. of（March29 2018）, On budgetary allocations for the implementation of priority actions under the program "Digital Economy of the Russian Federation". http:// government.ru/docs/31894/ [in Russian]（2022年3月11日閲覧）

20　Algorithm Watch, AI Ethics Guidelines Global Inventory. https://inventory. algorithmwatch.org/（2022年3月11日閲覧）

21　TASS, Code of Ethics in the field of Artificial Intelligence. http://cdn.tass. ru/data/files/ru/kodeks-etiki-ii.pdf [in Russian]（2022年3月11日閲覧）

22　Security Council of the Russian Federation, Deputy Secretary of the Security Council of the Russian Federation Oleg Khramov spoke at the Congress "Strategic Leadership in the Digital Age and Artificial Intelligence Technologies" within the framework of the International Military-Technical Forum "Army-2021". http://www.scrf.gov.ru/news/ allnews/3053/ [in Russian]（2022年3月11日閲覧）

23　Ministry of Defense of the Russian Federation, *Na forume "Armiya-2019" projdet III Konferenciya po voprosam iskusstvennogo intellekta*,（June27 2019）. https://function.mil.ru/news_page/country/more. htm?id=12238706%40egNews [in Russian]（2022年3月11日閲覧）

24　Investia, Putin zayavil o vazhnosti vnedreniya II v rossijskuyu sistemu vooruzhenij [Putin underlined the importance of introducing AI into Russian weapons systems]. https://iz.ru/1102590/2020-12-21/putin-zaiavil-o-vazhnosti-vnedreniia-ii-v-rossiiskuiu-sistemu-vooruzhenii [in Russian]（2022年3月11日閲覧）

25　Webster, G., Creemers, R., Triolo, P., and Kania, E., 'Full Translation: China's 'New Generation Artificial Intelligence Development Plan(2017)', *New America*,（Aug 1 2017）, para.3 (Strategic objectives). https://www. newamerica.org/cybersecurity-initiative/digichina/blog/full-translation-chinas-new-generation-artificial-intelligence-development-plan-2017/ （2022年3月11日閲覧）

26　Report of the AI Task Force September 2019, 'Artificial Intelligence in support of Defence', p.7. https://www.defense.gouv.fr/content/ download/574495/9841172/Report%2520of%2520the%2520AI%2520Ta sk%2520Force%2520September%25202019.pdf（2022年3月11日閲覧）

27　UNCTAD, Digital Economy Report 2021. https://unctad.org/system/files/

official-document/der2021_overview_en_0.pdf（2022年3月11日閲覧）

28　Valdai International Discussion Club, Digital Realpolitik: Sovereignty, Alliances and Non-Alignment of the 21st Century. https://ru.valdaiclub.com/files/39047/ [in Russian]（2022年3月11日閲覧）

29　European Union, Europe: The Keys To Sovereignty. https://ec.europa.eu/commission/commissioners/2019-2024/breton/announcements/europe-keys-sovereignty_en（2022年3月11日閲覧）

30　European Union, White Paper on Artificial Intelligence – a European approach to excellence and trust. https://ec.europa.eu/info/sites/default/files/commission-white-paper-artificial-intelligence-feb2020_en.pdf （2022年3月11日閲覧）

31　EurLex, Regulation (EU) 2021/694 of the European Parliament and of the Council of 29 April 2021 establishing the Digital Europe Programme and repealing Decision (EU) 2015/2240. https://eur-lex.europa.eu/legal-content/EN/TXT/PDF/?uri=CELEX:32021R0694&from=EN （2022年3月11日閲覧）

32　European Union, The EU's Cybersecurity Strategy in the Digital Decade. https://digital-strategy.ec.europa.eu/en/library/eus-cybersecurity-strategy-digital-decade（2022年3月11日閲覧）

33　Report of the 2019 session of the Group of Governmental Experts on Emerging Technologies in the Area of Lethal Autonomous Weapons Systems, document CCW/GGE.1/2019/3,（Sep25 2019）, Annex IV. https://undocs.org/en/CCW/GGE.1/2019/3（2022年3月11日閲覧）

34　Group of Governmental Experts on Emerging Technologies in the Area of Lethal Autonomous Weapons Systems, 'Implementing International Humanitarian Law in the Use of Autonomy in Weapon Systems', document CCW/GGE.1/2019/WP.5. https://documents-dds-ny.un.org/doc/UNDOC/GEN/G19/085/84/pdf/G1908584.pdf?OpenElement （2022年3月11日閲覧）

35　Group of Governmental Experts on Emerging Technologies in the Area of Lethal Autonomous Weapons Systems, 'Potential opportunities and limitations of military uses of lethal autonomous weapons systems', document CCW/GGE.1/2019/WP.1, 15. https://documents-dds-ny.un.org/doc/UNDOC/GEN/G19/067/67/pdf/G1906767.pdf?OpenElement （2022年3月11日閲覧）

36　Article 36 «New weapons» of the Additional Protocol I (AP I) to the Geneva Conventions of 1949 states: « In the study, development, acquisition or adoption of a new weapon, means or method of warfare, a High Contracting Party is under an obligation to determine whether its employment would, in some or all circumstances, be prohibited by this Protocol or by any other rule of international law applicable to the High

Contracting Party». https://www.icrc.org/en/doc/assets/files/other/icrc_002_0321.pdf（2022年3月11日閲覧）

37　Statement of the Chinese Delegation at the Thematic Discussion on Conventional Arms Control at the First Committee of the 74th Session of the UNGA(New York, October 2019), p.3. https://www.un.org/disarmament/wp-content/uploads/2019/11/statement-by-china-conventional-weapons-english-cw-oct-25-19.pdf（2022年3月11日閲覧）

第2章　宇宙安全保障と国際政治

志田 淳二郎

キーワード　宇宙安全保障、聖域、宇宙戦争、戦闘領域、大国間競争

はじめに

　本章のテーマは、宇宙安全保障と国際政治である。2010年代後半以降、現実政治の展開を受け、国際政治学者の研究領域に宇宙安全保障が本格的に加わった。2019年、アメリカは宇宙軍を新設した。日本でも、前年12月に公表された、『防衛計画の大綱』において、「現在の戦闘様相は、陸・海・空のみならず、宇宙・サイバー・電磁波といった新たな領域を組み合わせたもの」になっているという一節が盛り込まれ、日本の防衛政策にとって、宇宙空間が重要であることが明記された。[1] すでに中国も『宇宙白書』(2016年12月)を公表しており、「宇宙強国の建設」という新たな国家目標を掲げている。[2] いまや宇宙空間は、各国にとって安全保障上の脅威が及ぶ空間として認知されているのである。背景には、科学技術の進展によって、宇宙空間に安全保障上の脅威を及ぼす兵器が新たに登場したことがあるが、こうした点については、本書第1部第2章ですでに論じられている。そこで、本章は、国際関係理論のコペンハーゲン学派がいうところの〈安全保障化〉(securitization)の過程、すなわち、冷戦期には、戦争の領域としないという意味での〈聖域〉(sanctuary)として認知されていた宇宙空間が、2010年代になると、次第に〈戦闘領域〉(war fighting domain)として認知されるようになった過程を検討する。こうした検討作業を通じて、本章の結論として、今後、大国間協調の下で、宇宙安全保障に関する軍備管理のルール形成が容易ならざることを指摘する。

　本論に入る前に、宇宙空間の定義について確認しておきたい。国際法では空域 (airspace) と宇宙空間 (outer space) は区別して論じられるのが通

例だが、実は、両空間の境目は国際法で明確に規定されているわけではない。とはいうものの、高度100km以上を宇宙空間とするFAI（国際航空連盟）の定義が有名である。一方で、高度80km以上を宇宙空間とするというアメリカ空軍の定義もしばしば参照されることもあるが、アメリカ空軍のスペース・パワー論の理論家マイケル・スミス（M.V. "Coyote" Smith）によれば、〈航空の天井〉と〈宇宙航行の底〉の間には、航空力学的な飛行や軌道循環の双方とも不可能な領域が存在し、空域と宇宙空間を分けているその領域は、高度約100kmにあるという。そこで、本章では、高度100km以上を宇宙空間とする定義を前提に記述をすすめる。

1 冷戦期の宇宙安全保障

（1）冷戦と宇宙

　第二次世界大戦後の米ソ冷戦の発生は、核時代だけでなく、宇宙時代の到来をも意味した。冷戦が発生したことにより、伝統的なアメリカの戦略思想も、根本から覆ることになった。独立革命以降、二度にわたるイギリスとの戦争が終結した1814年から、アメリカが第一次世界大戦に参戦する1917年までの約100年間、アメリカは〈孤立主義〉を享受していた。この〈孤立主義〉を支えたのが、南北アメリカ大陸を取り囲む大西洋と太平洋がユーラシア大陸の大国による干渉を防いだという地理的要因と、圧倒的な海軍力を擁するイギリスの海上覇権に挑戦する大国がいなかったという要因があった。これらを背景に、アメリカは100年に及ぶ〈無料の安全保障〉を享受したが、〈孤立主義〉の伝統が崩れたのは二度の世界大戦への参戦とその後の冷戦の発生であった。

　1947年7月、アメリカでは、第二次世界大戦後、東欧を中心に勢力を拡大しつつあったソ連の脅威に対抗するため、国家安全保障法が成立した。これにより陸海軍と新設の空軍を統合する単一の国家軍事機構が設置され、軍隊を統括するJCS（統合参謀本部）やNSC（国家安全保障会議）、CIA

（中央情報局）も新設された。1949年には、国家軍事機構が国防総省に改組され、同年、アメリカはカナダとともに西欧諸国との間で集団防衛同盟であるNATO（北大西洋条約機構）を結成した。アメリカは絶えず国家安全保障を意識する〈安全保障国家〉へと変貌したのであった[5]。

　1949年8月末にソ連が原爆実験に成功すると、戦後のアメリカの核の独占は崩れた。1957年8月、ソ連はアメリカに先行してICBM（大陸間弾道ミサイル）開発を成功させ、同年10月には人工衛星スプートニクの打ち上げを成功させた。かくして、世界は、「イデオロギー対立と核兵器による人類全滅の脅威を背景にした米ソ間の政治的コミュニケーション機能の低下により発生した直接的武力衝突にいたらない緊張状態」としての冷戦の影に怯えるようになった[6]。アメリカも例外ではなかった。冷戦期にはイギリスの国力は衰退の一途をたどり、核ミサイル技術の進展によって二つの大洋に挟まれているというアメリカの地理的優位性は、もはや意味を持たなくなった。アメリカは、〈無料の安全保障〉を享受できなくなったのである。

　アメリカの戦略思想を変えさせることになった冷戦には、科学技術の領域での米ソ間の競争という性格も持っていた。スプートニク・ショック後の1961年、「アポロ計画」を公表したアメリカは、同年、有人宇宙船「マーキュリー計画」に成功、1969年にはアポロ11号が月面着陸を成功させている。ソ連も、1961年4月に人類初の有人宇宙飛行を、1965年3月に人類初の宇宙遊泳をそれぞれ成功させていた。冷戦期の米ソは、軍事的優位性と国家の威信をかけて、宇宙開発競争を繰り広げることになった。

(2)〈聖域〉としての宇宙

　米ソは、有人飛行だけでなく、人工衛星打ち上げも積極的に行っていたが、このことが、宇宙空間を戦争のない〈聖域〉にとどめておくべきであるという米ソ間の〈暗黙の了解〉へとつながった。核時代の到来にあって、人工衛星には、ある種の軍事的価値があった。敵国の軍事情勢を把握

するため、古典的には偵察機が使用されていた。偵察機の場合は、領空侵犯や撃墜のリスクを覚悟しなくてはならないが、人工衛星であれば、宇宙空間から敵国の内情を把握できる。こうした軍事的価値を持つ人工衛星を安全に運用するためには、宇宙空間を〈聖域〉にする必要があった。この考えは、ドワイト・アイゼンハワー（Dwight Eisenhower）政権期のアメリカの公式ドクトリンとなった[7]。

　人類の活動の場が宇宙空間へ拡大したことにより、宇宙空間に関する国際法上の規律が必要になった。1963年12月の国連総会決議（宇宙法原則宣言）に基づき[8]、1967年10月、宇宙条約が発効した[9]。宇宙条約には、宇宙空間の探査・利用の自由（1条）、領有の禁止（2条）、平和目的での利用（4条）などの原則が定められているが、この宇宙条約の作成を主導したのは、宇宙空間を、いかなる国家の管轄権にも属さない領域として〈聖域〉化したかった米ソであった。宇宙空間は、公海と同様、国家の管轄権の及ばない国際公域（res communis）としての地位を確立した[10]。

　〈聖域〉となった宇宙空間は、やがて、米ソ間の核の軍備管理レジームの構築にも貢献することになった。なぜなら、人工衛星は、米ソ間の核に関する軍備管理条約の遵守を検証する手段、具体的には、NTM（自国の検証技術手段）としての役割が期待されていたからである。核のパリティ（均衡）に到達した米ソは、その後デタントを追求し[11]、1972年にABM（弾道弾迎撃ミサイル）制限条約とSALT I（第一次戦略兵器制限交渉）暫定協定を締結した。ABM制限条約第12条とSALT I暫定協定第5条には、それぞれ、条約の遵守を検証するためのNTMの利用が盛り込まれていた[12]。冷戦史家ジョン・ルイス・ギャディス（John Lewis Gaddis）が指摘するように、宇宙空間からの敵国の核戦力の監視は、米ソが核による〈長い平和〉を追求するための重要な構成要素となったのであった[13]。その後、米ソは軍事的緊張の高まりの可能性を常に秘めながらも、核の軍備管理レジームの構築を幾度となく模索し、核の軍備管理とそれを保障する宇宙空間の〈聖域〉化についての〈暗黙の了解〉を学習していったのである[14]。

　宇宙空間を〈聖域〉とする考えは、ロナルド・レーガン（Ronald

Reagan）政権が掲げた宇宙配備型 BMD（弾道ミサイル防衛）システムである
SDI（戦略防衛構想）により大きな挑戦を受けることになった。だが、結局、
SDI 構想は実現せず、1991年12月にソ連も解体したため、宇宙空間の軍
事的価値をめぐる議論は、通常型戦争や対テロ作戦を遂行するにあたって
の宇宙空間からの情報支援という全く新しい文脈で展開されるようになっ
た。

2　冷戦後の宇宙安全保障

(1) RMA と NCW

　冷戦が終結し 1990年代になると、アメリカでは RMA（軍事における革命）
に関する議論が盛んになった。RMA の定義は様々であるものの、軍事技
術の発展が、作戦概念や軍事組織の改編とあいまって軍隊の能力を激増さ
せ、ひいては戦争の性格を一変させることから「軍事における革命」と呼
ばれている[15]。とりわけ、情報通信技術の発達が、この頃の RMA を後押
ししたのであり、ウィリアム・クリントン（William Clinton）政権の国防長
官を歴任したウィリアム・ペリー（William Perry）が指摘していたように、
技術面での相乗効果（シナジー）の利用を通じ、米軍全体を強化することが
目指されたのであった。この目標の実現に貢献する技術革新は、C4I（指
揮・統制・通信、コンピューター、インテリジェンス）分野やステルス、精密誘導技
術、ISR（インテリジェンス・監視・偵察）の分野でみられた[16]。

　RMA の象徴として 1990年代後半に登場したのが NCW（ネットワーク
中心の戦い）の考え方である。RMA と同様、NCW にも明確な定義がない
が、NCW を提唱したアーサー・セブロウスキー（Arthur K. Cebrowski）ア
メリカ海軍中将によって、軍事戦略家から運用、技術開発している人々
の間にまで NCW の考えが定着するようになった。一般的に、NCW の
考えが果たした軍事的貢献は次のように理解されている。すなわち、偵察
用の衛星や無人機などを活用した情報収集システムを駆使して収集された

敵部隊などに関する情報は、ネットワークを通じて共有され、遠隔地の司令部からであっても極めて短時間に指揮・統制が行われ、目標に対して迅速・正確かつ柔軟に攻撃力を指向することが可能となった。NCW によって、戦場認識能力のさらなる優位が獲得されるとともに、より効率的な戦力運用を目指すことが可能となった。[17] NCW の考えが登場したことにより、地上での軍事作戦の遂行に資する多種多様な情報を提供する人工衛星が配置されている宇宙空間は、究極の〈高地〉（high ground）として認識されるようになった。[18]

(2) 〈高地〉としての宇宙空間──〈宇宙戦争〉のはじまり

　宇宙空間を地上での軍事作戦に活用される情報支援のための〈高地〉として活用したという意味での〈宇宙戦争〉の最初の例は、1991年の湾岸戦争でアメリカ軍が遂行した「砂漠の嵐作戦」だった。宇宙空間を軍事作戦に組み込んだ NCW では、①作戦スピードの大幅な改善、②戦場認識能力の向上──プロイセンの軍事戦略家カール・フォン・クラウセヴィッツ（Carl von Clausewitz）がいうところの〈戦場の霧〉の解消──、③精密打撃能力の向上、の3点が期待されたわけであるが、「砂漠の嵐作戦」で、アメリカ軍は60機以上の軍事衛星を活用し、ISR、ミサイル警戒、環境モニタリング（気象観測など）、衛星通信、PNT（測位・航法・時刻参照）の領域で宇宙空間からの情報支援が包括的に活用された。とはいうものの、「砂漠の嵐作戦」では課題も明らかになった。アメリカ軍は、作戦中、命中までに目標に発射母機からレーザーを照射し続けなければならないレーザー誘導爆弾を用いていたが、悪天候時のこれらの誘導弾の利用が制限される状況が発生した。そこで、アメリカ軍はいかなる天候下でも使用可能な誘導弾の研究開発を1992年に開始し、1997年に JDAM（統合直接攻撃弾）配備を完了した。

　JDAM は1999年の NATO 軍のユーゴスラビア空爆における「同盟の力作戦」で初めて実戦投入され、作戦の遂行に大きく貢献した。JDAM は、発射母機からの誘導がなくても、GPS（全地球測位システム）によって誘

導され、目標に精確に命中するものであった。セルビア陸軍の対空砲火による攻撃のはるか上空に展開していたNATO軍の戦闘員に一人の戦死者を出すことなく作戦は終わった——無論、地上の一般市民が犠牲となる副次的被害（コラテラル・ダメージ）はあった——。「おそらく古代からの戦争、紛争から見ても前例のない偉業」とマイケル・イグナティエフ（Michael Ignatieff）が指摘した、[19]「同盟の力作戦」でも、50機以上の衛星が利用され、ISR、環境モニタリング、衛星通信、PNTといった領域で、宇宙空間が積極活用された。「同盟の力作戦」から2年後の2001年のアフガニスタンにおける「不朽の自由作戦」で、アメリカ軍は宇宙システムからの情報通信のために100機の人工衛星を、2003年の「イラクの自由作戦」では50機の人工衛星をそれぞれ利用した。[20]大規模戦闘終了後の安定化作戦におけるアメリカ軍の失敗ばかりが注目されがちであるが、〈高地〉として宇宙空間を利用したアメリカ軍は、わずか1カ月足らずでアフガニスタンのタリバン政権やイラクのサダム・フセイン（Saddam Hussein）政権を崩壊させるのに成功した。

　国家の正規軍同士の武力衝突を想定した通常型戦争だけでなく、対テロ作戦においても、宇宙空間は、間接的にではあるが〈高地〉として利用された。なぜ「間接的」かというと、対テロ作戦の成功の鍵を握る無人機を安全に飛行させるためには、宇宙からの情報支援が不可欠だからである。そもそも、アフガニスタン攻撃の開戦根拠は、2001年9月11日のアメリカ同時多発テロを実行したイスラム過激派組織アルカイダを匿っていたタリバン政権に対するアメリカの自衛権の発動であった。[21]攻撃から間もなくタリバン政権は崩壊したものの、アメリカ軍は、同時多発テロの首謀者ウサマ・ビンラディン（Osama bin Ladin）の捜索活動を続けていた。2011年5月2日、ビンラディンはアメリカ海軍特殊部隊ネイビー・シールズにより、パキスタン北部ジャララバードの邸宅で殺害された。ビンラディンの潜伏先を突き止めるのに貢献したのが、ヒューミント（human intelligence）だけでなく、アメリカ軍の無人機が撮影した写真を解析したイミント（imagery intelligence）であった。また、殺害作戦を成功させるため、国防

総省傘下の NGA（国家地理空間情報局）が入手した写真を基に作製されたビンラディンの邸宅の模型を用いて訓練を重ねたネイビー・シールズが、実際の作戦を成功させた[22]。

アフガニスタン・イラク戦争後、アメリカ軍は、戦後の混乱に乗じて、イラクやシリアを中心に勢力を拡大させたイスラム過激派組織「イスラム国」との戦いに突入していた。2019年10月26日、「イスラム国」の指導者アブ・バクル・アル・バグダディ（Abu Bakr al-Baghdadi）がアメリカ陸軍特殊部隊デルタフォースにより、シリア北部イドリブ近郊の隠れ家で殺害された。2020年1月3日には、イラクの首都バグダッドのバグダッド国際空港で、イラン・イスラム革命防衛隊の司令官ガセム・ソレイマニ（Qasem Soleimani）がアメリカ軍の空爆で死亡した。バグダディ、ソレイマニ殺害作戦では、ビンラディン作戦と同様に、宇宙システムに支援された無人機からもたらされる数々の情報が成功の鍵となった[23]。

3　大国間競争の時代

(1) 中国の軍事的台頭
前節で述べてきたように、冷戦後のアメリカは RMA の恩恵を受けながら、〈宇宙戦争〉の実践を積み重ねてきた。だが、RMA の恩恵を受けるのは、何もアメリカだけとは限らない。主にアメリカ軍関係者の間で、冷戦期のソ連に代わって冷戦後のアメリカの潜在的な競争相手と認識されはじめていた中国も、RMA を取り入れ、人民解放軍の近代化に取り組むことが想定できた。この点にいち早く気づいていたのが、国防総省のネットアセスメント室のアンドリュー・マーシャル（Andrew Marshall）であった。すでにマーシャルは、1980年代半ばから精密攻撃による戦争形態の変化について議論しはじめており、1990年代半ばになると、中国を念頭に、新たな軍事技術が将来の戦争形態をどのように変化させるかについて研究していた。2001年1月、ジョージ・W・ブッシュ（George W. Bush）政

権が発足すると、早速、アメリカの国防政策の見直しに着手したドナルド・ラムズフェルド（Donald Rumsfeld）国防長官は、マーシャルと協力し、国防総省内でDSR（国防戦略見直し）を準備することになった。DSRの骨子に、中国の軍事的台頭を念頭に、今後アメリカが、自らの軍事的優越性を維持するために、航空戦、制海、宇宙における作戦、無人兵器システムへの投資を重視するというものがあった。DSRがこれからのアメリカの国家戦略策定に軍事面から貢献するものであると考えたラムズフェルドは、同文書の機密解除版を準備し、24時間以内に返送するよう、ステファン・カンボン（Stephen Cambone）国防次席次官補（政策担当）にメモを送付した。ラムズフェルドがカンボンにメモを送付したのは、2001年9月11日午前8時8分だった。そのおよそ1時間半後、アルカイダによる同時多発テロが発生した。かくしてDSRが公表されることはなくなり[24]、「テロとの戦い」に突入したアメリカは、中国を戦略的競争相手ではなく、対テロ作戦のパートナーと位置づけ、米中協調の道を模索しはじめた。

　一方で中国は、マーシャルの予想通り、スペース・パワーを構築しつつあった。冷戦期の中国は、米ソと比較して宇宙開発の面で後れをとっていたが、冷戦終結によりソ連の技術者が中国に流入したことにより、中国の宇宙開発能力が高まった[25]。2006年、中国は高度600kmのアメリカの偵察衛星にレーザー照射を行ったとみられており[26]、2007年1月11日には、ASAT（衛星攻撃兵器）DF-21C弾道ミサイルの派生型とみられるSC-19を発射し自国の衛星破壊実験を行い、宇宙空間に大量の宇宙デブリ（ゴミ）を放出させた。宇宙デブリは、宇宙空間の安定的利用にとっての脅威である。宇宙デブリは、低軌道であれば、その多くは地球の重力に引かれて落下し、大気圏で燃え尽きるが、自然消滅を待つだけの宇宙デブリの解消には相当の時間がかかる。また、すでに存在している宇宙デブリが人工衛星などを破壊し、それにより発生した宇宙デブリが連鎖的に破壊を引き起こし、自己増殖する「ケスラー・シンドローム」が発生してしまう[27]。衛星破壊を伴う実験は2007年のみだったが、中国はSC-19の発射実験を繰り返し、新たなASATであるDN-2、DN-3を2013年と2015年にそれぞれ

発射したといわれている。[28]

（2）〈戦闘領域〉としての宇宙

　2007年1月の中国のASAT発射による人工衛星破壊実験以外にも、2009年2月、シベリア北部790km上空で、アメリカの商業通信衛星「イリジウム」とロシアの軍事通信衛星「コスモス2251」が衝突するという、宇宙空間で「初の交通事故」が発生し、ここでも大量の宇宙デブリが発生した。[29]その後、ASATだけでなく、他の手法を用いた中国による宇宙システムへの攻撃の事例も増加した。2007年10月20日と2008年7月23日、中国によるサイバー攻撃により、NOAA（アメリカ海洋大気庁）とUSGS（アメリカ地質調査所）が共同管理するLANDSAT-7の通信機器制御が12分間奪われる事案が発生した。2008年6月20日と同年10月22日には、サイバー攻撃により、NASA（アメリカ航空宇宙局）の地球観測衛星テラAM-1の通信機器制御が9分間奪われる事案が発生した。[30]このように、2010年代に入る頃には、冷戦期の米ソが宇宙空間を〈聖域〉として扱っていた〈暗黙の了解〉が崩れはじめた。2011年1月、アメリカ政府が公表した『国家安全保障宇宙戦略』にあるように、アメリカの国家安全保障にとって不可欠な宇宙空間がますます混雑した（congested）場所になりつつあったのであり、宇宙システムを安定的に運用するため、宇宙システムの抗たん性（resilience）が重要となることを、アメリカは認識しはじめた。[31]2014年9月にアメリカ空軍宇宙軍団のジョン・ハイテン（John E. Hyten）司令官が語った次の言葉は示唆的である。「いまや宇宙は……脅かされている領域（threatened domain）なのであり、……いまや宇宙は、戦闘領域としてみなされている」。[32]

　すでに述べたように、2001年に発足したブッシュ政権以降のアメリカは、「テロとの戦い」を含む様々な地球的問題群を解決するためのパートナーとして中国を位置づけており、2009年に発足したバラク・オバマ（Barack Obama）政権も、前政権からの対中認識を継承した。ところが、2013年に国家主席に就いた習近平体制の下での中国社会の統制強化や、

東シナ海・南シナ海における軍事的拡張、アメリカ社会に対するサイバー攻撃を背景にして、オバマ政権末期のアメリカは、中国の台頭こそが、戦略的課題だと認識するに至った。[34]

(3) アメリカ宇宙軍の創設

　2017年1月に発足したドナルド・トランプ（Donald Trump）政権下のNSCでは、早速、対中政策を競争路線に変更するための議論がはじまり、同年2月には、アメリカの国家安全保障上の重大な課題として、宇宙空間やサイバー空間を舞台にした競争についての議論も行われた。同年6月、トランプ大統領は、それまで事実上休止状態にあった国家宇宙会議（National Space Council）を復活させる大統領令に署名し、国家宇宙会議の活動が再開した。[35] 同会議に参画していたH・R・マックマスター（H. R. McMaster）大統領補佐官（国家安全保障問題担当）が回顧するように、同会議が発足した目標は、宇宙からの、そして宇宙に向けた敵対的な脅威を抑止し、必要とあればそれを打ち破ること、核心的な宇宙関連技術におけるアメリカ企業の主導権の維持を確実にすること、そして宇宙探査を通じて、地球、太陽系、宇宙についての知識を新たにすることだった。[36] 国家宇宙会議では、〈高地〉としての宇宙空間を維持するため、アメリカのスペース・パワーをどのように確保するかについての議論が交わされ、2018年の1年間で、宇宙軍創設に向けた議論が急速にすすんだ。[37]

　2018年3月23日、トランプ政権は、『国家宇宙戦略』を公表、中国やロシアを名指ししなかったものの、アメリカの競争相手や敵対勢力が、宇宙空間を〈戦闘領域〉へと変えたとの認識を示し、宇宙空間における脅威を抑止し、必要とあれば打ち破るというアメリカの決意が表明された。[38] 6月18日、トランプ大統領は、陸軍、海軍、空軍、海兵隊、沿岸警備隊に次ぐ、6番目の軍種としての宇宙軍（space force）を創設するプロセスをはじめるよう国防総省に命じた。[39] また、12月23日、トランプ大統領は、国防総省に対し、11番目の統合戦闘軍（combatant command）として宇宙軍（space command）を創設するよう命じた。[40] 翌19年8月20日の国家

宇宙会議で、アメリカ宇宙軍（USSPACECOM：United States Space Command）を 8 月 29 日に発足させることが決定された[41]。12 月 20 日には、軍種としての宇宙軍（USSF：United States Space Force）も発足した[42]。アメリカで新たな軍種が創設されたのは、1947 年の空軍創設以来、実に 72 年ぶりのことであった。それまでに、アメリカには、地域別（北方軍、南方軍、中央軍、欧州軍、インド太平洋軍、アフリカ軍）と機能別（戦略軍、特殊作戦軍、輸送軍、サイバー軍）あわせて 10 の統合戦闘軍が存在していたが、2019 年に統合戦闘軍として USSPACECOM が発足したことは、アメリカが、中東やインド太平洋地域と同様に、宇宙空間も〈戦闘領域〉として認識したことの証左であった[43]。

（4）中国・ロシアの論理

　アメリカ宇宙軍の創設は、アメリカの大国間競争政策のなかで理解することが適切である。トランプ政権は、『国家安全保障戦略』（2017 年 12 月）のなかで、中国とロシアを〈修正主義国家〉と規定し、アメリカは中ロとの大国間競争に突入すると宣言した[44]。2021 年 1 月に発足したジョー・バイデン（Joe Biden）政権も、前政権からの大国間競争路線を引き継ぎ、中国を、経済・外交・軍事・技術力を結集し、国際システムに持続的に挑戦する能力を持つ〈唯一の競争相手〉と位置づけている[45]。米中ロの大国間競争が、2010 年代後半以降の国際政治の基調となっており、その競争の舞台は、宇宙空間にまで及んでいる。このことは、トランプ政権が公表した『国家防衛戦略』（2018 年 1 月）で、宇宙空間を〈戦闘領域〉であると宣言したことと密接に関係している[46]。トランプ政権以降のアメリカによる大国間競争路線を基調とした対中認識の背景には、中国は建国 100 周年の 2049 年までにアメリカを追い抜いて超大国となろうとしているという〈100 年マラソン説〉があるが[47]、それでは、当の中国は、どのように宇宙空間を自国の安全保障の観点から捉えているのだろうか。

　冷戦期、宇宙開発の面でアメリカに後れを取っていた中国にとって、1990 年代のアメリカによる〈宇宙戦争〉は衝撃的であった。冷戦後、〈唯

一の超大国〉となったアメリカは、圧倒的な軍事力や科学技術力を背景に、その象徴としての宇宙空間を〈高地〉として利用しながら、バルカン半島やアフガニスタン、イラクで軍事作戦を遂行していた。それは〈ハイテク戦争〉であり、〈スペクタクル戦争〉であった[48]。こうしたことから、人民解放軍では、1990年代を通して、〈宇宙戦争〉に関する評価が進化し、2000年代初頭には、宇宙空間が将来の紛争の主要な構成要素になると結論づけられた。2004年、胡錦濤国家主席は、宇宙空間において中国の権益を確保しなければならないことを明確化した。そして、中国国防大学が出版する『戦略学』(2013年版)のなかで、宇宙空間は〈情報化戦争における戦略的高地〉として位置づけられるに至った[49]。同様の認識は、中国政府の国防白書『中国の軍事戦略』(2015年版)にもみられる。同白書のなかでは、宇宙空間が国家間の戦略競争における〈制高点〉(commanding height)となり、宇宙軍を充実させている各国の動向に鑑み、宇宙空間の〈兵器化〉(weaponization)の最初の兆候が表れているとの認識が示されている[50]。名指しこそしていないが、「宇宙軍を充実させている各国」はアメリカを指していることは指摘するまでもない。

　とはいうものの、中国自身も宇宙軍を充実させている。2015年12月31日、中国人民解放軍はミサイル戦力を扱う「第二砲兵」を「ロケット軍」に変更し、陸・海・空軍と同格の軍種に昇格させ、また、戦略支援部隊を新設した。戦略支援部隊は、参謀部、政治工作部、兵站部、装備部、宇宙システム部を基本編制とし、情報戦、宇宙戦、サイバー戦、電子戦を担当する部隊である[51]。繰り返しになるが、冷戦後のアメリカによる軍事作戦で披露された統合化と情報化の一体的推進が、今後の戦争に勝利するために不可欠であると中国が認識したことが、戦略支援部隊新設を含めた人民解放軍改革の理由であった。

　ここで、人民解放軍の統合化と情報化の一体的推進が、中国にとってみれば防御的観点からすすめられたことに留意したい。中国は、台湾、アメリカ、インド、ロシアなどのミサイル強国に包囲されているという認識を抱いており、そのため中国は、1990年代初頭から統合防空システム

（IADS：Integrated Air Defense System）を構築し、IADS 構想の下で、許其亮空軍上将の提唱により、人民解放軍の領空・ミサイル・宇宙防衛、長距離精密攻撃の統合化を図りながら、BMD システムの構築に取り組んだという歴史がある。[52]〈宇宙戦争〉能力を向上するアメリカに対峙するためには、アメリカと同様の統合作戦能力を向上させつつ、アメリカの宇宙システムを無力化する ASAT やサイバー攻撃能力を構築することが喫緊の課題である――これが、中国側の論理であった。

　こうした論理は、ロシアも共有している。ソ連時代にアメリカに匹敵する宇宙開発能力を持っていたロシアは、2015年10月、シリア国内の反体制派拠点に対する大規模巡航ミサイル攻撃に際し、初の〈宇宙戦争〉を行った。とはいうものの、ロシアは、アメリカや中国ほどのスペース・パワーを有する国ではない。[53]巡航ミサイルは、音速以下の速度しか出ないが、代わりに地形を縫うようにして超低空飛行し、敵の探知を避ける兵器であり、その運用のためには測地・航法・通信など多様な人工衛星群が必要となるが、ソ連崩壊後のロシアは、こうした衛星の打ち上げ・維持するだけの資金力を欠いている。[54]こうしたことから、ロシアは、質量ともに、スペース・パワーをアメリカと同等の水準に引き上げることは困難となっている。[55]そこで、ロシアは、中国が保有するような、アメリカ軍の宇宙システムを無力化できる ASAT やサイバー攻撃能力、さらには、ロボットアームで宇宙空間上の対象物をつかんでは離すことができる「キッド・ナッパー衛星」の開発・運用にいそしんでいる。[56]

　アメリカ、中国、ロシアは、それぞれの論理から、宇宙安全保障政策に取り組んでいる。論理の違いこそあれ、宇宙空間が、〈聖域〉から、脅かされている領域、そして〈戦闘領域〉へと大きく変化したことは、大国間競争時代の一つの現実である。

おわりに

困難な国際的ルール形成

　本章では、冷戦期に〈聖域〉としてみなされてきた宇宙空間が、2010年代後半以降には、〈戦闘領域〉として認知されていく過程について検討した。本章の検討作業を通して、宇宙空間の〈安全保障化〉は、大国間競争が基調となった現実政治と密接に連動していることが明らかとなった。本章で中心に検討した軍事問題のみならず、商業をはじめとした民間の活動も宇宙システムに依存しているため、宇宙空間が新たな〈戦闘領域〉となった現実を、国際政治学や安全保障論の専門家のみならず、市民一人ひとりも適切に把握しなくてはならない。

　宇宙安全保障に関する軍備管理のルール形成が、宇宙空間の安定的利用のために不可欠となるが、こうした取組みは容易に達成できるとは言い難い。その理由として、第一に、たしかに、冷戦期には、宇宙空間を〈聖域〉としないとする〈暗黙の了解〉が形成されてはいたが、関係国は米ソ2カ国だけであり、冷戦後には、こうした〈学習〉の過去を共有しない中国をはじめとする新しいアクターが宇宙空間に参入している。そのため、宇宙空間を再び〈聖域〉とみなす慣習を積み重ねていくことは、大国間競争時代の開始もあいまって、容易ではない。

　第二に、宇宙空間における軍拡が、アメリカをはじめとする関係国の宇宙安全保障政策の基調となっている。米欧では、かつて、西側諸国による軍拡が、核の軍備管理・軍縮交渉の場にソ連を引き出し、やがて冷戦を終結させたという〈教訓〉が話題となっている。アメリカやNATOは、〈強さを通した平和〉（Peace through Strength）という発想の下で、宇宙空間における軍拡をする一方、中国やロシアとの宇宙安全保障に関する軍備管理交渉を追求するという〈ダブル・トラック〉が政策論争の一つとして俎上に載せられている。[57]

　第三に、中国やロシアも、独自の論理でアメリカの軍事力を相殺するための能力構築に努めている。アメリカ軍の保有するグローバルな戦力投射

能力を、アメリカ軍が依存する宇宙システムを攻撃することによって相殺しようとする人民解放軍は、今後もスペース・パワーの増強に投資することが予想される[58]。西側に比して宇宙劣勢と自認しているロシアも、有事において敵対国の宇宙作戦能力を引き下げる方法を模索している[59]。アメリカよりもスペース・パワーに劣る国であっても、宇宙システムに何らかの攻撃をしかければ、アメリカの軍事力を相殺できるのである[60]。このように、異なる論理から、宇宙空間を〈戦闘領域〉として認知しているアメリカと中ロは、深刻な安全保障のジレンマに陥っている。

　第四に、そうした攻撃方法として、有事とも平時とも判別のつかないグレー・ゾーン下での宇宙システムへの攻撃が頻発することが想定される。このことが、関係国を疑心暗鬼にさせ、安全保障のジレンマの状況に拍車をかけている。本章を締めくくるにあたり、本書各章で取り上げられているサイバー安全保障とも関連する宇宙安全保障を理論的に考えてみたい。敵対するＡ国とＢ国があるとしよう。紛争が勃発した際、Ａ国はＢ国の宇宙システムを攻撃したい誘因を持つ。Ｂ国の宇宙システムが無力化されれば、C4ISR に依存するＢ国の作戦能力も無力化され、Ａ国が有利に作戦行動をとれる。ここで問題になるのが、攻撃方法である。ASAT によるキネティック（運動的な）攻撃では、宇宙デブリを大量に発生させ、Ａ国の宇宙システムも危険にさらされる。そのため、Ａ国はＢ国の宇宙システムへのサイバー攻撃——ジャミングによる通信妨害、スプーフィング（通信なりすまし）など——または、地上照射型高出力レーザー兵器によるダズリング攻撃といった非キネティック（非運動的な）攻撃をしかけた方が、ASAT による攻撃に比べて、自らが被る軍事的コストを抑えられる。ただ、Ｂ国は衛星を利用し、地上にあるＡ国の高出力レーザー兵器を探知することは可能で、Ａ国には、攻撃の意図があると非難される政治的リスクがなおある。これらのことから、軍事的コスト、政治的リスクを抑えながら、敵対国の宇宙システムに効果的に脅威を与える手段は、攻撃の帰属（アトリビューション）を特定するのが難しい非キネティック型のサイバー攻撃となる[61]。

　サイバー安全保障に関する軍備管理のルール形成もまた困難な状況にある。こうしたサイバー安全保障とも密接に関連する宇宙安全保障に関する軍備管理のルール形成が困難な状態のまま、宇宙空間における軍拡の動きが、国際政治における大国間競争と連動しながら、2020年代以降も継続していくことだろう。

〔付記〕

　本稿は、科学研究費助成事業「現代アメリカの宇宙安全保障政策に関する実証的研究」(20H01471) による研究成果の一部である。

〔註〕

1　防衛省『平成31年度以降に係る防衛計画の大綱』(2018年12月)．http://www.cas.go.jp/jp/siryou/pdf/h31boueikeikaku.pdf (2021年9月11日閲覧)

2　防衛省『防衛白書2018』196-200頁．http://www.clearing.mod.go.jp/hakusho_data/2018/pdf/30010304.pdf (2021年9月11日閲覧)

3　浅田正彦編 (2019)『国際法〔第4版〕』東信堂、219頁．

4　エリノア・スローン (奥山真司・平山茂敏訳) (2019)『現代の軍事戦略入門〔増補版〕——陸海空から PKO、サイバー、核、宇宙まで』芙蓉書房出版、339頁．スペース・パワー論とは、ある目的を達成するためのパワーとして宇宙利用を位置づける議論である。同上書、346頁．福島康仁 (2020)『宇宙と安全保障——軍事利用の潮流とガバナンスの模索』千倉書房、13頁．

5　村田晃嗣 (2005)『アメリカ外交——恐怖と希望』講談社現代新書、55、102-103頁．

6　冷戦の定義については、以下を参照。滝田賢治「冷戦概念と現代国際政治史——日米における議論を基礎に」細谷千博・丸山直起編 (1993)『ポスト冷戦期の国際政治』有信堂、12頁．

7　福島『宇宙と安全保障』29頁．

8　正式名称は、「宇宙空間の探査と利用における国家行動を律する法原則に関する宣言」。

9　正式名称は、「月その他の天体を含む宇宙空間の探査及び利用における国家活動を律する原則に関する条約」。

10　浅田編『国際法〔第4版〕』222-223頁．玉田大・水島朋則・山田卓平 (2017)『国際法』有斐閣ストゥディア、122-123頁．

11　デタントとは、「本来的に限定的和解しかありえない程に国益が根本的に異なる国家間の緊張緩和過程」である。リチャード・スチーブンスン (滝田賢治訳)

（1989）『デタントの成立と変容──現代米ソ関係の政治力学』中央大学出版部、16頁．

12 福島『宇宙と安全保障』37-38頁．

13 ジョン・ルイス・ギャディス（五味俊樹他訳）（2003）『長い平和──冷戦史の証言「核・緊張・平和」』芦書房、特に第7章．NTM が、軍備管理条約の遵守状況の検証に効果的だったかについての考察は、さしあたり、以下を参照。エイブラム・チェイス＆アントーニア・H・チェイス（宮野洋一監訳）（2018）『国際法遵守の管理モデル──新しい主権のあり方』中央大学出版部の第8章「検証と監視」（志田淳二郎訳）．

14 こうした洞察は、以下による。Joseph S. Nye, Jr. "Nuclear Learning and U.S.-Soviet Security Regimes", *International Organization*, Vol.41, No.3, (Summer 1987), pp.371-402.

15 佐藤仁「アメリカにおける冷戦後の RMA の歴史的変遷と新たな RMA としてのキラーロボットへの懸念」『21世紀社会デザイン研究　第17号』（2018年）114頁．

16 スローン『現代の軍事戦略入門』257頁．

17 防衛庁『平成17年度版　防衛白書』. http://www.clearing.mod.go.jp/hakusho_data/2005/2005/index.htm（I 2021年9月11日閲覧）

18 スローン『現代の軍事戦略入門』344頁．

19 佐藤「アメリカにおける冷戦後の RMA の歴史的変遷と新たな RMA としてのキラーロボットへの懸念」120頁．

20 福島『宇宙と安全保障』48-61頁．

21 浅田編『国際法〔第4版〕』468-469頁．玉田・水島・山田『国際法』195頁．

22 「接近ビンラディン邸」『JIJI.COM』（2012年5月16日）. https://www.jiji.com/jc/d4?p=bin509&d=d4_mili（2021年9月11日閲覧）

23 黒井文太郎「バグダディ急襲作戦はビンラディン作戦に比べれば楽勝だった」『Business Insider』（2019年11月5日）. https://www.businessinsider.jp/post-201820（2021年9月11日閲覧）。軍事情報戦略研究所朝鮮半島分析チーム「ソレイマニ将軍殺害の無人機、その実力と未来」『JBpress』（2020年1月10日）. https://jbpress.ismedia.jp/articles/-/58875（2021年9月11日閲覧）

24 ニナ・サイローブ（志田淳二郎訳）「アメリカのアジアへの方向転換──2000年代における起源と展開」佐橋亮編（2020）『冷戦後の東アジア秩序─秩序形成をめぐる各国の構想』勁草書房、55-61頁．

25 James Clay Moltz, "The Changing Dynamics of Twenty-First-Century Space Power", *Strategic Studies Quarterly*, Vol.12, No.1, (Spring 2019), pp.70-71.

26 内閣府宇宙政策委員会宇宙安全保障部会「宇宙空間の安定的利用への脅威」（2020 年 10 月 9 日 ）. https://www8.cao.go.jp/space/comittee/27-anpo/anpodai33/siryou1-6-2.pdf（2021年9月11日閲覧）

27 小泉悠「宇宙と安全保障」国立国会図書館調査及び立法考査局『科学技術に関する調査プロジェクト2016──宇宙政策の動向』（2017年3月）174頁．

https://dl.ndl.go.jp/view/download/digidepo_10314935_po_20170362.pdf?contentNo=1（2021年9月11日閲覧）

28　防衛省防衛研究所編（2016）『東アジア戦略概観2016』16頁. http://www.nids.mod.go.jp/publication/east-asian/pdf/eastasian2016j01.pdf（2021年9月11日閲覧）

29　「米露の通信衛星が衝突、大量の宇宙ごみが発生」『AFPBB News』（2009年2月12日）. https://www.afpbb.com/articles/-/2570882（2021年9月11日閲覧）

30　航空自衛隊幹部学校編『エア・アンド・スペース・パワー研究　第7号別冊』（2021年3月）24頁. https://www.mod.go.jp/asdf/meguro/center/20_stdy/asp07/separete_volume/01_space.pdf（2021年9月11日閲覧）

31　レジリエンスという言葉は、安全保障のみならず、心理学、経営学、防災学などでも用いられているものであり、「弾力」、「復元力」、「回復力」、「強靱性」を意味する。レジリエンスとは、一般的に、「物理的な外の力が加えられ、困難に直面しても、しなやかに回復し、乗り越える力」を意味する。本章では、レジリエンスの訳語として、日本政府が公表している宇宙関連の参考資料に多くみられる記載法にならい、「抗たん性」を用いた。レジリエンスの用語については、以下を参照。志田淳二郎（2021）『ハイブリッド戦争の時代──狙われる民主主義』並木書房、24-25頁.

32　Robert M. Gates & James R. Clapper, National Security Space Strategy Unclassified Summery, (January 2011). https://www.dni.gov/files/documents/Newsroom/Reports%20and%20Pubs/2011_nationalsecurityspacestrategy.pdf（2021年9月11日閲覧）

33　John E. Hyten, "Friday Space group "Space Power" for the Warfighter Seminar", (September19 2014). https://www.afspc.af.mil/About-Us/Leadership-Speeches/Speeches/Display/Article/731710/friday-space-group-spacepower-for-the-warfighter-seminar/（2021年9月11日閲覧）

34　冷戦後のアメリカの対中政策の転換については、以下を参照。佐橋亮（2021）『米中対立──アメリカの戦略転換と分断される世界』中公新書、119頁.

35　国家宇宙会議（国家宇宙評議会という訳語も）は、アメリカの宇宙政策について大統領への助言および民生、商業、国家安全保障の各宇宙分野の政策調整を図ることを目的に、ジョージ・H・W・ブッシュ（George H.W. Bush）政権期の1989年4月20日設置され、1993年に事実上休止となった会議である。トランプ政権が復活させた同会議の構成メンバーは、副大統領（国家宇宙会議議長）、国務長官、国防長官、商務長官、運輸長官、国土安全保障長官、国家情報長官、行政管理予算局長、大統領補佐官（国家安全保障問題担当）、JCS議長、NASA（アメリカ航空宇宙局）長官などである。"Executive Order on Reviving the National Space Council", (June30 2017). https://www.govinfo.gov/content/pkg/FR-2017-07-07/pdf/2017-14378.pdf（2021年9月11日閲覧）

36　H・R・マックマスター（村井浩紀訳）（2021）『戦場としての世界──自由世界を守るための闘い』日本経済新聞出版、146-147、396-397、404頁.

37　"Renewing America's Proud Legacy of Leadership in Space: Activities

of the National Space Council and United States Space Enterprise",
(January 2021), pp.24-25. https://trumpwhitehouse.archives.gov/wp-
content/uploads/2021/01/Final-Report-on-the-Activities-of-the-National-
SpaceCouncil-01.15.21.pdf（2021年9月11日閲覧）

38　"Fact Sheets: President Donald J. Trump is Unveiling an America First
National Space Strategy", (March23 2018). https://aerospace.csis.org/
wp-content/uploads/2018/09/Trump-National-Space-Strategy.pdf（2021
年9月11日閲覧）

39　「トランプ米大統領、『宇宙軍』創設を指示」『BBCNEWS Japan』（2018年6月
19日）. https://www.bbc.com/japanese/44529915（2021年9月11日閲覧）

40　「トランプ大統領、『宇宙軍』創設を命令11番目の統合軍に」『CNN』（2018年12
月23日）. https://www.cnn.co.jp/usa/35130543.html（2021年9月11日閲覧）

41　「米『宇宙軍』29日に発足中露に対抗、11番目の統合軍」『産経ニュース』
（2019年8月21日）. https://www.sankeibiz.jp/business/news/190821/
cpc1908212052002-n1.htm（2021年9月11日閲覧）

42　USSPACECOM と USSF という2つの宇宙軍についての解説については、以
下を参照。福島康仁「米国の安全保障宇宙政策──2つの宇宙軍創設を中心に」
秋山アソシエイツ SSDP 安全保障・外交政策研究会ホームページ. http://
ssdpaki.la.coocan.jp/proposals/45.html（2021年9月11日閲覧）

43　アメリカの国防政策関係者 A 氏へのインタビュー（2019年8月16日（於）ワシン
トン DC）。

44　Donald J. Trump, National Security Strategy of the United States of
America, (December 2017). https://trumpwhitehouse.archives.gov/wp-
content/uploads/2017/12/NSS-Final-12-18-2017-0905.pdf（2021年9月11
日閲覧）

45　Joseph R. Biden, Interim National Security Strategic Guidance, (March
2021). https://www.whitehouse.gov/wp-content/uploads/2021/03/NSC-
1v2.pdf（2021年9月11日閲覧）

46　Jim Mattis, Summary of the National Defense Strategy: Sharpening
the American Military's Competitive Edge, (January 2018). https://
dod.defense.gov/Portals/1/Documents/pubs/2018-National-Defense-
Strategy-Summary.pdf（2021年9月11日閲覧）

47　〈100年マラソン説〉については、以下を参照。マイケル・ピルズベリー（野中
香方子訳）（2015）『China2049──秘密裏に遂行される「世界覇権100年戦略」』
日経 BP 社.

48　冷戦後のアメリカの軍事作戦を〈ハイテク戦争〉、〈スペクタクル戦争〉として活
写したものとして、たとえば、以下を参照。菅英輝（2008）『アメリカの世界戦
略──戦争はどう利用されるのか』中公新書.

49　ディーン・チェン（五味睦佳監訳）（2018）『中国の情報化戦争──情報戦、政治
戦から宇宙戦まで』原書房、254-259頁.

50　The State Council Information Office of the People's Republic of China,

China's Military Strategy 2015, (May 2015). https://jamestown.org/wp-content/uploads/2016/07/China%E2%80%99s-Military-Strategy-2015.pdf（2021年9月11日閲覧）

51　志田『ハイブリッド戦争の時代』134頁.

52　Ian Easton, "The Asia-Pacific's Emerging Missile Defense and Military SpaceCompetition (draft)", (December1 2010). http://www.npolicy.org/article_file/The_Asia-Pacifics_Emerging_Missile_Defense_and_Military_Space_Competition_280111_1143.pdf（2021年9月11日閲覧）

53　中国のスペース・パワーの詳細を把握できる資料に乏しいが、さしあたり、アメリカ連邦議会による『中国の軍事・安全保障の進展に関する年次報告』(Annual Report to Congress: Military and Security Developments Improving the People's Republic of China）や DIA（国防情報局）の 『中国の軍事力報告』(China Military Power Report)が参考になる。

54　小泉悠(2016)『プーチンの国家戦略——岐路に立つ「強国」ロシア』東京堂出版、286-287頁.

55　小泉悠(2021)『現代ロシアの軍事戦略』ちくま新書、259頁.

56　ジム・スキアット（小金輝彦訳）(2020)『シャドウ・ウォー——中国・ロシアのハイブリッド戦争最前線』原書房、183頁.

57　Mattis, Summary of the National Defense Strategy. Frank A. Rose, "NATO and Outer Space: Now What?", Brookings Blog, (April22 2020). https://www.brookings.edu/blog/order-from-chaos/2020/04/22/nato-and-outer-space-nowwhat/（2021年9月11日閲覧）

58　アメリカの国防政策関係者 B 氏へのインタビュー(2019年8月15日（於）ワシントン DC)。

59　小泉『現代ロシアの軍事戦略』259-260頁.

60　こうした洞察は、以下による。スキアット『シャドウ・ウォー』173頁.

61　志田淳二郎「『宇宙の安全保障』とは何か」『FPC NEWS（外交政策センターニュースレター）第9号』(2019年7月) 4頁.

第3章　EUの対中輸出管理政策
―「パートナー」と「ライバル」としての
EUの対中認識に着目して―

和田　龍太

キーワード　ＥＵの対中国政策、「パートナー」と「ライバル」、対中武器禁輸措置、
軍民両用技術、輸出管理

はじめに

　「中国に関しては、様々な政策領域においてEUが足並みを揃えるような目標を有する協力パートナー（cooperation partner）であり、EUが諸利益の比較衡量を見出すことを必要とする交渉上のパートナー（negotiating partner）であり、技術的主導権を追求する経済的競争者（economic competitor）であり、代替的な統治モデルを促進する体制上のライバル（systemic rival）である。[1]」

　EUは、2019年3月に発表した戦略見通し文書の中で、中国との関係を以上のように位置づけている。こうした位置づけをみれば、EUの対中関係には「パートナー」と「ライバル」といった一見、二律背反する側面を持ち合わせているようである。一方の「パートナー」という側面に関しては、EUは2003年の「包括的な戦略的パートナーシップ[2]」に代表されるように、天安門事件によって一時的に関係が冷却した後も、着々と中国との政治・経済関係を深めてきた。[3]

　他方、「ライバル」という側面に関して、スモール（Andrew Small）は、「急転換」と位置づけている。[4]なぜならば、前述のとおりEUはこれまで熱心な「パートナー」として中国への関与を継続してきたためである。こうした「急転換」の背景としては、中国との関係拡大を通じて、国際社会において中国が人権や法の支配といった国際規範を守り、西側への収斂を進めていくことへの期待感がEUの中で失われたことが挙げられる。[5]

これを背景に、中国について「ライバル」との認識を初めて公表することで、中国に対する牽制をも辞さないという EU の姿勢を見てとれる。

　本稿では、こうした対中認識が EU の対中政策、とりわけ対中輸出管理政策にも反映されていったことを議論する。そのためにもまず、天安門事件後から 2021年現在に至るまで、EU が「パートナー」としての対中認識を背景とする関係拡大を進めてきたことを押さえる。そして、EU の武器禁輸措置の解除の断念から軍民両用技術の対中輸出管理の統一化に至るまでの経緯を考察することによって、上述のような「ライバル」としての対中認識の強まりを背景に、EU が中国への牽制を強化していることを明らかにする。

1　対中武器禁輸措置の解除検討

　本節では、1989年6月の天安門事件を契機とする、欧州による対中武器禁輸措置（以下、武器禁輸）を解除する動きが 2000年代前半に出てきたものの、それが見送られた経緯を説明する。

（1）武器禁輸決定の背景

　まず、EU 前身の欧州共同体（EC：European Community）が 1989年に決定した武器禁輸の位置づけを整理しておきたい。当該措置の中身としては、軍事協力の停止と武器禁輸、閣僚・高官交流の停止、文化・科学・技術協力プログラムの削減、加盟国による中国人学生への査証発行の延期が挙げられており、こうした措置について、「欧州評議会がとることが必要である[6]」としている。

　松崎は、武器禁輸に関しては、EU として中国の人権抑圧に抗議するための単なる「象徴」である[7]、と指摘している。つまり、武器禁輸は、法的拘束力がある形で加盟国に当該措置を求めるものでもない。したがって、その運用については、EU 加盟各国の国内法解釈にもよるため、共通の基

準や立場があるわけではない[8]。

　2000年代前半に入ると、武器禁輸をEU内部で解除する動きが強まっていく。その背景としては、EU・中国間の関係発展の中で、武器禁輸を継続することの「象徴」的な意味がEUにとって無意味になったためである[9]。EUは、天安門事件による一時的な対中関係悪化を経た後、関係改善を模索する動きを強めていった。関係発展の中で、経済関係も拡大し、とりわけドイツ、フランス、イギリス、イタリア、スウェーデン、スペインといった防衛産業を持つ加盟国にとっては、中国への防衛関連輸出の増加に関心があったことも指摘できる[10]。このようにEU各国にとって、武器禁輸の象徴的な意味は失われていた。

(2) 武器禁輸の解除断念

　次に、EUが武器禁輸の解除を断念した背景について説明する。2003年末にフランスが武器禁輸の解除を提唱し、ドイツと共に解除を強く主張するようになる[11]。これに強く反対したのがブッシュ政権下のアメリカである。ブッシュ政権は以下二点の理由から武器禁輸の解除に反対した。第一に、中国では人権侵害が継続しているため、人権侵害を理由に発動された武器禁輸は依然有効であること。第二に、アメリカの安全保障上の利益に悪影響を及ぼすという懸念、すなわちアジアにおける勢力均衡に悪影響を及ぼす懸念があることである[12]。二点目に関連して松崎によれば、アメリカは、EU同盟国と共有する軍事関連技術が中国に流出する可能性、また、中国を経由する形でイラン、北朝鮮、スーダン、ミャンマーといった、アメリカが懸念する国々に流出する可能性を危惧していた[13]。

　EU加盟国間では、武器禁輸の解除に向けて一枚岩ではなかった。特に、イギリスやオランダは、アメリカの懸念を共有する姿勢を示したほか、複数の北欧諸国や中小国は、人権を重視する観点から武器禁輸に慎重な姿勢をとった[14]。こうした中、中国が台湾への武力侵攻を可能にするような「反国家分裂法」を採択したことにより[15]、中国がアジアにおけるアメリカの安全保障上の利益を脅かす、というアメリカの主張をEUが考慮し、

禁輸措置の解除を延期する決定をせざるを得なくなった。

2 「パートナー」そして「ライバル」としての対中認識

　本節では、EUが中国を「パートナー」とみなし続けた一方、近年「ラ
イバル」という認識を強めていったことを説明する。

(1)「パートナー」という側面：経済的相互依存と対話チャンネルの拡大

　まずは「パートナー」という側面に着目する。もっともEUの武器禁
輸の解除は先送りされたものの、2003年にEUと中国が「包括的な戦略
的パートナーシップ」に合意して以降、EU・中国間の関係は着実に発展
していった。

　経済面で見ると、EUの対中貿易額は、2010年の3,505億ユーロ（輸入
額2,454億ユーロ、輸出額1,051億ユーロ）から、2020年には5,867億ユーロ（輸入
額3,839億ユーロ、輸出額2,028億ユーロ）へと着実に増加していった（図表1）。

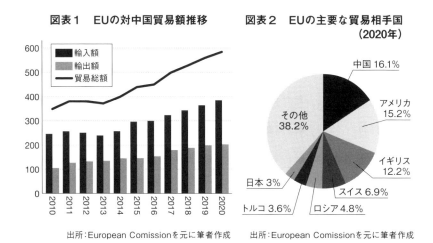

図表1　EUの対中国貿易額推移

図表2　EUの主要な貿易相手国
（2020年）

出所：European Comissionを元に筆者作成　　　出所：European Comissionを元に筆者作成

こうした貿易額の増加を背景に、中国はEUにとって最大の貿易相手国となっている[16]（図表2）。

他方、中国にとってもEUは最大の貿易相手国（2020年）であり、中国の貿易総額は5,709億ユーロ（輸入額2,270億ユーロ、輸出額3,439億ユーロ、同年）である[17]。このように、EUと中国が経済的相互依存を深化させていったことがわかる。

こうした経済的相互依存の深化と並行する形で、政治分野における対話チャンネルがつくられ、関係が拡大していく[18]。武器禁輸措置以外のほとんどの経済制裁が終了したのに加え（1994年）[19]、政治対話（同年）、人権対話（1995年）、定期的なEU・中国首脳協議（1998年）、科学技術協定（同年）、「包括的パートナーシップ」（同年）等を経て、「包括的な戦略的パートナーシップ」（2003年）へと関係を発展させてきた[20]。また、2013年にはEUは、高官戦略対話、高官経済貿易対話、人的交流対話を柱とする「EU・中国協力戦略計画2020」を発表した[21]。高官レベルでは、人権、南シナ海、北朝鮮、中国の一帯一路イニシアチブといったほかの諸問題に関する協力関係にも及んでいることに関し、林によれば、こうした諸問題に関する対話の枠組みが重層的に制度化されてきた[22]。

(2)「ライバル」というEUの認識

EUが中国を「体制上のライバル」と位置づけたことで、これまで「パートナー」としての側面に一辺倒だった対中姿勢を軌道修正したことは前述のとおりである。この「ライバル」といった側面の背景としては、以下の二点が挙げられよう。第一に、対話やチャンネルを通じた成果がほとんどないという認識がEU内部で広がったことは指摘できよう。もっとも、人権、民主主義、法の支配といった規範を重視するEU[23]は、上述したような累次の対話やチャンネルを通じて中国に人権の改善をはじめとする規範の遵守、国内改革を求めてきた。新疆ウイグルにおける人権侵害や、中国当局による香港の民主派弾圧の強化を背景に、中国の人権状況が悪化していること、また習近平政権下で権威主義の傾向が強まっている

ことから、中国の国内改革に向けた EU による後押しが失敗した[24]、と EU 側が考えるようになった。

第二に、EU 高官の間では、欧州における中国の経済的プレゼンスと EU 政策立案に対する政治的な影響力への懸念が高まっている点が指摘できる[25]。もっとも、欧州にとってはロシアを安全保障上の脅威とみる一方で、中国については、距離の遠さからアジアの「巨竜の尾」が見える程度の存在にすぎないとの見方が欧州にある[26]。もっとも、EU 側の見方は変化しているようだ。EU 外交安全保障担当上級代表のジョセップ・ボレル (Josep Borrell) は 2020 年 3 月、以下のように述べている。

　　「中国は、アメリカとは異なり、責任感があり信頼できるパートナーであるというメッセージを積極的に押し付けている。同様に、こうしたナラティブの戦いの中で EU を失墜させようとする試みや、欧州があたかもウィルスの伝染者であるかのように汚名を着せられる事例を我々は目にしている。(中略) 我々は、情報操作 (spinning) や「寛容の政治 (politics of generosity)」を通じた地政学的な要素を認識すべきであるし、事実に基づく理論武装を通じて、中傷者に対抗し欧州を守る必要がある[27]。」

このようにボレルは、中国が EU に対し「攻撃的」な戦術を展開していること、そして欧州に対する医療支援を通じた「寛容な政治」を濫用していると中国を暗に非難していることがうかがえる。

とりわけ、①中国が欧州との経済的相互依存を利用する形で、中東欧諸国や西バルカン諸国との経済協力に関する枠組み「17 + 1」を通じて、EU 内部を分裂する動きを強めている点[28]、②中国が、西欧の「民主主義が信頼を失い始めている」、「EU の連帯は戻らない」といった EU に対する情報操作を展開している点[29]、また、③新型コロナ・ウィルスの混乱に乗じた中国の動きに対する EU 側が反発している点が挙げられる[30]。スモールによれば、中国が自国の政治的利益のために、欧州との経済関係と保健衛

生面での欧州側のニーズにリンクさせる動き[31]をとっている。こうした一連の懸念から、「ライバル」というEUの認識がますます強まっていることがわかる。

　以上から、「パートナー」としての対中認識は、中国との政治・経済関係の拡大を背景に、1990年代から着実に構築されていった一方、すでに2010年代末には「ライバル」としての認識を強めていた[32]。但し、「ライバル」という認識をすべての加盟国が共有しているわけではない[33]。特に、親中国的な姿勢をとるハンガリー、ギリシャといった国が、中国による人権侵害を非難することに反対したため、EUは声明を発出できなかった。また、中国への経済的依存を背景に、対中関係の悪化を避けたいといったドイツのメルケル首相の思惑も指摘されている[34]。

3　中国への軍民両用技術の流出とEU輸出管理の統一化

　本節では、前章で議論した「ライバル」という側面に関連して、中国への技術流出が進んでいたことへの危機感を背景に、EUが輸出管理を統一化していったことを説明する。

(1) EUから中国への軍民両用技術移転と安全保障上の懸念の高まり

　EUでは上述のとおり2005年に武器禁輸の維持が決まった。その一方で、「包括的な戦略的パートナーシップ」を後押しするかのように、1990年代後半から2000年代前半の間にも、累次の軍民両用技術がイギリス、ドイツ、フランス、イタリア、スペインをはじめとする欧州各国から中国に移転されていた（図表3）。

　2000年代後半以降に入ると、高度技術を有する欧州企業が中国に買収される事例が相次いだ。特に2008年に英半導体製造企業のダイネックス（Dynex）が中国鉄道企業に買収されたことにもより、同社の高出力半導体が中国海軍空母に利用される電磁石カタパルト設置の基礎になったとさ

図表3　欧州から中国に移転された主な軍事関連技術
（1990年代後半〜 2000年代前半）

契約あるいは輸出された年	対中輸出された品目・中国が関わる品目	関与した企業の国別
1997	Pack Howitzers（歩兵砲）	イタリア
1993-2003	EC120ヘリコプター	仏独西・シンガポール
1996-2004	中国海軍 Y-8対潜哨戒機の偵察レーダー	イギリス
1999-2001	JH-7海軍戦闘爆撃機のSpeyエンジン	イギリス
2004	J-7戦闘機の関連電子装置	イギリス
2002-2004	旅海級駆逐艦のガスタービンとエンジン	ガスタービンはウクライナ、エンジンはドイツ
2002-2004	パキスタン輸出用の中国製FC-1戦闘機と中国空軍F-7戦闘機用のGrifo航空戦レーダー	イタリア
2001-2004	Z-9・Z-11ヘリコプター用のArrielエンジン	フランス
1999-2002	Z-10ヘリコプターのトランスミッションシステム	伊英
2001-2002	Z-10ヘリコプターのローターシステム	仏独西
2002	DFH-4通信衛星	フランス
2004	宋型039型潜水艦用のディーゼルエンジン	ドイツ
2004-2005	054型フリゲート艦2隻用のディーゼルエンジンおよびライセンス生産	ドイツ
2004	ガリレオ衛星ナビゲーションシステムへの中国参加	欧州委員会
2004	中型（7トン級）ヘリコプター開発	仏独西
2004-2006	通信衛星「中星9号」	フランス
2002-2005	地球観測用のリモートセンサー付きマイクロサテライト	イギリス
2004	中国北方工業公司（Norinco）製対戦車ミサイル用運搬用車	イタリア

出所：CRS Reportを元に筆者作成

れている。また2016年にも、独ロボット製造企業クーカ（Kuka）が中国白物家電企業に買収された。また同年、中国投資ファンドによる独半導体製造装置企業アイクストロン（Aixtron）買収の案件では、国家安全保障上の懸念からオバマ政権下のアメリカによって阻止された事例や、2018年にドイツ政府が中国投資ファンドによる独工作機械メーカー・ライフェルト・メタル・スピニング（Leifeld Metal Spinning）の買収を阻止した事例が指摘できる。こうした事例を受けて、ドイツをはじめとするEUでは中国への技術流出について深刻に受け止められるようになった。

(2) 輸出管理の統一化

　次に本節では、EU による輸出管理の統一化の経緯を辿る。EU 理事会が 1998年に発表した「武器輸出に関する行動規範[38]」は、必ずしも中国のみを対象にしているわけではない。むしろ EU としては、第三国に対する武器輸出にかかわる加盟国の行動基準を示すものであり、とりわけ、人権侵害が疑われる国に対しては加盟国が輸出を許可しないとされた[39]。「行動規範は各国の武器輸出政策を拘束するが、その内容の適用は各国にゆだねられていた[40]」。こうした行動規範によって、軍民両用技術の中国への流出がどれだけ阻止されたのかについては、図表 3 にかんがみれば議論の余地がある。EU は軍事技術の輸出管理をより効率的なものにすべく、2008年12月に「軍事技術・装備の輸出規制に関する共通の立場[41]」を策定した。これにより、1998年の「武器輸出に関する行動規範」を修正し、「共通の立場」に格上げしたものとなった[42]。

　軍民両用技術については、EU は 1996年に発足したワッセナーアレンジメントに参加しているものの、2009年 5月に EU は軍民両用技術の移転に係る基準の統一化を図るため、「両用技術に対する輸出管理レジーム[43]」を施行した。しかし、同規則は単に EU としての大枠を示すだけであり[44]、その運用については依然として加盟各国の裁量に任されていた。そのため依然として、軍民両用技術に関する共通の戦略が EU に欠如しているという見方は正しい[45]。

　しかし、2010年代に入ると EU の輸出管理は、全面的に見直されていった。2011年に伊企業がシリアのアサド政権に対して、反体制派の動向の把握に資する監視システムに係る納入を進めていたこと等が背景にあるとされる[46]。2016年 9月、欧州委員会は、「EU 輸出規則改正案 (2016/0295 (COD))」を公表した[47]。同案はそれ以降約 5年間にわたる修正協議を経て、2021年 5月に EU 理事会ならびに欧州議会で可決された。そして、同年 9月 9日に「改正規則 2021/821」として施行された[48]。

　この「改正規則 2021/821」に関する主なポイントとして、以下の三点が指摘できよう。第一に、同規則は、EU の輸出管理に関する基準を詳細

に明記することで、当該分野に係る EU の権限拡大を図り、EU 主導の下で効率的な輸出管理を進めていく狙いがある。すなわち、上述の「両用技術に対する輸出管理レジーム」のように EU の輸出管理が加盟各国の裁量によって進められてきた点を見直し、EU として輸出管理規則を統一化した内容となった。第二に、人権問題を事由とする輸出管理を前面に打ち出すものとなった。もっとも EU が天安門事件における中国当局による人権侵害を理由に、武器禁輸を決定したことは前述のとおりだが、中国の人権侵害を理由とする軍民両用技術の移転阻止が可能となった。第三に、「サイバー監視技術関連品目」が輸出管理の対象に明記された。中国を事例にすれば、二点目の人権保護と関連して、中国当局が新疆ウイグルや香港を対象に、内部抑圧や人権・国際法侵害の関与に「サイバー監視技術関連品目」を利用しているとされている。[50] そうなれば、EU による通信技術の中国向け輸出が阻止され、これに伴いファーウェイや中興通訊（ZTE）といった中国通信企業への技術移転が制限される可能性が出てこよう。

　ところで、輸出管理に着目する本稿の趣旨とはずれるが、投資管理という面も着目に値する。EU では投資に関する審査基準の共通化に向け、2019年3月に投資監視規則を可決し、同年4月から施行となった[51]。但しその運用については加盟国の裁量にゆだねられているため、加盟国の解釈によっては、何をもってセンシティブな軍民両用技術とするか、といった点で異なること、そのため EU 共通の基準は、単に加盟国と欧州委員会による情報共有の枠組みにすぎないとの見方が出ている[52]。他方で、加盟国間で調整しやすい共通のメカニズムを導入したことによって、ばらばらだった対中政策が共通化されたことを評価する声もある[53]。

おわりに

　本稿では、EU が「パートナー」として中国との関係拡大を続けつつも、「ライバル」としての側面を認識するようになり、輸出管理の統一化

を進めていったことを説明した。EU は、中国との関係を維持しつつも、中国国内で人権侵害が続いていることへの懸念や中国による欧州に対する影響力の高まりを背景に、「ライバル」としての見方を強めていったこと、これを受けて輸出管理を共通化していったことを説明した。

　今後、EU は中国の人権状況への懸念から、輸出管理を厳格化する動きをとる可能性はある。しかし、前述したとおり中国をめぐっては、EU の加盟国の足並みが揃っているわけではないため、全加盟国の合意形成は困難だろう[54]。EU 加盟国の間では中国との関係をめぐって、人権という価値観を重視するか、あるいは短期的な経済的利益を求めるか、というジレンマを抱えていることから[55]、中国との関係をめぐり EU 内部で亀裂が深まる可能性も指摘できる。

　中国との「パートナー」といった側面には、負の影響がすでに及んでいるとの見方もできる。輸出管理の共通化と並行して、EU は 2020 年 12 月に資産凍結と渡航禁止を柱とする欧州版「マグニツキー法」と呼ばれるような措置を決定し、翌年 3 月には米、英、カナダと共に、ウイグルの人権侵害に関わったとされる中国政府関係者 4 人と 1 団体を対象に当該措置をとる旨発表した[56]。中国は EU による欧州版「マグニツキー法」に対抗するために、欧州議会の複数議員に対する制裁を発動した。そのため欧州議会は、包括的投資協定（Comprehensive Agreement on Investment）の批准を阻止し続けている（2021 年 9 月 7 日現在）。目下の状況から、「パートナー」としての対中関係の側面は色あせていく可能性は高い。

　ところで、中国もまた 2020 年 12 月 1 日に輸出管理法の施行を通じ、輸出管理を強化している。こうした動きについては、中国が米国の輸出管理に対抗する狙いがあるとされる一方で、EU 加盟国間に楔を打ち込むべく、複数の EU 加盟国を対象に同法が適用される可能性は常に孕む。

〔註〕

1　European Commission and High Representative of the Union for Foreign Affairs and Security Policy, "EU-China – A Strategic Outlook",（March12

2019）,p.1. https://ec.europa.eu/info/sites/default/files/communication-eu-china-astrategic-outlook.pdf（2021年8月16日閲覧）。括弧部引用者。「体制上のライバル」という概念について、リューリッヒ（Tim Rühlig）が指摘するように、当該概念に関して明確な定義は存在しない。しかし以下の定義は注目に値する。ドイツ産業連盟（Bundesverband der Deutschen Industrie、以下 BDI）によれば、中国独自の国家主導による経済体制が、欧州の開かれた自由な市場経済体制に対抗する対抗者という側面に言及している。また國分は、「権威主義というガバナンスモデルを、法の下での自由民主主義に対する代替案として、世界への普及を促進させる存在」と定義づけている。同概念の中に経済体制のみならずガバナンスモデルをめぐる対抗をも包摂する重要性にかんがみ、本稿は國分の定義を採用する。國分俊史（2020）『経済安全保障の戦い』日本経済新聞社出版、128頁 ; "Partner and Systemic Competitor: How Do WE Deal with China's State Controlled Economy?", Bundesverband der Deutschen Industrie (BDI) (ed), *Policy Paper*,（2019）, p.2. https://english.bdi.eu/publication/news/china-partner-and-systemic-competitor/（2021年9月1日閲覧）; Tim Rühlig, "Towards a More Principled European China Policy?: Democracy, Human Rights and the Rule of Law in EU-China Relations", Institut Français des Relations Internationales (IFRI), *Études de l'Ifri*,（November 2020）, p.22. https://www.ifri.org/sites/default/files/atoms/files/ruhlig_european_china_policy_2020.pdf（2021年9月1日閲覧）を参照。

2 Emil J. Kirchner, Thomas Christiansen and Han Dorussen, "Economic Security Dimension of EU-China Relationship", Emil J. Kirchner (eds), *Security Relations between China and the European Union*, Cambridge University Press,（2016), p.10.

3 詳細については、林大輔「EU・中国関係の制度的枠組み：法的基盤・重層的対話枠組・パートナーシップ」『EU 学会年報　第38号』（2018年）を参照されたい。

4 Andrew Small, "The Meaning of Systemic Rivalry: Europe and China Beyond the Pandemic", European Council of Foreign Relations, *Policy Brief*,（May 2020), p.1; Thomas Christiansen, Emil Kirchner, Uwe Wissenbach, *The European Union and China*, p.24.

5 佐橋亮（2021）『米中対立──アメリカの戦略転換と分断される世界』中央公論新社、216頁 .

6 "China", EU Sanction Map,（June 27 1989). https://www.sanctionsmap.eu/#/main/details/10/?search=%7B%22value%22:%22%22,%22searchType%22:%7B%7D%7D（2021年8月16日閲覧）

7 松崎みゆき「EU の対中武器禁輸措置解除問題：米国が与えた影響」『海幹校戦略研究』48頁 .

8 SIPRI, "EU arms embargo on China," updated on 20 November 2012. https://www.sipri.org/databases/embargoes/eu_arms_embargoes/china（2021年7月23日閲覧）

9　松崎「EU の対中武器禁輸措置解除問題：米国が与えた影響」49頁．

10　松崎「EU の対中武器禁輸措置解除問題：米国が与えた影響」51-52頁．松崎によれば、武器禁輸の解除によって、特に最大の中国への武器輸出国であるフランスに加え、EU では最大の中国の貿易相手国であったドイツが、武器禁輸の解除を求めていた。

11　Kristin Archick, Richard F. Grimmett, and Shirley Kan, "European Union's Arms Embargo on China: Implications and Options for U.S policy", *CRS Report for Congress*,（2005）, p. 6; Craig Smith, "France Makes Headway in Push to Permit Arms Sales to China", *New York Times*,（January 27 2004）. https://www.nytimes.com/2004/01/27/world/france-makes-headway-in-push-to-permit-armssales-to-china.html（2021年8月17日閲覧）

12　Kristin Archick, Richard F. Grimmett, and Shirley Kan, p.8-10. ギルはニューヨークタイムズ紙を引用する形で、ブッシュ大統領が武器禁輸の解除により、特に台湾海峡における軍事バランスの不安定化する可能性を懸念していたと指摘する。Bates Gill, "The United States and the China-EU relationship", David Shambaugh, Eberhard Sandschneider and Zhou Hong (eds), *China-Europe Relations: perceptions, policies and prospects*, Routledge,（2008）, p. 272参照。

13　松崎「EU の対中武器禁輸措置解除問題：米国が与えた影響」56頁．

14　Kristin Archick, Richard F. Grimmett, and Shirley Kan, p.6.

15　松崎「EU の対中武器禁輸措置解除問題：米国が与えた影響」59頁．

16　"European Union, Trade in goods with China", European Commission,（June 2021）. https://webgate.ec.europa.eu/isdb_results/factsheets/country/details_china_en.pdf（2021年8月19日閲覧）

17　Ibid.

18　Thomas Christiansen, Emil Kirchner and Uwe Wissenbach, *The European Union and China*, Routledge,（2019）, p.76.

19　Ibid., p. 15.

20　林大輔「EU・中国関係の制度的枠組み：法的基盤・重層的対話枠組・パートナーシップ」『EU 学会年報　第38号』（2018年）204-210頁．

21　"EU-China 2020 Strategic Agenda for Cooperation". https://eeas.europa.eu/archives/docs/china/docs/eu-china_2020_strategic_agenda_en.pdf（2021年9月10日閲覧）; Vincent L. Morelli, "The European Union and China", Congressional Research Service, *IN FORCUS*,（April1 2019）, p.1. https://fas.org/sgp/crs/row/IF10252.pdf（2021年8月19日閲覧）

22　林「EU・中国関係の制度的枠組み：法的基盤・重層的対話枠組・パートナーシップ」212-213頁．

23　小林正英「EU の外交・安全保障政策と対中認識：Cinderella Honeymoon」『東亜　No. 622』（2019年4月）93頁．

24　Thomas Christiansen, Emil Kirchner, Uwe Wissenbach, The European Union and China, p.24.

25　Vincent L. Morelli, "The European Union and China", p. 2.

26　佐橋『米中対立』213頁．かかる指摘に関連して、EUにとっては、ウイグル
や香港の人権状況が直接的には欧州の安全保障に影響するものではないとの
見方は存在する。Sven Biscop, "The EU and China: Sanctions, Signals
and Interests", Egmont Royal Institute of International Relations, *Security
Policy Brief*, No. 145,（May 2021），p.1参照。

27　"EU HRVP Josep Borrell: The Coronavirus pandemic and the new world
it is creating", Statement by the HR/VP, European Delegation to China,
（March24 2020）. https://eeas.europa.eu/delegations/china/76401/eu-
hrvp-josepborrell-coronavirus-pandemic-and-new-world-it-creating_en
（2021年8月31日閲覧）括弧部引用者。

28　Andrew Small, "The Meaning of Systemic Rivalry: Europe and China
Beyond the Pandemic", European Council of Foreign Relations, *Policy
Brief*,（May 2020），p.3.

29　Ibid., p.7.

30　Ibid., pp.2-3.

31　Ibid., p.7. EUが人道的立場から中国に対して医療支援を行った事実について、
中国は明らかにせず、BRIの一環として欧州に対する医療支援を位置づけ、政
治的な影響力をEUに行使するために、「マスク外交」に代表されるように、欧
州に対する医療支援を行っているのは中国であると主張を展開している。

32　小林は、2016年と2017年のEU・中国首脳会議において共同声明が発出されな
い程、EUの対中姿勢は2010年代後半以降、厳しさを増していったと述べてい
る。小林「EUの外交・安全保障政策と対中認識：Cinderella Honeymoon」93頁．

33　國分『経済安全保障の戦い』128頁．

34　Andrew Small, "The Meaning of Systemic Rivalry: Europe and China
Beyond the Pandemic", p.6.

35　Anja Mannuel and Kathleen Hicks, "Can China's Military Win the Tech
War? : How the United States Should――and Should Not――Counter
Beijing's Civil-Military Fusion", *Foreign Affairs*,（July29 2020）. https://www.
foreignaffairs.com/articles/united-states/2020-07-29/can-chinas-military-
win-tech-war（2021年9月10日閲覧）; Mathieu Duchâte, "The Weak Links
in China's Drive for Semiconductors", Institute Montaigne, *Policy Paper*,
（January 2021），p.49. https://www.institutmontaigne.org/ressources/
pdfs/publications/weaklinks-chinas-drive-semiconductors-note.pdf
（2021年9月2日閲覧）

36　"US blocks Chinese purchase of German tech firm Aixtron", DW,
（December3 2016）. https://www.dw.com/en/us-blocks-chinese-
purchase-of-german-techfirm-aixtron/a-36625221（2021年9月2日閲覧）

37　林大輔「対立と協調のはざまで――欧州の対中認識：EUとドイツ・イギリスを中
心に」『China Report　Vol. 20』. https://www.jiia.or.jp/column/column-291.
html（2021年9月10日閲覧）

38　臼井実稲子「EC・EU制裁政策とEU機能条約第346条」臼井実稲子・奥迫元・山本武彦編（2017）『経済制裁の研究──経済制裁の政治経済学的位置づけ』志學社、53頁．

39　Council of European Union, "Code of Conduct on Arms Export", 8675/2/98 Rev2, Brussels, the Council of the European Union,（June5 1998）, pp.2-4. https://www.europarl.europa.eu/meetdocs/2004_2009/documents/dv/031006codeofconduct1998_/031006codeofconduct1998_en.pdf（2021年9月13日閲覧）

40　臼井「EC・EU制裁政策とEU機能条約第346条」53頁．

41　"Council Common Position 2008/944/CFSP of 8 December 2008 defining common rules governing control of exports of military technology and equipment", L335/99, the Council of the European Union,（December13 2008）. https://eur-lex.europa.eu/legal-content/EN/TXT/?uri=CELEX%3A32008E0944（2021年9月13日閲覧）

42　臼井「EC・EU制裁政策とEU機能条約第346条」54頁．

43　"Council Regulation (EC) No 428/2009 of 5 May 2009 setting up a community regime for the control of exports, transfer, brokering and transit of dual-use items (recast)", L134/1, the Council of European Union,（May29 2009）. https://eur-lex.europa.eu/legal-content/EN/TXT/?uri=celex%3A32009R0428（2021年9月13日閲覧）

44　青井保「デュアルユース品目に対するEU輸出管理制度改革と規則改定案」『CISTEC ジャーナル　No.166』(2016年11月)17頁．

45　Meia Nouwens, Helena Legarda, "Emerging technology dominance: what China's pursuit of advanced dual-use technologies means for the future of Europe's economy and defence innovation", *The International Institute for Strategic Studies*,（December 2019）, p.2.

46　青井「デュアルユース品目に対するEU輸出管理制度改革と規則改定案」18頁．

47　"Proposal for a REGULATION OF THE EUROPEAN PARLIAMENT AND OF THE COUNCIL setting up a Union regime for the control of exports, transfer, brokering, technical assistance and transit of dual-use items (recast)", 2016/0295/COD, the Council of the European Union. https://eur-lex.europa.eu/procedure/EN/2016_295（2021年9月6日閲覧）

48　"Regulation (EU) 2021/821 of the European Parliament and of the Council of 20 May 2021 setting up a Union regime for the control of exports, brokering, technical assistance, transit and transfer of dual-use items (recast)", PE/54/2020/REV/2, EUR-lex, European Union. https://eur-lex.europa.eu/legal-content/EN/TXT/?uri=CELEX%3A32021R0821（2021年9月6日閲覧）

49　青井「デュアルユース品目に対するEU輸出管理制度改革と規則改定案」7、32頁．

50　Cate Cadell and Philip Wen, "China surveillance firm tracking millions in Xinjiang: researcher," Reuter,（February 17 2019）; Dan McDevitt, "China has brought its repressive surveillance tools to Hong Kong", *Nikkei Asia*, （March15 2021）.

51　"Regulation (EU) 2019/452 of the European Parliament and of the Council of 19 March 2019 establishing a framework for the screening of foreign direct investments into the Union" PE/72/2018/REV/1, the Council of the European Union,（March21 2019）. https://eur-lex.europa.eu/eli/reg/2019/452/oj（2021年9月9日閲覧）; European Commission, "EU Foreign Investment Screening Regulation Enters Into Force", press release, （April10 2019）. https://ec.europa.eu/commission/presscorner/detail/en/IP_19_2088（2021年9月2日閲覧）

52　Meia Nouwens and Helena Legarda, "Emerging technology dominance: what China's pursuit of advanced dual-use technologies means for the future of Europe's economy and defence innovation", The International Institute for Strategic Studies,（December 2019）, p.16.

53　林大輔「欧州の中国認識と対中国政策をめぐる結束と分断——規範と利益の間に揺れ動くEU」日本国際問題研究所『中国の対外政策と諸外国の対中政策』（2020年3月）297頁.

54　Tobias Gehrke, "Getting EU Economic Security Right", Egmont Institute, *Security Policy Brief*, No.127,（2020）, p.3.

55　François Godement, "Values and the Role of Sanctions in the Europe-China-US Triangle", Institute Montaigne,（April13 2021）, p.1.

56　European Commission, "Commission Guidance Note on the Implementation of Certain Provisions of Council Regulation (EU) 2020/1998", Commission Note,（December17 2020）. https://ec.europa.eu/info/sites/default/files/business_economy_euro/banking_and_finance/documents/201217-human-rightsguidance-note_en.pdf（2021年9月2日閲覧）; European Commission, "Legislation", *Official Journal of the European Union*, Volume 64,（March22 2021）, pp.1-5 and p.10. https://eur-lex.europa.eu/legal-content/EN/TXT/PDF/?uri=OJ:L:2021:099I:FULL&from=EN（2021年9月2日閲覧）。もっとも同措置は、EUとして人権侵害を非難するメッセージを伴うような象徴的な内容だとされる。Sven Biscop, "The EU and China: Sanctions, Signals and Interests", *Security Policy Brief, Egmont Royal Institute of International Relations*, No.145,（May 2021）, p.2.; Uri Dadush and André Sapir, "Is the European Unions'Investment Agreement with China Underrated?", Bruegel, *Policy Contribution*,（September 2021）, p.1参照。

〔参考文献〕
（日本語文献）
青井保「デュアルユース品目に対するEU輸出管理制度改革と規則改定案」『CISTECジャーナル　No.166』（2016年11月）16-32頁.

臼井実稲子「EC・EU制裁政策とEU機能条約第346条」臼井実稲子・奥迫元・山本武彦編（2017）『経済制裁の研究——経済制裁の政治経済学的位置づけ』志學社、43-60頁．

國分俊史（2020）『経済安全保障の戦い』日本経済新聞社出版．

小林正英「EUの外交・安全保障政策と対中認識：Cinderella Honeymoon」『東亜　No. 622』（2019年4月）92-99頁．

佐橋亮（2021）『米中対立——アメリカの戦略転換と分断される世界』中央公論新社．

林大輔「EU・中国関係の制度的枠組み：法的基盤・重層的対話枠組・パートナーシップ」『EU学会年報　第38号』（2018年）198-218頁．

林大輔「欧州の中国認識と対中国政策をめぐる結束と分断——規範と利益の間に揺れ動くEU」日本国際問題研究所編『中国の対外政策と諸外国の対中政策』（2020年3月）289-307頁．

林大輔「対立と協調のはざまで——欧州の対中認識：EUとドイツ・イギリスを中心に」『China Report　Vol. 20』．

松崎みゆき「EUの対中武器禁輸措置解除問題：米国が与えた影響」『海幹校戦略研究』45-63頁．

（英語文献）

Kristin Archick, Richard F. Grimmett, and Shirley Kan, "European Union's Arms Embargo on China: Implications and Options for U.S policy", *CRS Report for Congress*, (May27 2005), pp.1-43.

Sven Biscop, "The EU and China: Sanctions, Signals and Interests", Egmont Royal Institute of International Relations, *Security Policy Brief*, No.145, (May 2021), pp.1-5.

Thomas Christiansen, Emil Kirchner and Uwe Wissenbach, *European Union and China*, Routledge, (2019).

Mathieu Duchâte, "The Weak Links in China's Drive for Semiconductors", Institute Montaigne, *Policy Paper*, (January 2021), pp.1-61.

Emil J. Kirchner (eds), *Security Relations between China and the European Union*, Cambridge University Press, (2016).

Anja Mannuel and Kathleen Hicks, "Can China's Military Win the Tech War?: How the United States Should——and Should Not——Counter Beijing's Civil-Military Fusion", *Foreign Affairs*, (July29 2020).

Vincent L. Morelli, "The European Union and China", Congressional Research Service, *IN FORCUS*, (April1 2019), pp.1-3.

Meia Nouwens, Helena Legarda, "China's Rise as a Global Security Actor: Implications for NATO", The International Institute for Strategic Studies, China Security Project, (December 2020), pp.1-20.

Andrew Small, "The Meaning of Systemic Rivalry: Europe and China Beyond the Pandemic", European Council of Foreign Relations, *Policy Brief*, (May 2020), pp.1-18.

David Shambaugh, Eberhard Sandschneider and Zhou Hong (eds), *China-Europe Relations: perceptions, policies and prospects*, Routledge, (2008).

Tim Rühlig, "Towards a More Principled European China Policy?: Democracy, Human Rights and the Rule of Law in EU-China Relations", Institut Français des Relations Internationales (IFRI), *Études de l'Ifri*, (November 2020), pp.1-48.

あとがき

　本書の問題提起は、我々が構築してきた社会構造が要求した高度な科学技術は新たな戦争の領域であるサイバー空間や宇宙空間においてどのような政治的変動を国際社会に与えているのだろうか、ということである。特に、覇権国米国の力の翳りと昨今注目される権威主義体制国家の興隆は、新たな戦争の領域における規範形成をさらに困難なものにしている。本書でも取り上げたが、中国やロシアが政治利用するサイバー／情報空間は国家主権によって統治されており、明らかに西側諸国の目指す政治的利用とは異なる。そのため、本来、様々なアクターが自由に文化・経済活動を行うことができるはずのサイバー空間は、国家安全保障に囚われてしまう危険がある。現に新たな戦争の領域における軍拡は大国間のみならず中小国間でも始まっているし、同時に兵器に関わる科学技術を共有するための緩やかな同盟関係も形成されつつある。

　本書では取り上げられなかったが、グローバルシフトによって拡大した新しい戦争の領域には、国境線があるのだろうか。少なくとも新型コロナウイルスには国境というものは全く影響がなかった。しかし、諸国家のパンデミック対策は、国境を無視して拡大するウイルスに対して政治的に国境線を遮断するという水際作戦で対応した。サイバー空間とは物理的な機械の集まりによって構築された仮想空間である以上、そもそも国家の独善的な介入は想定されておらず、むしろ米国では否定すらされてきた。宇宙空間も国境線のある地上のはるか上空を指し、そこに国境という概念は適用されていない。しかし、これらの新しい戦争の領域はすでに国家間の苛烈な競争の場となっている。問題はどのように平和裡に諸国家の経済文化活動を促進させる公共の場としてサイバー空間と宇宙空間におけるルールをつくり、規制をかけることができるのかということである。世界のほとんどの地域では、すでにインターネットに接続されない仕事や生活は考え

られないし、衛星を使わないことも同様である。我々市民にとってこれら
の領域が平和であることは非常に重要なことである。それだけではない。
このような公共の領域の平和を維持することは、実は世界の様々な問題を
解決することができる可能性を高めるのである。そのために、これらの領
域を脅威に晒す諸問題を我々は認識する必要があり、それらの領域におけ
る平和を望むことを声に出すことで、国際連携によってより大きな活動に
繋げることも可能である。

　冷戦後、世界はソマリア、イラク、コソボ、シリアなどにおいて大国に
よる一方的な軍事介入を経験してきた。そして、2014年から戦争状態に
あったウクライナとロシアは、2022年2月に本格的なロシア軍のウクラ
イナ侵攻と西側諸国による強烈な経済制裁と軍事援助によって広義の戦争
状態となっている。これは新たな冷戦構造として定着する可能性がり、こ
の構造は新たな国際政治の構造を規定する戦争となるであろう。

　2022年1月のカザフスタン共和国における「暴動」に対してカザフス
タン政府は強硬手段を選択した。その結果、2022年1月の時点で225人
に達する犠牲者を出したカザフスタン政府に対して習近平国家主席は責任
感の強さを評価した。また、中国はどんな勢力であれ、カザフスタンの安
定を破壊し安全保障を脅かすことに断固反対するとして、市民のプロテス
トを政権の正当性を脅かすものとして断罪した。このような権威主義国家
における政権維持を最優先に置く国家安全保障が、ユーラシアの秩序の特
徴となっている。ユーラシア諸国、特に旧ソ連圏諸国の新興民主主義諸国
は、長らく民主主義と権威主義体制の間を揺れ動いてきた。しかし、昨今
ではその振り子は権威主義体制に振り切っているようにみえる。それらの
諸国が権威主義体制に移行した過程や政治状況、そして、行動様式など、
明らかにしなくてはいけないことは多い。重要なことは、日本はユーラシ
アに属する国家であることをやめることはできない。それも、ユーラシア
においてある程度成熟した民主主義国家という数少ない国家である。日本
には、ユーラシアで共有される脅威を理解しつつ、階層的な主権構造を否
定し、そして、民主的で人間の安全保障を重視した統治のモデルを維持す

ることが求められている。

　本書の企画は、編者の奉職する東海大学創立者松前重義博士が一貫して唱えてきた科学技術による平和構築という理念を受け継いでいる。通信省官僚であった松前の発明した無装荷ケーブルは、日本とユーラシア大陸を2,700kmという長大な距離を海底ケーブルで繋いだ。松前の開発した通信方式は世界の主流となり、20世紀の通信技術は飛躍的に発展したのである。この技術は平和にも戦争にも寄与したはずであるが故に、松前は科学技術の利用を平和思想に求めたのである。民生技術と軍事技術の境界線は曖昧になりつつある。しかし、科学技術による国際社会の平和、経済発展、そして、社会文化への貢献を考えるとき、科学技術の軍事転用における国家間の規制なくして平和の実現はないのである。

　東海教育研究所の佐野弘二さんと寺田幹太さんには本書の企画を持ち込んだときから大変お世話になった。創立者の思想を受け継ぐ本企画を東海大学に縁の深い出版社から出版するというこだわりにご理解を頂き、積極的なご支援を頂いた。特に担当編集者の寺田さんのきめ細かい編集がなければ、このように時節を得た出版は望むべくもなかった。格別のお礼を申し上げたい。期せずして勃発したロシア軍によるウクライナ侵攻をどう理解するのか、我々は国際社会のドラスティックな変化の時代を共有しているのである。同時代に生きる読者と執筆陣にとって本書で行われた議論がその理解の一助となるのであれば執筆者一同にとって望外の喜びである。

2022年3月

藤巻裕之

執筆者紹介

藤巻裕之（ふじまき・ひろゆき）

東海大学政治経済学部政治学科教授。
1969年生まれ。Webster University（米国）国際関係論修士号取得、東海大学大学院政治学研究科博士課程後期修了。IMEMO（ロシア科学アカデミー、国際経済国際関係研究所）にて研究、東海大学平和戦略国際研究所次長などを経て、2022年より現職。主著に『東アジアに「共同体」はできるか』（共著、社会評論社）、『アメリカがつくる国際秩序』（共著、ミネルヴァ書房）などがある。

加藤 朗（かとう・あきら）

桜美林大学リベラルアーツ学群元教授。
1951年生まれ。早稲田大学政治学研究科国際政治修士修了。防衛庁防衛研究所（1981年3月〜1996年3月）所員を経て、2022年3月まで桜美林大学リベラルアーツ学群教授。主著に『現代戦争論』（中公新書）、『テロ―現代紛争論』（中公新書）、『入門・リアリズム平和学』（勁草書房）などがある。

伊東 寛（いとう・ひろし）

国立研究開発法人情報通信研究機構（NICT）主席研究員。
1955年生まれ。慶應義塾大学工学部卒業。同大学大学院修士課程修了。博士（工学）。1980年、陸上自衛隊入隊。技術、情報及びシステム関係の部隊指揮官・幕僚等を歴任。陸自初のサイバー戦部隊であるシステム防護隊の初代隊長を務めた。2007年3月に退官し、以降、株式会社シマンテック総合研究所主席アナリスト、株式会社ラック・ナショナルセキュリティ研究所所長、経済産業省大臣官房サイバーセキュリティ・情報化審議官、ファイア・アイ株式会社最高情報責任者等を歴任。2020年10月より現職。主著に『サイバー・インテリジェンス』（祥伝社新書）、『サイバー戦争論』（原書房）などがある。

土屋大洋（つちや・もとひろ）

慶應義塾大学大学院政策・メディア研究科教授。
1970年生まれ。慶應義塾大学大学院政策・メディア研究科後期博士課程修了。博士（政策・メディア）。国際大学グローバル・コミュニケーション・センター（GLOCOM）主任研究員などを経て、2011年より現職。2019年から2021年まで慶應義塾大学総合政策学部長、2021年より慶應義塾常任理事を兼任。主著に『暴露の世紀』（KADOKAWA）、『サイバーグレートゲーム』（千倉書房）などがある。

渡部悦和（わたなべ・よしかず）

渡部安全保障研究所長。
1955年生まれ。東京大学工学部電子工学科卒業。陸上自衛隊東部方面総監、ハーバード大学アジアセンター・シニアフェロー（客員上席研究員）、富士通システム統合研究所・安全保障研究所長を経て現職。主著に『米中戦争　そのとき日本は』（講談社新書）、『中国人民解放軍の全貌』（扶桑社新書）、『自衛隊は中国人民解放軍に敗北する!?』（扶桑社新書）、『日本はすでに戦時下にある』（ワニブックスPLUS）などがある。

佐々木孝博 (ささき・たかひろ)

富士通システム統合研究所主席研究員、東海大学平和戦略国際研究所客員教授。
1962年生まれ。防衛大学校電気工学科卒業、日本大学大学院総合社会情報研究科博士前期課程修了。博士（学術）広島大学論文博士。1986年海上自衛隊入隊、その後、米海軍第3艦隊連絡官、豪海軍大学留学、ゆうべつ艦長、在ロシア防衛駐在官、第8護衛隊司令、統合幕僚監部サイバー企画調整官などを経て、2018年退官（海将補）、現職。広島大学大学院人間社会科学研究科客員教授、明治大学サイバーセキュリティ研究所客員研究員を兼務。専門はロシア軍事・安全保障、サイバーセキュリティなど。主著に『近未来戦の核心サイバー戦』（単著、育鵬社）、『現代戦争論─超「超限戦」』（共著、ワニブックス PLUS）がある。

パーヴェル・カラセフ (Pavel KARASEV)

モスクワ大学計算数学およびサイバネティクス学部情報安全保障研究所、および、ロシア科学アカデミー世界経済国際関係研究所（IMEMO）にてシニア・リサーチャー。モスクワ大学国際政治学部を主席で卒業し、世界経済国際関係研究所（IMEMO）にて博士号を取得した。専門は、国際情報安全保障をめぐる国際政治と国際法である。これまでにセミナーでの報告や著書が多数ある。近年の論文に「AIの軍事利用への挑戦と脅威」（IMEMO、2020年）などがある。

久保谷政義 (くぼや・まさよし)

一般社団法人インターネットコンテンツ審査監視機構事務局長、東海大学国際学部国際学科非常勤講師、東邦大学理学部非常勤講師。
1975年生まれ。東海大学大学院政治学研究科博士課程後期修了。博士（政治学）。近年の論文に「大学生のスマートフォンの利用状況とICT活用能力」（共著）。

志田淳二郎 (しだ・じゅんじろう)

名桜大学国際学群准教授。
1991年生まれ。中央ヨーロッパ大学（ハンガリー）政治学部修士課程修了。中央大学大学院法学研究科政治学専攻博士後期課程修了。博士（政治学）。中央大学法学部助教、笹川平和財団米国（ワシントンD.C.）客員準研究員などを経て2021年4月より現職。主著に『米国の冷戦終結外交』（単著・有信堂）、『ハイブリッド戦争の時代』（単著・並木書房）などがある。第1回国際法学会小田滋賞奨励賞（2014年）、第26回アメリカ学会清水博賞（2021年）。

和田龍太 (わだ・りゅうた)

東海大学国際学部国際学科准教授。
1980年生まれ。筑波大学大学院人文社会科学研究科博士課程修了。博士（国際政治経済学）。米国ジョージ・ワシントン大学客員研究員、外務省専門調査員（在アメリカ合衆国日本国大使館政務班）、株式会社三井物産戦略研究所国際情報部研究員、東海大学教養学部国際学科専任講師などを経て、2022年より現職。主著に『中国をめぐる英米関係』（単著、東海大学出版部）などがある。

【編著者略歴】

藤巻 裕之（ふじまき・ひろゆき）

東海大学政治経済学部政治学科教授。
1969年生まれ。Webster University（米国）国際関係論修士号取得、東海大学大学院政治学研究科博士課程後期修了。IMEMO（ロシア科学アカデミー、国際経済国際関係研究所）にて研究、東海大学平和戦略国際研究所次長などを経て、2022年より現職。主著に『東アジアに「共同体」はできるか』（共著、社会評論社）、『アメリカがつくる国際秩序』（共著、ミネルヴァ書房）などがある。

グローバルシフトと新たな戦争の領域

精密兵器と競争のフロンティアが国際政治に及ぼす変動と変容

2022年5月20日　第1刷発行

編 著 者 ——— 藤巻裕之

発 行 者 ——— 原田邦彦

発 行 所 ——— 東海教育研究所
　　　　　　　〒160-0023 東京都新宿区西新宿7-4-3 升本ビル
　　　　　　　電話 03-3227-3700　FAX 03-3227-3701
　　　　　　　eigyo@tokaiedu.co.jp

装丁組版 ——— 鹿嶋貴彦

印刷製本 ——— モリモト印刷株式会社

ISBN 978-4-924523-29-6　©Hiroyuki Fujimaki 2022　Printed in Japan

[JCOPY] ＜（社）出版者著作権管理機構 委託出版物＞
　本書の無断複製は著作権法上での例外を除き禁じられています。複製される場合は、そのつど事前に、出版者著作権管理機構（電話 03-3513-6969、FAX03-3513-6979、e-mail:info@jcopy.or.jp）の許諾を得てください。

定価はカバーに表示してあります。落丁・乱丁の場合はお取り替えいたします。